교회 다니면 부자가 되는 100가지 이유

교회 다니면
부자가 되는
100가지 이유

믿는 자의 부의 습관

윤 석 지음

추천사

『교회 다니면 부자가 되는 100가지 이유』란 책의 저자인 윤석 목사님은 코메니우스 신학에서 만난 참으로 귀한 목사님이시다. 그분은 이 책을 출판하면서 저에게 추천사를 의뢰하였고, 원고를 보내주어 어떤 내용을 담은 책인지를 살피면서, 사실은 큰 은혜를 받게 되었다. 책 제목만 언뜻 보면, 교회가 사람들을 무슨 부자 되게 해주는 비결(기복신앙 부추김)을 말하는 것처럼 보일 수 있다. 그러나 전체 내용을 주목하면, 그것을 넘어서서 영적 부자에 관한 이야기까지 다루고 있음을 확인하게 된다.

저자는 인간이 물질(富)을 얻으려고 치열하게 경쟁하는 현대인의 삶을 잘 간파하고, 그러한 삶에 배인 인간이 물질을 뛰어넘어 참된 부(富)의 주인이 누구인지를 깨닫게 하며, 그 부(富)의 주인의 뜻을 따라 참으로 부요하게 사는 삶의 방법을 증언해 주고 있다. 그것은 하나님이 예수 그리스도를 통하여 전 인류를 새 에덴(교회)으로 초대하는 성경에 약속한 복음의 진리를 따라, 그것을 믿으며, 그 안에 담긴 요구에 순종하며, 역시 그 안에 담긴 약속을 소망하는 기독 신앙의 삶을 깨우쳐준다. 그리고 그러한 신앙의 삶이 참된 인생의 목적과 목표이며, 역시 물질(부)은 그러한 삶의 성취의 수단임을 일깨운다.

이러한 전제와 함께 저자는 총 8장에 걸쳐, 여러 주제를 선정하여 교회에 다니면 부자가 되는 100가지의 이유를 성경적으로 명쾌하게 밝혀준다. 전체 내용에서 보면, 믿음의 의미, 기도의 중요성, 건강과의 관계, 교회의 주일, 안식일, 예배, 십일조와 경제 등의 의미에 관한 것들로서 기독인의 신앙관과 물질관에 큰 도움을 주는 것들로 여겨진다. 특히 제7장 '크리스천 CEO'란 주제 중 "회사 경영은 누구를 위한 것인지", "노동 현장이 바로 삶의 예배와의 연관성" 그리고 "기도는 전략이 아니라 생존이다"라고 한 내용은 오늘날 기독인 CEO들에게 그들 사명과 책임을 일깨움에 큰 도움이 되리라 기대된다. 마지막 제8장 '종교는 정말 부자로 만드는가?'란 주제는 믿음과 부(富) 사이에서 지녀야 할 기독 신앙의 근본 태도를 교훈하는 것으로 판단된다.

아무쪼록 추천자는 저자의 글에 전적으로 공감하며, 불신자들에게도 거부감 없이 읽혀져서 많은 도움이 되리라 여겨지며, 목회자와 신학생과 성도들과 독자에게 올바른 물질관을 일깨우며, 성숙한 기독 신앙으로 인도하는 일에 큰 도움을 제공하리라 확신하며, 이 책의 진지한 일독을 추천하는 바이다.

정일웅 박사
전) 총신대학교 총장
현) 한국코메니우스연구소 소장

추천사

내가 경험한 저자 윤석 순장님(내게 익숙한 호칭)은 감성과 지성을 겸비한 로맨티스트 신사 크리스천입니다. 윤석 회장님과 나는 '나사렛형제들(CCC 졸업생 형제단)' 전국 회장단 모임에서 자주 만나 교제하며, 그의 따뜻한 인격과 균형 잡힌 시선을 늘 느껴왔습니다.

이번에 저자가 펴낸 『교회 다니면 부자가 되는 100가지 이유』는 그런 그의 삶과 신앙이 고스란히 담긴 책입니다. 겉으로는 '부와 부자'를 다루지만, 실상은 '신앙 안에서의 부의 의미'를 깊이 있게 탐구한 텍스트북이라 할 만합니다. 이 책은 단지 그리스도인만을 위한 재정 지침서가 아닙니다. 오히려 믿음의 유무를 넘어 모든 이들에게 '올바른 재정관'과 '삶의 질서'를 세워주는 실질적인 안내서입니다.

저자가 언급한 것처럼 '돈'은 선하거나 악한 대상으로 단순히 구분할 대상이 아닙니다. 그렇다고 중립적이라고 하기에는 영적으로 경계하고 조심해야 할 요소가 다분히 있습니다.

성경은 '돈을 사랑함이 일만 악의 뿌리라(딤전 6:10)' 하고, '하나님과 재물을 겸하여 섬기지 못한다(마 6:24)'고 말씀하고 있습니다. 그러면서도 돈은 우리의 삶에 너무나 중요한 자리를 차지하고 있습니다. 저자는 이런 딜레마를 성경적 관점으로 명쾌하게 잘 풀어내고 있습니다.

우리에게 주어진 재물을 하나님의 영광을 위해 사용하며 세상으로 흘려보낼 때, 그 부는 비로소 제자리를 찾습니다. 성경은 그런 사람을 '청지기'라 부릅니다. 저자는 그 청지기의 길을 실제적이고 구체적인 삶의 언어로 풀어내며, 부와 신앙을 동시에 바로 세우는 법을 전하고 있습니다.

또한 '기도와 건강'에 관한 저자의 통찰은 매우 인상적입니다. 정신과 의사로서 수많은 환자에게 '신기한 상담자'(사 9:6)이신 예수 그리스도를 전하며 느낀 부분은, 기도는 하나님과의 소통이라는 영적 의미에 더하여 신경학적 및 정신의학적으로 치유 효과가 있다는 것입니다. "기도를 통해 불안과 스트레스를 담당하는 편도체의 활동이 줄고, 마음을 다스리는 전두엽이 활성화되어 몸이 안정되며, 동시에 뇌의 회복 네트워크가 작동해 걱정과 두려움이 줄고, 긍정적 회로가 강화된다"는 저자의 설명은 상당히 의미가 있어 보입니다.

이 책을 통해 우리가 모두 영과 육이 함께 강건해지고, 하나님께서 기뻐하시며 스스로도 행복하고, 더 나아가 이웃에게 복을 흘려보내는 참된 부자들이 되길 진심으로 소망합니다.

최영택 박사
전) 나사렛형제들 전국 회장
정신과 전문의
복음 성가 작곡자

추천사

세상에서 많은 사람이 돈과 성공을 원합니다. 하지만 돈이 많아도 마음이 늘 행복하지는 않습니다. 사람은 누구나 채워지지 않는 공허함을 느끼기도 하고, 불안한 내일 때문에 잠 못 이루기도 합니다. 윤석 작가가 쓴 『교회 다니면 부자가 되는 100가지 이유』라는 책은 그런 고민을 가진 사람들에게 새로운 길을 보여 줍니다. 이 책에서 말하는 부의 개념은 독자가 부를 담을 그릇을 준비하는 것입니다.

저는 전남대학교에서 경제학부 교수로 활동하다가 은퇴하였습니다. 학생들에게 경제의 원리와 방향을 가르치며 미래의 청사진을 제시하였다고 여기고 있었습니다. 그런데 이 책을 읽다 보니 강단에서는 다루지 않았던 무엇인가를 생각나게 하였습니다. 인류에게 유익한 경제학이라 할지라도 그것을 이끌어 가는 동력과 어우러지는 협력이 없으면 이룰 수 없습니다. 그것이 바로 신과의 소통이요 사람과의 협동인 것을 저자는 직시하고 있습니다.

아무리 힘든 길이라도 동행자가 있으면 위안이 되고 힘을 얻습니다. 교회의 공동체는 그 위안과 힘이 되어주는 역할을 합니다. 그곳에는 함께 기도해 주고, 기뻐해 주고, 어려움 속에서 도와주는 사람들이 있습니다. 그것은 세상에서 얻기 어려운 큰 재산입니다. 또한 말씀을 통해 지혜를 얻고, 인생의 방향을 새롭게 잡을 수 있습니다. 돈으로는 살 수 없는 용기와 위로를 얻는 것이지요. 이 책은 그런 삶의 풍요를 100가지 이유로 쉽게 설명해 줍니다.

불신자에게도 이 책은 어렵지 않습니다. 종교적인 교리를 무겁게 다루지 않고, 일상의 예를 들어 설명하였기 때문입니다. 저자는 교회에 다니면 얻게 되는 유익을 현실적이고 구체적으로 보여 줍니다. 예를 들어, 마음이 안정되어 건강이 좋아지고, 더 성실히 일하게 되며, 삶의 목표를 뚜렷이 세울 수 있다는 점을 이야기합니다. 이런 것들은 누구에게나 필요한 것들입니다. 믿음은 단순한 종교적 활동이 아니라, 인생을 더 풍성하게 하는 힘이라는 것을 알려 줍니다.

저자는 부의 의미를 넓게 보라고 말합니다. 일반적인 부는 노력하는 자에게 주어지지만, 진정한 부는 올바름을 추구하는 자에게 주어집니다. 최고의 노력을 다하고 하늘을 바라보는 청지기적 관점입니다. 이 책은 불신자에게도 "나도 이런 부자가 되고 싶다"는 소망을 심어 줍니다. 결국 이 책은 단순한 경제를 다룬 것을 넘어서서, 삶을 풍요롭게 사는 법을 안내하는 지혜의 책입니다. 인생에서 참된 행복과 의미를 찾고 싶은 모든 분에게 이 책을 추천합니다.

정봉현
전) 전남대 경제학부 명예교수
현) CCC 교수사역 연구소장

저자의 말

　돈은 선(善)인가? 악(惡)인가? 이 질문은 동서고금을 막론하고 지금도 지속되고 있습니다. 인생은 늘 신앙과 돈의 경계선에서 많은 고민을 합니다. 행복한 생활을 위하여 돈은 없어서는 안될 중요한 요소이지만, 돈을 잘 못 사용하게 되면 인생을 파멸로 치닫게 하는 단점도 동시에 존재한다는 것이 현실입니다.

　인생은 누구에게나 꿈이 있고 그 꿈을 향하여 오늘도 열심히 살아갑니다. 그런데 자기가 계획한 대로 일이 모두 성공적으로 이루어지는 것이 아니라는 것을 발견합니다. 극히 일부분이 이루어지거나 아예 이루어지지 않는 경우도 있습니다. 아무리 성실히 일을 하여도 개인의 능력은 세상이라는 거대한 벽 앞에서 무릎을 꿇게 만들기도 합니다. 그런데 성경은 그 길을 보여줍니다.

　뒤에서는 전차 부대가 추격해 오고, 앞에는 푸른 바다가 가로막혀 있어서 해결할 방법이 보이지 않았을 때, 하나님이 홍해(紅海)의 길을 열어 이스라엘 백성을 건너게 하신 일이 있습니다. 하나님이 길을 열어 주시는 것입니다. 인생의 앞·뒤·좌·우 사방이 막혀있을 때 사람들은 주저앉지만, 하나님을 믿는 사람은 하늘의 길이 열려있는 것을 보고 그리로 향합니다. 인생의 풀어갈 방향을 아는 것이지요. 부(富)의 원리도 이와 같습니다.

부의 주인이 누구인지를 아는 것이 중요합니다. 종이 주인의 뜻대로 일을 할 때 그 자리를 오래토록 유지하지만, 종의 마음대로 일을 하면 얼마 가지 않아 파면당하게 될 것입니다. 돈도 마찬가지입니다. 종이 주인의 뜻에 맞도록 사용할 때 주인으로부터 더 많은 것을 얻게 되는 것입니다. 이것이 성경에서 말하는 청지기 의식입니다. 우리는 하나님 앞에서 모두가 종의식을 가지고 자기의 일에 최선을 다해야 할 것입니다. 그러면 결과는 하나님이 인도하십니다.

젊은 날에 누구보다도 더 열심히 일을 하였고, 그러한 바쁜 중에도 하나님이 기뻐하시는 일을 하니 하나님이 나의 인생길에 물질(物質)의 복과 영혼(靈魂)의 복을 주심을 경험하였습니다. 인생의 가치를 조금이나마 알게 되니, 가장 왕성하게 일을 할 50대의 나이에 신학을 공부하였으며, 많은 사람들에게 그 인생의 가치를 공유하고자 글을 쓰게 된 것입니다.

작은 경험을 통하여 만들어진 인생의 공간, 경제학과 신학과 교회라는 공동체를 통하여 무르익어가는 삶의 가치를 한 권의 책으로 세상에 내놓습니다. 부채에 대하여 명확한 이해, 재정에 대한 관리 능력, 믿는 자의 마인드 셋, 기도, 부의 환경, 신앙의 루틴을 습득하며, 돈의 원리와 가치와 방법을 앎으로 돈을 정복하고 행복과 풍요를 누리며 영혼의 복까지 소유하는 복된 인생이 되기를 축복합니다.

서충주한빛교회 윤 석 목사

CONTENTS

제1장 믿는 자의 마인드 셋

1. 부채, 피할 것인가 / 정면으로 돌파할 것인가 … 18
2. 누가 저 산을 넘을 것인가 / 무거운 짐을 내려놓음이 우선이다 … 23
3. 목적 있는 사람 / 포도나무는 열매를 맺는다 … 27
4. 돈을 어떻게 벌고 / 어떻게 관리해야 하나 … 32
5. 정당한 이윤 추구는 악이 아니다 / 선한 영향력을 위하여 살기 위함이다 … 37
6. 인내의 시간이 필요하다 / 심었으면 익을 때까지 기다리라 … 41
7. 기도하는 사업가 / 하나님이 길을 열어준다 … 45
8. 절제와 인내, / 하나님의 경제를 움직이는 힘 … 49
9. 불확실성을 견디는 힘: 신앙의 시간관 / 하나님의 시간은 늦지 않는다 … 54
10. 장기적 안목과 비물질적 만족의 차이 / 진짜 부는 눈에 보이지 않는다 … 58
11. 월급보다 소명을 바라보라 / 직업을 따르는 것이 아니라 목적을 따른다 … 63
12. 자리가 아니라 태도가 사람을 만든다 / 일은 나의 것이 아니라, 하나님이 맡긴 것이다 … 67
13. 소비 대신 감사, / 탐욕 대신 자족의 의미 … 71
14. 질서를 잃은 시대, / 십계명이 필요한 이유 … 75
15. 인생을 움직이는 것은 중심이다 / 내면을 지키는 법 … 80
16. 한순간을 참으면 인생이 달라진다 / 절제는 신뢰를 만든다 … 84
17. 하나님은 원칙을 지키는 자를 기억한다 / 원칙은 고집이 아니라 중심이다 … 88
18. 말이 곧은 사람, 인생도 곧다 / 거짓 없이 살아야 신뢰가 쌓인다 … 92
19. 하지 않을 줄 아는 지혜 / 인생의 진짜 기술이다 … 97

제2장 기도와 건강

20. 기도하는 뇌, 평안을 설계하다 / 기도와 전전두엽, 편도체, 뇌파의 조화 … 104
21. 감사의 뇌, 웃는 심장 / 감사기도는 뇌와 혈관, 삶의 리듬을 다시 짠다 … 108
22. 기쁨은 몸을 설계한다 / 신앙의 뇌가 빛는 회복력 … 112
23. 면역력을 바꾸는 믿음의 리듬 / 신앙인은 왜 더 빠르게 회복하는가 … 115
24. 행복한 뇌가 몸을 살린다 / 세로토닌, 도파민, 코르티솔, 옥시토신이 말해주는 감정의 생리학 … 118

25 기도는 자율신경계의 회복 리듬이다 / 몸이 먼저 반응하고, 기도는 그 몸을 복원한다 121
26 기도하는 뇌, 묵상하는 마음 / 전두엽과 측두엽이 깨어나는 순간 125
27 공감과 조절의 뇌 / 감정폭풍을 견디는 회로 128
28 묵상하는 뇌, 조절하는 감정 / 뇌파가 설계하는 평정의 회로 131
29 신앙과 건강 / 믿음이 뇌와 삶을 바꾸는 방식 134
30 신앙은 회복력을 설계한다 / 암 환자와 난치병 환자의 뇌와 믿음 138
31 깨어 있는 무의식, / 기도하는 뇌의 파동 142
32 감정의 경보장치 끄는 법 / 예민한 편도체를 길들이는 뇌의 훈련 145
33 따뜻한 뇌는 삶을 바꾼다 / 세로토닌과 옥시토신의 힘 149

제3장 교회라는 부의 환경

34 시험의 본질은 유혹, / 욕망을 내려놓는 믿음 154
35 교회는 신뢰의 네트워크, / 연결이 곧 경제다 157
36 신뢰가 자산이 되는 곳, / 그것이 교회다 160
37 짐을 나누는 교회, / 빚의 시대를 이기는 공동체 164
38 교회, 기회의 구조를 품다 / 은혜는 어떻게 순환되고 신뢰는 어떻게 작동하는가 167
39 가난한 마음, 가장 큰 부요함 / 마음이 비워질 때, 하늘이 채운다 172
40 사랑은 대가없이, 그러나 헛되지 않게 흐른다 / 교회가 만드는 은혜의 순환 경제 175
41 주일은 '쉼'이 아니라 '재가동'이다 / 예배가 월요일을 살리는 방식 180
42 혼자가 아닌 함께, / 신앙은 연결의 힘이다 185
43 보험은 계약이지만, 교회는 관계다 / 사람이 곧 안전망인 공동체의 힘 189
44 믿음으로 사고팔기 / 교인 간의 거래에 필요한 최소한의 양심 193
45 하나님 앞에 선 자각, / 신앙의 내면 질서를 세우다 197

제4장 주일과 루틴 성실의 미덕

46 시간을 예배하는 사람 / 주일과 루틴이 만드는 성실의 미덕 204
47 주일, 단순한 휴식이 아니라 삶의 리셋이다 / 주일은 다시 연결되고, 다시 살아가는 날 208
48 주일은 지키는 일 / 나의 주도권을 이양하는 것이다 212
49 꾸준함은 감정이 아니라 구조다, / 믿음의 루틴이 인생을 세운다 215
50 지루함을 견딘 믿음은 강하다 / 매일의 루틴이 쌓는 신앙의 내공 219

- 51 게으른 신앙은 없다 / 하나님이 싫어하시는 '미루기의 영성' — 223
- 52 신뢰는 신앙인의 통장이다 / 보이지 않는 자산의 힘 — 228
- 53 "주께 하듯" 일하는 신앙인, / 직장에서 버티는 힘의 원천 — 232
- 54 위기 앞에 멈추지 않는 사람들 / 신앙인의 루틴은 왜 강한가 — 235

제5장 십일조의 경제학

- 55 돈이라는 우상에서 벗어나는 길, / 십일조의 경제심리학 — 240
- 56 십일조, 남은 돈이 아니라 / 처음 돈에서 시작되는 믿음 — 244
- 57 통장을 하나님께 보일 수 있는 삶, / 그것이 믿음의 경영이다 — 248
- 58 헌금은 내가 하고있다고 말하는 방식이다 / 기부를 넘어서는 신앙인의 존재감 — 251
- 59 십일조는 소득을 깨닫게 하고, / 돈을 보는 눈을 바꾼다 — 254
- 60 돈을 쥐는가, 아니면 다스리는가 / 신앙은 선택을 바꾼다 — 258
- 61 물이 포도주가 되는 은혜의 기적 / 삶이 비범해지고 새로워진다 — 262
- 62 흘러야 산다 / 고여 있지 말고, 흘려보내라 — 264

제6장 기도의 힘

- 63 부를 기대하는 자는 / 기도의 그릇을 먼저 준비하라 — 270
- 64 기도는 욕심이 아니라 / 비전으로 드리는 것이다 — 273
- 65 기도는 통장도 진정시킨다 / 마음이 평안하면 지출도 줄어든다 — 276
- 66 불안이 결제를 재촉할 때 / 충동의 손끝을 멈추게 하는 기도의 힘 — 280
- 67 기도는 마음의 리모컨이다 / 감정 소비를 멈추는 믿음의 기술 — 284
- 68 기도는 마음의 브레이크, / 감정을 멈추게 하는 힘 — 288
- 69 누가 보지않아도, 하나님 앞에 사는 사람 / 나를 다스리는 삶의 비밀 — 292
- 70 지출이 멈추면 삶도 멈출까? / 소비 중심 사회에서 신앙 중심으로 — 295
- 71 신앙은 덜 쓰는 삶이 아니라, 잘 쓰는 삶이다 / 돈으로 채우지 않아도 괜찮은 마음 — 298
- 72 하나님의 시간에 접속하기 / 기도는 세상의 속도에서 빠져나오는 탈출구 — 301
- 73 세상의 안목보다 강한 눈, / 하나님의 시선으로 보는 삶 — 304
- 74 광야에 물을, / 사막에 강을 내리라 — 307

제7장 크리스천 CEO들

75 누구를 위해 회사를 경영하는가 / 크리스천 리더의 일과 신앙 … 312
76 신앙이 리더에게 요구하는 것, / 작은 것에도 정직함 … 316
77 경영의 순간, 믿음은 당신의 기준인가 / 신앙은 사생활이 아니라, 의사결정의 잣대 … 320
78 하나님의 뜻을 묻는 리더, / 가장 정확한 빛을 낸다 / 속도보다 방향, 하나님의 뜻 … 324
79 그럴지라도 원칙을 지킨다 / 손해를 택한 리더, 신앙의 원칙을 지키다 … 328
80 말보다 향기, / 신앙이 배어나는 리더십 … 332
81 하나님은 회의실에도 계신다 / 일터가 예배가 되는 순간 … 335
82 하나님의 질서가 기업을 빛나게 한다 / 공정·정직·소명의 경영학 … 338
83 기도는 전략이 아니라 생존 / 믿음의 기업가들, 기도는 생존의 언어였다 … 342
84 하나님이 보시는 단 하나, 청지기의 자세 / 리더의 무게는 직함이 아니라 태도에서 결정된다 … 345
85 번성하되 하나님 뜻대로 / 크리스천 리더십의 뿌리를 다시 묻다 … 348
86 섬김의 리더십 / 조직의 저력을 키운다 … 352
87 일터가 예배가 될 때, / 리더십은 달라진다 … 355
88 수익이 아닌 순종, / 믿음의 기업을 세우는 힘 … 358

제8장 종교는 정말 부자로 만드는가

89 믿음은 부가 아닌 태도, / 신앙과 재정의 올바른 만남 … 362
90 세상의 문은 견고하지만 / 믿음으로 그 문을 연다 … 365
91 신앙은 자산이다 / 종교가 만든 부의 문화지형 … 368
92 믿음이 통장을 지켜준다 / 숫자가 증명한 신앙과 재정의 연결 … 371
93 돈의 방향이 당신을 말해준다 / 신앙은 숫자가 아니라 의미를 본다 … 374
94 믿음은 현실을 외면하지 않는다 / 구조적 빈곤과 행동하는 신앙에 대하여 … 377
95 돈은 흔들려도, 나는 무너지지 않는다 / 믿음은 수입의 크기를 대신하지 않는다 … 380
96 돈보다 깊은 기준 / 신앙은 어떻게 내면의 자산이 되는가 … 383
97 신앙은 부를 키우는 느린 엔진이다 / 관계, 습관, 생태계로 이루어지는 믿음의 자산법 … 386
98 가진 것보다 중요한 건, 쓰는 방식이다 / 돈의 사용이 곧 삶의 방향이다 … 389
99 신앙은 성공의 전략이 아니라 삶의 중심 / 사명으로 삶을 세운다 … 392
100 십자가 앞에서 멈칫할 때, / 손해 속에 숨은 영광을 보라 … 395

제1장

믿는 자의 마인드 셋

부채, 피할 것인가
정면으로 돌파할 것인가

많은 사람이 인생의 무지개를 얻기 위하여 산을 넘고 들판을 지나며 지금도 달려가고 있다. 조금만 더 가면 무지개를 잡을 것 같은데 그것이 쉽지 않은 것이 현실이다. 아픈 사람은 병원비를 위하여 대출을 받고, 사업하는 사람은 많은 이익을 얻기 위하여 대출을 받고, 어떤 사람은 과소비를 위하여 대출을 받기도 한다. 무리하게 사업을 확장하기도 한다. 일이 계획한 대로 잘 풀려서 빚을 정산하고 행복한 생활을 영위하면 좋겠지만, 일이 잘 풀리지 않아서 빚더미 위에 앉게 되는 사람도 있다. 빚은 잠도 자지 않고 이자를 불어나게 한다. 인생의 파멸로 이어진다.

또한 지혜롭지 못하여 남의 보증을 섰다가 남의 빚을 고스란히 떠안는 경우도 있다. "너는 사람과 더불어 손을 잡지 말며 남의 빚에 보증을 서지 말라"(잠언 22:26)라는 말씀을 읽었어야 했다. 그러한 사람은 무지개는 얻지 못하고 인생의 혹독한 겨울이 펼쳐질 뿐이다. "부자는 가난한 자를 주관하고 빚진 자는 채주의 종이 되느니라"(잠언 22:7).

언제까지 빚의 종으로 살 것인가, 언제까지 죄인처럼 살 것인가. 중요한 것은 그 일을 해결해야 한다는 것이다. 일에 대한 지식이 부족했거나, 시대의 흐름을 읽지 못했거나, 나의 어떠한 노력이 있었음에도 불구하고 파산하는 경우도 있다. 하지만 그것을 피하기는 쉬운 문제가 아니다. 분명한 것은 그 일을 해결해야 떳떳할 수 있다는 것이다.

조금의 부채라면 어떻게든 열심히 일을 해서 갚으면 되지만, 그 액수를 감당하기 어려우면 어떤 사람은 야반 도주를 하고, 어떤 사람은 나라의 법을 이용하여 파산 신고를 하기도 한다. 그러나 신앙인은 무거운 짐을 짊어지고 정면 승부수를 택한다. 내가 뿌린 것을 내가 거둔다는 신앙의 양심이다. 그렇게 해서 빚을 청산하면 그는 사회에서 돈으로 살 수 없는 신뢰를 얻게 된다.

해결을 위한 내적인 방법을 찾아보자. 먼저 수입을 넘어서는 지출을 차단하는 일이 급선무다. 자가용을 팔고 불편하더라도 대중교통을 이용하거나, 차량이 꼭 필요하다면 작고 저렴한 중고차로 바꾸며 지출을 줄일 수 있다. 또한 공짜처럼 느끼며 사용하였던 신용카드를 없애고 통장에 돈이 있어야만 지출할 수 있는 체크카드를 사용해야 한다. 검소한 생활이 중요하다. 입는 것, 먹는 것, 마시는 것을 절약하면 많은 지출을 줄일 수 있다. 외식을 줄이고 재료를 구입하여 집에서 요리하여 먹는 것이다. 애경사비 지출도 줄여야 할 것이다. 좀 미안하지만 내가 파산하여 주변에 피해를 끼치는 것보다는 나은 결정이 될 것이다.

이제 외적인 방법을 찾아보아야 한다. 지금까지 일하던 것보다 더 많이 일하여 초과 근무 수당을 받거나, 밤에 몇 시간 정도 근무할 곳을 찾는 것이다. 작은 것들이 모이면 제법 많은 돈을 만들 수 있다. 그렇게 일을 해서 부채를 갚아나가면 얼마 가지 않아 부채를 갚을 수 있을 것이다. 그렇게 하면 나의 잘못으로 인하여 다른 사람에게 피해를 준 것을 만회할 수 있다. 나의 힘으로 할 수 있다는 것을 경험하면 정신 건강에도 유익하다.

욕심 때문에 발생한 일이니 이제 욕심을 비워야 한다. 파산한 사람은 더 이상 부릴 욕심도 없다. 그렇다고 마음까지 위축되지는 말자. 태산이 높다 하지만 하늘 아래 있는 것이 분명하다. 지출보다 수입을 늘리면서 회복의 날을 향하여 한 걸음씩 거닐어야 한다. 그리고 하나님의 도우심을 간구해야 한다. "피차 사랑의 빚 외에는 아무에게든지 아무 빚도 지지 말라 남을 사랑하는 자는 율법을 다 이루었느니라"(로마서 13:8).

우리가 흔히 빚을 지는 상황을 떠올려 보면, 단순히 금전적 문제만이 아니라 인간관계의 신뢰, 자존심, 미래에 대한 희망까지 함께 담보로 잡히는 경우가 많다. 부모의 병원비를 위해 어쩔 수 없이 대출을 받는 경우도 있지만, 그 과정에서 가족 간의 마음의 빚까지 더해진다. 또한 친구나 친척의 부탁을 거절하지 못해 보증을 섰다가 잘못되는 경우에는, 경제적 손실보다 더 깊은 상처로 관계의 붕괴가 이어진다. 한순간의 동정이 평생의 짐이 될 수 있다는 사실을 우리는 잊어서는 안 된다.

역사적으로 보아도 빚은 한 사회의 안정성을 위협하는 주요

요인이었다. 조선시대에도 농민들이 흉년을 겪으며 빚을 지게 되면 결국 토지를 잃고 유랑민이 되곤 했다. 이는 곧 사회의 불안정을 불러왔고, 각종 봉기와 저항으로 이어졌다. 빚은 개인의 문제에서 그치지 않고 사회 전체의 균열로 확산되는 힘을 지니고 있는 것이다. 현대 사회에서도 가계부채의 증가는 단순히 가정경제의 어려움이 아니라 국가경제의 뇌관이 되곤 한다. 개인의 무리한 소비나 무분별한 대출은 금융 시스템을 위협하고, 이는 다시 사회 전체의 불안을 증폭시킨다.

그렇다면 어떻게 해야 할까. 빚을 피할 수 없다면, 최소한 관리할 줄 아는 지혜가 필요하다. 금융 문해력(financial literacy)은 더 이상 전문가만의 언어가 아니다. 월급의 구조를 이해하고, 신용 점수가 나의 삶에 어떤 영향을 미치는지 깨닫는 일은 모든 사회인이 가져야 할 기본 소양이다. 돈을 빌릴 때는 '내가 감당할 수 있는 한도는 어디까지인가', '이 빚을 어떻게 갚아나갈 것인가'를 먼저 계산해야 한다. 계획 없는 빚은 모래 위에 집을 짓는 것과 다르지 않다.

또한 빚을 갚아나가는 과정은 단순히 경제적 채무를 정리하는 차원을 넘어, 내 삶을 다시 세우는 과정이기도 하다. 작은 절제에서부터 시작해 일상의 습관을 바꾸고, 필요와 욕망을 구별하며, 장기적으로는 재정적 독립을 이루어가는 여정이다. 그 길은 고단하고 길게 느껴지지만, 그 과정을 견뎌내는 동안 인간은 자신을 단련하고, 자신도 몰랐던 회복력을 발견하게 된다.

신앙인의 길은 더욱 특별하다. 신앙인은 단순히 돈을 갚는 데서 끝내지 않고, 하나님 앞에서 진실하게 살겠다는 다짐으로 나아간다. 성경 빌레몬서를 보면 노예였던 오네시모가 주인의 집을 도망쳤으나 후에 그가 바울을 만나서 자기 잘못을 회개하였을 때 바울은 그의 주인이었던 빌레몬에게 오네시모를 용서해 줄 것을 부탁하였다. 빚은 어떠한 방법으로든지 반드시 해결해야 한다. 노력을 기울였어도 자기의 능력으로 해결할 수 없는 경우에는 최후의 수단으로 나라의 법을 통하여서라도 해결을 보아야 할 것이다.

　신앙인은 빚을 갚는 과정을 통해 하나님과의 관계를 새롭게 하고, 사람들 앞에서 정직함을 증명함으로써 잃었던 신뢰를 다시 세울 수 있다. 신뢰는 돈보다 값비싼 자산이다. 돈은 다시 벌면 되지만, 신뢰는 한 번 잃으면 회복하기 어렵기 때문이다.

　결국 빚은 인생의 시험대다. 그것은 한 사람의 욕망과 지혜, 그리고 신앙이 어디에 뿌리를 두고 있는지를 드러내는 거울이다. 우리는 빚을 통해 우리 자신을 들여다보게 된다. 빚을 갚는 과정에서 절제와 성실을 배우고, 인간관계의 무게를 깨닫고, 나아가 하나님께 의지하는 법을 익히게 된다. 무지개를 좇다 길을 잃을 수는 있어도, 그 길에서 다시 방향을 잡고 한 걸음씩 나아간다면, 언젠가는 우리가 진정으로 붙들어야 할 '빛'에 도달할 수 있을 것이다.

누가 저 산을 넘을 것인가
무거운 짐을 내려놓음이 우선이다

　무거운 몸으로 산을 넘을 수는 없다. 배낭 속에 있는 불필요한 것들을 버려야 한다. 인생의 산을 넘는 것도 마찬가지이다. 불필요한 인생의 무거운 것들을 내려놓아야 넘을 수 있다.
　이 땅의 부모들은 자식 사랑이 유별나다. 그러나 정작 아이에게 필요한 낚시 방법을 가르치기보다는 인생의 배낭을 욕심으로 가득 채워준다. 그리고 세상이라는 들판에 내보내니 얼마 걷지 못해 넘어지고 만다. 자기 노력 없이 부모로부터 재산을 물려받은 자녀가 실패를 경험하는 이유는 돈에 대한 훈련을 받지 못했기 때문일 것이다. 실제로 부모가 남겨준 집과 재산을 단기간에 탕진한 사례는 우리 주변에서도 어렵지 않게 들을 수 있다. 돈을 다루는 마음의 근육이 자라지 않았기 때문에, 물질은 오히려 그 자녀에게 무거운 짐이 되고 만다. 부모는 자녀에게 물질을 남겨주는 것보다 물질을 다루는 지혜와 절제의 훈련을 남겨주는 것이 더 귀하다.

돈을 많이 소유했다고 행복한 것은 아니다. 돈은 쓸 만큼 있으면 되는 것이지, 감당 못할 만큼 소유하면 사람을 망하게 한다. 돈은 날개가 달려 사람을 미혹하고 유혹으로 끌어당긴다. 인생을 버틸 근육이 부족한데 막대한 양의 돈을 짊어지고 있다면 넘어지는 것은 시간문제다. 얼마 지나지 않아 넘어지고, 오직 급한 마음과 분노만 남아 건전한 생활을 유지하기 어렵게 된다. 로또에 당첨된 사람들이 몇 년 지나지 않아 더 큰 불행을 맞는 경우가 그러하다. 돈이 많아져서 불행해진 것이 아니라, 돈을 감당할 힘이 없었기 때문에 결국 삶이 무너진 것이다.

성경은 돈의 본질을 말씀한다. 돈(money)은 원래 교환의 수단으로 은으로 만들어졌다. 그러나 은의 원석은 불순물이 많아 반드시 정련의 과정을 거쳐야 했다. 그래서 은은 하나님께서 인간의 마음을 정련하시는 과정을 상징한다(말라기 3:3). 원래 '열망하다'라는 말에서 유래된 은은 우상을 만드는 재료로 사용되었고, 세상의 가치에 속한 것이다. "너희 금과 은은 녹이 슬었으니 이 녹이 너희에게 증거가 되며 불 같이 너희 살을 먹으리라 너희가 말세에 재물을 쌓았도다"(야고보서 5:3). 인간이 은과 금을 붙들려고 하지만, 하나님 앞에서는 녹이 슬고 썩어 없어질 것들일 뿐이다. 오늘날도 많은 사람들이 금과 은, 주식과 부동산을 붙들지만, 그것들이 영원히 빛나지 않는다는 사실을 잊곤 한다. 성경은 우리에게 그것들이 궁극적으로 사람을 구원하지 못한다고 분명히 경고한다.

주님은 말씀하신다. "가이사의 것은 가이사에게, 하나님의 것은 하나님께"(마태복음 22:21). 돈은 세상의 원리 속에 있지만, 그 위에는 하나님의 질서가 있다. 돈의 본질을 알지 못하면 아무리 많이 소유해도 결국은 위험을 경험하게 된다. 우리가 돈을 소유하는 것 같지만, 사실은 돈이 우리를 지배하는 순간이 너무 많다. 돈을 하나님보다 더 신뢰할 때, 돈은 우상이 되고 우리의 삶을 삼켜버린다. 돈을 신뢰하는 마음은 결국 하나님을 불신하는 마음이다. 그러므로 성도는 돈을 두려워하거나 숭배하는 대신, 돈 위에 계신 하나님을 바라보아야 한다.

그렇기 때문에 우리는 부(wealth)의 개념을 먼저 알아야 한다. 부는 '흘러넘치다(flow)'에서 나온 말이다. 물질의 풍요뿐 아니라 지혜, 지식, 사랑의 풍성함까지 포함한다. 부가 악한 곳으로 흘러가면 악이 번성하지만, 선한 곳으로 흘러가면 세상을 아름답게 꾸민다. 교회의 헌신과 구제, 가난한 이웃을 돕는 사랑은 모두 '부가 흘러가는 통로'를 마련한 결과다. 돈을 움켜쥐면 짐이 되지만, 흘려보내면 은혜의 강물이 된다. 성도의 삶이란 결국 하나님께서 주신 부를 세상의 빛과 소금으로 흘려보내는 삶이다. 흘려보내는 순간 물질은 무거운 짐에서 자유의 날개로 바뀐다.

우리가 사는 시대는 과거와 달리 현금이 손에 잡히지 않는 사회다. 카드 한 장으로, 혹은 스마트폰의 간단한 터치로 원하는 것을 살 수 있다. 편리함 뒤에는 위험이 숨어 있다. 눈에 보이지 않으니 더 쉽게 쓰게 되고, 빚은 눈에 띄지 않게 쌓여간다. 매달 카드 명세서를 받아들고 나서야 현실을 직시하는 사람들이 많다. 그러나 그때는 이미 늦은 것이다. 작은 습관의 반복이 큰 구멍을 만든다. 아메리카노 한 잔, 편의점에서의 충동구매, 배달 앱을 통한 간편한 주문이 모이면 한 달 후 카드값은 눈덩이처럼 불어나 있다. 이 사소한 유혹을 이겨내는 힘이 바로 '재정의 근육'이고, 신앙의 언어로 말하자면 '절제의 열매'다.

　우리는 왜 그렇게 쉽게 돈에 끌리는 것일까. 심리학자들은 돈을 단순한 교환수단이 아니라 '심리적 안전망'으로 본다. 돈이 많을수록 불안이 사라질 것 같지만, 실제로는 더 많은 불안을 불러일으킨다. 더 잃을까 두렵고, 더 모으지 못할까 불안하다. 인간의 뇌는 보상을 예측하고 추구하는 데 민감하기 때문에, '조금만 더'라는 생각이 끊임없이 일어난다. 그러나 역설적이게도 그 끝없는 갈망이야말로 우리를 무너뜨린다.

　여기서 우리는 다시 신앙의 질문을 떠올린다. '나는 무엇을 믿고 있는가. 돈인가, 하나님인가.' 돈을 의지할수록 마음은 무거워지고, 하나님을 의지할수록 마음은 자유로워진다. 자유는 곧 가벼움이다. 무거운 배낭을 내려놓은 자만이 숨을 고르고 정상에 오를 수 있다. 그리고 그 정상에서 바라보는 무지개는, 단순한 물질적 풍요가 아니라, 하나님과의 관계 속에서 주어지는 평안과 만족이다.

목적 있는 사람
포도나무는 열매를 맺는다

　산에는 여러 나무가 있다. 아름다움을 뽐내는 단풍나무가 있고, 육중한 몸매를 자랑하는 백향목이 있고, 남을 지배하려는 가시나무가 있으며, 열매를 맺는 포도나무도 있다. 나무마다 삶의 의미가 있겠으나 그 존재 목적 중 가장 큰 것은 인간에게 유익을 주는 일이다. 돈을 버는 이유도 이와 같다. 나무가 인간을 위하듯, 돈이 하나님의 영광을 위해 쓰일 때 그 진정한 가치가 드러난다.

　실제로 많은 사람은 돈을 버는 이유를 단순히 생존이나 욕망 충족으로만 생각한다. 그러나 돈은 방향에 따라 전혀 다른 결과를 낳는다. 어떤 이는 돈을 자기만을 위해 쓰다가 결국 사람들로부터 멀어지고, 어떤 이는 돈을 흘려보내어 수많은 사람의 삶을 밝히기도 한다. 돈은 도구이지 목적이 아니며, 그것이 하나님의 영광을 위해 쓰일 때에만 참된 힘을 발휘한다.

자기만을 위하는 사람은 끝없이 치장만을 원한다. 화장품을 사고, 값비싼 옷을 입고, 귀걸이와 목걸이를 달고, 고급 승용차를 마련하느라 수입의 대부분을 자신에게 쏟아붓는다. 마음은 있어도 남을 도울 여유는 전혀 없다. 자기 몸만 위하는 사람은 이 땅에서 참된 유익을 남기는 일에는 관심이 없다. "그리스도께서 우리를 자유롭게 하려고 자유를 주셨으니 그러므로 굳건하게 서서 다시는 종의 멍에를 메지 말라"(갈 5:1).

오늘날 소비 사회는 우리를 끊임없이 '치장하는 나무'로 만들려 한다. 광고는 더 화려한 옷과 더 비싼 차가 있어야 행복하다고 속삭인다. 그러나 결국 남는 것은 허무뿐이다. 사람들은 한순간의 치장을 기억하지는 않지만, 누군가에게 베푼 사랑과 선행은 오래도록 기억한다. 치장에 인생을 소비한 사람과 누군가를 돕는 데 자신을 내어준 사람은 전혀 다른 결말을 맞게 된다.

포도나무를 보라. 포도 열매 맺는 것이 그 존재 이유이니 자기 몸을 치장할 겨를이 없다. 다른 나무들은 겉모습을 가꾸지만, 포도나무는 열매를 돌보느라 속이 비어 있다. "네 이웃 사랑하기를 네 자신과 같이 사랑하라"(레 19:18) 하심은 하나님의 명령이다. 포도나무는 화목으로 쓰기도 어려울 만큼 진액이 다 빠져버린 나무이지만, 그래도 열매를 맺는다. 농부는 그런 나무에 양분을 더 풍성히 준다.

겉모습만 보면 포도나무는 초라하다. 백향목처럼 위풍당당하지도, 단풍나무처럼 화려하지도 않다. 그러나 농부는 그 나무를 가장 귀히 여긴다. 왜냐하면, 열매가 있기 때문이다. 하나님도 마찬가지다. 우리의 겉모습이나 소유가 아니라, 우리의 삶이 어떤 열매를 맺고 있는지를 보신다. 작은 친절, 작은 나눔이라도 그것들이 모여서 포도송이가 된다. 하나님은 그 열매를 기뻐하신다.

그렇다면 나는 왜 돈을 버는 것인가? 나를 치장하기 위함인가? 마음을 높이지 말고, 변덕스러운 재물에 소망을 두지 말고 마음을 하나님께 두며 선을 행해야 한다. 그것이 인생의 존재 목적이다. "선을 행하고 선한 사업을 많이 하고 나누어 주기를 좋아하며 너그러운 자가 되게 하라"(딤전 6:18). 이 땅의 삶이 인생의 전부라고 여기는 사람이라면 모를까, 우리의 인생은 영원 이전에 펼쳐지는 전반전에 불과하다.

축구 경기로 치면 지금은 전반전이다. 아무리 전반전에 화려한 플레이를 했어도 후반전을 망치면 승리할 수 없다. 우리의 인생도 그렇다. 이 땅에서의 삶은 영원을 준비하는 전반전이다. 지금 무엇을 위해 달리고 있는지가 영원한 삶의 결말을 결정한다. 그러므로 당장의 치장을 위해 사는 인생은 어리석다. 영원을 바라보며 목적 있는 삶을 사는 것이 지혜다.

하나님은 "잘 입고 잘 먹고 잘 살았느냐"를 묻지 않으신다. 이 땅에서 어떤 목적을 가지고 어떻게 살았느냐를 물으신다. 예수님 또한 고아와 과부, 가난한 자를 돌보는 일을 중요히 여기셨다. 주린 무리를 위하여 오병이어의 기적을 베푸셨다. 성경의 모든 기적은 단순히 배고픔을 해결하는 사건이 아니라, 이웃을 위한 목적 있는 사랑의 실천이었다. 기적의 본질은 '나를 위한 풍요'가 아니라 '타인을 위한 나눔'이었다.

나는 지금 목적 있는 삶을 살고 있는가? 나의 그릇에 무엇이 담겨있는지 살펴보라. 욕심과 탐욕으로 가득 찬 그릇은 죄악으로 무겁기만 하다. 그러나 사랑과 선행으로 채워진 그릇은 많은 사람을 살리고 세상을 바꾼다. 포도나무의 열매처럼 우리의 선행은 하나님께 드려지는 향기로운 제물이 된다.

포도나무가 열매를 통해 농부의 기쁨이 되듯, 우리의 인생도 열매로 평가받는다. 포도송이가 햇빛을 받아 달콤해지듯, 우리 삶도 하나님의 빛을 받아 이웃에게 기쁨을 전할 때 진정한 의미를 갖는다. 오늘 내가 맺는 열매가 내일 누군가의 삶을 살릴 수 있다. 하나님이 주신 목적을 따라 열매 맺는 삶, 그것이 진정한 부요함이며 영원한 가치를 남기는 길이다.

열매 맺는 삶은 결코 하루아침에 이루어지지 않는다. 씨앗이 뿌려지고 싹이 나고 가지가 뻗으며, 계절의 비바람을 견디는 과정 속에서야 비로소 열매가 맺힌다. 우리의 재정 생활도 이와 같다. 훈련 없는 풍요는 쉽게 무너진다. 절제와 나눔, 감사와 인내의 시간이 쌓여야 열매가 영글듯, 돈을 다루는 지혜도 긴 시간의 훈련을 통해 완성된다.

더 나아가 열매는 혼자 먹기 위한 것이 아니다. 포도송이가 아름다운 것은 혼자 달려 있지 않고 함께 뭉쳐 있기 때문이다. 우리의 삶의 열매도 마찬가지다. 나 하나 잘 사는 데 머무르지 않고, 공동체를 세우고, 교회를 살리고, 이웃을 돕는 데 흘러가야 한다. 혼자만을 위한 열매는 시간이 지나면 썩고 말라버리지만, 함께 나눈 열매는 더 큰 기쁨이 된다.

오늘 우리는 어떤 나무로 살고 있는가. 단풍나무처럼 잠시의 아름다움으로 치장하려 하는가, 가시나무처럼 세상을 지배하려 하는가, 아니면 포도나무처럼 자신을 내어주어 열매를 맺는가. 하나님은 치장보다 열매를, 자기 자랑보다 나눔을 귀히 여기신다. 인생의 가치는 결국 남긴 열매로 증명된다.

돈을 어떻게 벌고
어떻게 관리해야 하나

가난한 자는 선하고, 부자는 악한 것인가? 가난한 사람은 천국에 가고, 부자는 천국에 가지 못하는 것인가? 만약 가난하다고 해서 천국에 간다면 이 세상은 가난한 자들로만 가득할 것이다. 반대로 부자가 천국에 가지 못한다면 누가 애써 일하고 노력하겠는가? 경제의 의욕은 사라지고, 남의 도움만 기대하는 사람들로 넘쳐나며 정부의 재정은 고갈되고 사회는 파탄에 이를 것이다.

성경은 말한다. "손을 게으르게 놀리는 자는 가난하게 되고 손이 부지런한 자는 부하게 되느니라"(잠 10:4)의 말씀은 "누구든지 일하기 싫어하거든 먹지도 말게 하라"(살후 3:10)는 내용과 결을 같이한다. 이것은 창세기 1장의 '생육하고 번성하라'는 창조의 원리에도 맞는 말이다. 일하지 않고 남의 도움만 구하는 자는 결코 행복할 수 없을 것이다. 내가 열심히 일하여야 창고에 곡식이 쌓이게 되고, 그것으로 가족을 먹이고 남을 도울 여력도 생기는 것이다. 남이 씨를 뿌릴 때 나도 씨를 뿌려야, 남이 추수할 때 나도 추수할 것이 생기는 것이다. 이것은 생존을 위한 최소한의 원칙이다.

그렇다면 최대한의 원칙이 존재할까? 그것은 인간으로서의 역할과 책임을 다하는 것을 말한다.

유대인이 부자로 사는 이유는 그들이 돈을 벌기 위하여 독할 정도로 열심히 일하였기 때문이다. 그들은 돈을 벌었으나 돈의 노예가 되지는 않았다. 그들의 근면성과 뛰어난 기술력은 그들의 재정을 튼튼하게 만들었다. 그들은 경쟁과 시기의 대상이 되었고, 스페인에서 쫓겨났을 때는 네덜란드로 옮겨갔다. 스페인의 경제는 몰락했으나 네덜란드는 되살아났다. 영국에 정착했을 때는 양모와 모직물 수출 외에는 내세울 것 없던 영국 경제가 유대인들의 활약으로 회복되기 시작했다. 결국 영국은 산업혁명이라는 전례 없는 경제적 부흥을 맞이했다. 이후 그들은 미국을 움직였고, 지금은 세계 경제까지 주도하고 있다.

그들이 과연 부지런해서만 이러한 부를 쌓은 것은 아니다. 단순하게 밭을 갈고 씨를 뿌리며 추수를 기다린 것이 아니다. 돈을 벌기 위하여 사용 가능한 모든 인맥을 활용하였을 뿐만 아니라, 유대인 디아스포라 간의 상호 신뢰 속에서 경제의 부흥을 이룬 것이다. 그들은 어음이 없을 때 스스로 어음을 만들어 사용하였고, 시시각각 변하는 세상 속에서 항상 새로운 금융상품을 만들어 세계의 금융과 부를 장악하게 된 것이다.

그들이 걸어온 과정을 본서의 부(富)의 관점에서 바라본다. 그들은 마치 누가복음 16장에 나오는 '옳지 않은 청지기'가 빚진 자들에게 재량껏 빚을 탕감해 준 이야기와 같다. 그러한 사실을 알게 된 주인은 청지기가 일을 지혜롭게 처리하였으므로 그를 칭찬하였다. 그리고 세상의 재물로 하나님을 섬기라는 메시지를 주셨다. 이러한 삶의 모범을 우리는 유대인들에게서 엿볼 수 있다.

유대인들은 대대로 나누는 삶에 익숙하다. 하나님이 명령하신 고아와 과부, 그리고 가난한 자들을 도우라는 성경 말씀을 실천하였다. 피눈물이 날 정도로 힘들게 번 돈을 그들은 나눔으로 실천하였다. 그들은 안다. 돈은 거름과 같아서 쌓아두면 냄새가 나지만, 흩어 밭에 고루 뿌리면 좋은 양분이 되어 풍성한 수확을 얻게 된다는 것을. 이것이 돈의 참된 가치요 효력이다. 그들은 돈을 하나님이 주신 선물로 인식하기 때문에 나눔을 실천하는 것이다.

부는 날개가 있어 결국 나누는 자들에게로 흘러간다. 흘려보내는 손길이 있는 곳에 부는 머문다. 움켜쥐면 사라지지만, 베풀면 돌아온다. 하나님은 흘려보내는 자에게 더 많은 것을 맡기시고, 움켜쥐는 자에게서는 결국 그것을 거두신다. 그래서 성경은 우리를 청지기라 부른다.

우리 모두는 하나님의 물질을 관리하는 청지기다. 그러므로 자기 기업을 잘 살피고 관리해야 한다. "네 양 떼의 형편을 부지런히 살피며 네 소 떼에게 마음을 두라"(잠언 27:23). 기업의 규모가 크든 작든, 하나님은 그 모든 것을 맡기셨다. 작은 가게를 운영하든, 큰 회사를 이끌든, 혹은 가정을 책임지든, 우리는 모두 하나님의 재정을 관리하는 청지기다.

하늘에서 내리는 비는 모두를 적셔주지만, 하늘의 은총은 아무에게나 주어지지 않는다. 정직하게 관리하고 바르게 사용하는 사람, 게으르지 아니하고 부지런하게 움직이는 사람, 돈을 하나님이 주신 선물로 여기고 나누는 사람에게 은총의 비가 내린다.

돈은 언제나 우리 곁에 있으나, 그것을 어떻게 관리하느냐에 따라 복이 되기도 하고 저주가 되기도 한다. 오늘 우리에게 주어진 물질은 잠시 맡겨진 것일 뿐이다. 주인의 뜻대로 관리하는 청지기만이 칭찬을 받는다. 하나님은 "많이 벌었느냐"를 묻지 않으시고, "어떻게 관리했느냐"를 물으신다. 그러므로 부(富)를 원하는 자들이여, 돈을 섬기지 말고 다스리라. 나를 위해 움켜쥐지 말고, 하나님을 위해 흘려보내라. 그때 우리의 재정은 하나님 나라를 세우는 도구가 될 것이다.

부와 가난을 단순히 선과 악으로 나누는 것은 위험하다. 성경은 가난한 자라고 해서 자동으로 의롭다고 말하지 않는다. 게으름과 무책임으로 가난해진 자는 오히려 하나님의 뜻과 멀어질 수 있다. 반대로 부자라고 해서 모두 악한 것도 아니다. 아브라함, 욥, 다윗, 솔로몬처럼 하나님께 복을 받아 큰 부를 누린 이들도 있었다. 문제는 부 자체가 아니라 부를 어떻게 사용하느냐에 있다. 하나님을 경외하는 마음으로 부를 관리하는 자는 축복의 통로가 되지만, 탐욕으로 움켜쥐는 자는 심판을 면치 못한다.

현대 사회 역시 이 진리를 증명한다. 누구는 적은 월급에도 검소하게 살며 이웃을 섬기고, 또 누구는 많은 연봉을 받으면서도 허영에 휘둘려 늘 부족하다 말한다. 돈의 액수가 행복을 결정하는 것이 아니라, 돈을 대하는 태도가 삶의 질을 결정한다. 지갑을 어떻게 여느냐는 곧 마음을 어떻게 여느냐와 같다.

또한 재정을 관리한다는 것은 단순히 개인의 차원을 넘어 사회적 책임과도 직결된다. 기업가가 정직하게 회사를 운영하고, 지혜를 모아 많은 이익을 남기며, 근로자와 이익을 나누고, 사회에 환원할 때 그 부는 수많은 가정을 살리고 사회를 건강하게 한다. 반대로 부정과 탐욕으로 쌓은 부는 공동체 전체를 병들게 한다. 그래서 성경은 우리를 '세상의 빛과 소금'이라 부른다. 부를 다루는 방식이 곧 세상을 밝히는 빛이 되기도 하고, 세상을 썩게 하는 독이 되기도 한다.

결국 부는 하나님의 시험지다. 그 시험에서 합격한 자에게는 더 큰 것을 맡기시지만, 불합격한 자는 가진 것마저 빼앗기게 된다. 청지기의 삶이란 결국 '내 것이 아니라 하나님의 것'이라는 고백 위에 세워져야 한다. 그 고백이 있을 때 돈은 나를 속박하는 족쇄가 아니라, 하나님 나라를 세우는 도구가 된다.

정당한 이윤 추구는 악이 아니다
선한 영향력을 위하여 살기 위함이다

가난을 경건이라고 부르는 것인가? 이윤 추구는 악이라고 말하는 것인가? 경건 생활을 위하여 사막으로 들어간 에세네파 사람들을 이해는 하지만 온전히 인정할 수는 없다. 인간은 사회적 동물이기 때문에 사회에서 함께 생활하며 그 속에서 경건을 지켜내는 법을 배워야 한다. 경건을 위한다며 가난을 택하는 것은 자기 스스로를 과거로 후퇴시키는 결과를 가져온다. 그렇다면 세상과 결별하고 물질문명을 포기하며 구석기 시대로 돌아가야 마땅할 것이다.

과도한 이익을 취하여 상대방에게 손해를 입히는 일은 삼가야 한다. 그러나 스스로 이룬 일에 대해 정당한 이익을 취하는 것을 악으로 몰아가는 것은 경제의 개념을 모르는 생각이다. 이익이 있어야 일하는 사람들의 생계를 유지할 수 있고, 재투자를 통해 더 많은 일자리가 생겨 함께 잘 사는 세상을 만들 수 있다.

성경은 노동의 가치를 분명히 말한다. "일하기 싫어하거든 먹지도 말게 하라"(살후 3:10) 하신 말씀은 게으름이 죄라는 사실을 알려준다. 열심히 일하고 그 결과로 얻는 정당한 소득은 하나님께서 주신 복이다. 사도 바울도 장막을 만들며 스스로 생계를 유지했고, 동시에 복음을 전했다. 노동과 이윤은 하나님께 영광을 돌리는 또 다른 통로다.

현대 사회는 정당한 이윤이 있어야 복지가 유지된다. 기업이 이익을 남겨야 세금을 내고, 그 세금이 복지와 공공서비스로 돌아온다. 만약 이윤을 죄악시한다면 경제는 얼어붙고, 고용은 줄어들며, 사회는 불평등과 갈등으로 무너진다. 그러므로 우리는 이윤을 악으로 몰아가지 말고, 그 이윤이 어떻게 쓰이는가에 주목해야 한다.

예를 들어, 정직하게 돈을 번 기업가가 장학재단을 세워 가난한 학생들에게 학비를 지원한다면 그 이윤은 단순한 숫자가 아니라 한 사람의 인생을 바꾸는 씨앗이 된다. 병원을 운영하는 의사가 수익으로 일정 부분을 의료봉사나 의료선교를 제공한다면 그것은 곧 예수님의 손길이 된다. 교회가 성도들의 헌신으로 모은 재정을 통해 선교와 구제를 감당할 수 있는 것도 결국 정당한 이윤이 있기 때문이다.

물론 주의해야 할 점도 있다. 이윤 자체가 목적이 되면 탐욕으로 변한다. 기업이 더 많은 이익을 위해 노동자를 착취하거나 환경을 파괴한다면 그것은 죄다. 그러나 정당하게 얻은 이윤을 올바르게 사용할 때 그것은 선한 열매를 맺는다. 돈은 본질적으로 선하지도 악하지도 않다. 돈을 어떻게 관리하고 어디에 사용하느냐에 따라 복이 되기도 하고 저주가 되기도 한다.

우리가 기억해야 할 것은 이윤은 흘려보낼 때 진정한 가치가 드러난다는 사실이다. 포도나무가 열매를 맺음으로 농부에게 기쁨이 되듯, 우리의 노동과 이윤도 하나님께 기쁨과 영광이 될 것이다. 우리가 올린 이익이 나만의 배를 채우는 데 쓰이지 않고, 이웃을 살리고 하나님의 뜻을 이루는 데 쓰일 때 그 이윤은 거룩한 도구가 된다.

부(富)를 원하는 자들이여, 정당한 이윤 추구를 두려워하지 말라. 그것을 악으로 보지 말고, 하나님이 맡기신 달란트로 생각하라. 달란트를 묻어둔 종은 책망을 받았지만 그것을 불린 종은 칭찬을 받았다. 우리가 열심히 일하여 정당한 이윤을 남기고, 그것을 하나님 나라를 위해 사용한다면 하나님께서 "착하고 충성된 종아"라고 칭찬하실 것이다.

그러므로 가난을 경건으로 포장하지 말고, 이윤을 탐욕과 구분하라. 정직한 땀의 대가로 얻은 이윤은 하나님이 기뻐하시는 열매다. 그 이윤을 통해 가정이 살아나고, 교회가 든든해지고, 사회가 밝아진다. 정당한 이윤 추구는 악이 아니라 선이다.

이윤은 경제적 개념을 넘어 신앙적 개념과도 연결된다. 하나님은 우리를 청지기로 부르셨다. 청지기는 주인의 재산을 자기 것이 아닌 주인의 뜻에 맞게 관리하는 자다. 따라서 기업가든 직장인이든 장사꾼이든, 자신이 얻은 이윤을 내 것이라 주장하지 않고 하나님의 것이라 인정할 때 올바른 사용이 가능하다.

또한 우리는 이윤을 통해 미래를 준비해야 한다. 농부가 수확한 곡식의 일부를 저장해 다음 해의 씨앗으로 삼듯이, 정당한 이윤은 단순한 소비가 아니라 내일을 위한 투자로 이어져야 한다. 가정의 교육비, 사회의 연구개발비, 교회의 선교 재정이 모두 이 범주에 들어간다. 이처럼 올바른 이윤은 현재의 필요를 채울 뿐 아니라 미래의 세대를 세우는 자양분이 된다.

성경은 "지극히 작은 것에 충성된 자는 큰 것에도 충성되고"(눅 16:10) 라고 말씀한다. 작은 가게에서의 정직한 이윤, 가정 살림 속의 알뜰한 절약, 직장에서의 성실한 업무가 결국 큰 부를 다룰 수 있는 자격을 마련한다. 그러므로 성도는 작은 것이라도 바르게 사용하며 하나님의 뜻을 따르는 습관을 길러야 한다.

인내의 시간이 필요하다
심었으면 익을 때까지 기다리라

　스피드는 중요하지만 자연의 이치 앞에서는 때로 잠잠할 줄 알아야 한다. 하나님이 시간과 계절을 주신 것은 자연의 원리 앞에서 순종하라는 뜻이며, 순종하는 자는 평안을 누릴 수 있다. 일을 시작하자마자 결실을 얻으려는 시도는 아직 자라지 않은 나무에서 열매를 구하는 것과 같다. 조급함은 일을 망치는 원인이다. 기다리라. 자연의 이치를 기다리라. 내가 개발한 것을 세상에 내놓았다면, 소비자가 사용하고 반응이 나타날 시간을 기다려야 한다. "너희 중에 누가 염려함으로 그 키를 한 자라도 더할 수 있느냐"(눅 12:25).

　발레 선수를 보라. 백조처럼 날아오르듯 뛰어오르다가 사뿐히 내려앉는 그 아름다운 모습에 감탄사가 터져 나온다. 마치 천국을 엿보는 듯 즐겁지만, 그 이면을 보아야 한다. 무대 위에 서기까지 얼마나 많은 연습을 했을지 생각해 보라. 한 번의 춤을 선보이기 위해 수천 번의 연습을 반복했고, 그의 발은 이상할 만큼 변형되어 괴물처럼 굳어져 있는 것을 보라.

농부의 땀을 생각해 보라. 씨앗을 뿌리면 바로 싹이 나지 않는다. 햇볕과 비, 그리고 시간이 필요하다. 때로는 가뭄이 찾아오고, 때로는 해충이 덮쳐도 농부는 포기하지 않는다. 잡초를 뽑아내고, 땀 흘려 땅을 가꾸며 때를 기다린다. 한 줌의 과일을 수확하기까지 몇 번의 폭풍과 몇 번의 번개를 견뎌야 하는지 상상해 보라. 경제도 마찬가지다.

내가 시작한 사업이 오늘내일 결실을 보지 못한다고 해서 낙망하지 말라. 고객과의 소통이 이루어지기까지 시간이 필요하다. 몇 번의 시행착오 속에서 제품의 질을 점검하고, 최고의 가치를 구현할 때 비로소 고객은 마음의 문을 연다. 말을 듣지 않는 자녀를 격려하고 믿어주며 기다려 줄 때 어느 날 자녀가 눈을 들어 부모를 바라보는 것처럼, 나의 일이 더디게 성장한다고 낙심하지 말고 인내로 기다리라.

역사를 돌아봐도 위대한 성취는 한순간에 이루어지지 않았다. 에디슨이 전구를 발명하기까지 수천 번의 실패를 견뎠다. 실패는 실패가 아니라 과정이었다. 동족을 사랑하던 모세는 궁궐을 떠난 지 40년 만에 부름받았다. 아브라함은 아들을 약속받고 25년을 기다렸다. 다윗은 기름 부음을 받고도 수십 년간 광야에서 훈련을 받았다. 하나님의 사람들은 모두 기다림의 시간을 통과했다. 기다림은 하나님의 학교이며, 인내는 믿음의 교과서다.

하나님의 자녀는 하나님이 굶기지 않으시니, 걱정과 근심을 내려놓고 오늘 하루를 성실하게 살아야 한다. "오늘 있다가 내일 아궁이에 던져지는 들풀도 하나님이 이렇게 입히시거든 하물며 너희일까보냐 믿음이 작은 자들아"(눅 12:28). 내가 하는 일이 세상에 유익한지 점검하고, 하늘을 바라보아야 한다. "나는 심었고 아볼로는 물을 주었으되 오직 하나님께서 자라게 하셨나니"(고전 3:6).

그러므로 서두르지 말라. 하나님의 시간표는 언제나 옳다. 지금은 뿌리는 시간일 수 있고, 지금은 물 주는 시간일 수 있다. 그러나 때가 되면 반드시 거두게 하신다. 중요한 것은 그 과정 속에서 우리가 믿음을 잃지 않고 성실하게 하루하루를 살아내는 것이다.

인내의 시간은 헛되지 않다. 기다림 속에서 우리의 믿음은 단련되고, 우리의 성품은 정금같이 빚어진다. 결국 열매는 단지 수확의 결과가 아니라, 기다림과 인내 속에서 하나님과 함께 걸어온 믿음의 발자취다. 그러므로 심었으면 익을 때까지 기다리라. 그 기다림 끝에 하나님이 주시는 기쁨은 세상의 어떤 결실보다 달고 풍성할 것이다.

현대 사회는 속도의 사회다. 우리는 하루에도 수십 번 '빨리빨리'를 외치며 살아간다. 그러나 하나님은 속도보다 방향을 보신다. 더 빠른 길이 아니라 더 바른 길을 걷게 하신다. 그러므로 우리의 삶이 느리게 느껴질 때, 그것은 실패가 아니라 하나님의 훈련 과정일 수 있다.

과학의 발전으로 우리는 많은 것을 단축하고 있다. 초고속 인터넷, 초고속 열차, 초고속 거래. 그러나 인간의 영혼은 초고속으로 자라지 않는다. 사랑은 시간을 필요로 하고, 신뢰는 오랜 세월을 통해 세워진다. 한 아이가 어른으로 성장하기까지 최소한의 시간이 필요하듯, 우리의 믿음과 성품도 반드시 기다림의 과정을 거쳐야 한다.

성경의 원리는 '심음과 거둠'이다. 뿌린 대로 거두고, 심은 대로 열매를 맺는다. 문제는 '때'다. 하나님이 정하신 때를 기다릴 줄 아는 자가 결국 가장 달콤한 열매를 얻는다. 조급함은 미숙한 열매를 따게 하지만, 인내는 완전한 열매를 거두게 한다.

기업 경영도 이 원리를 벗어나지 않는다. 시장의 목소리를 경청하고, 실패를 두려워하지 않고, 꾸준히 개선하는 기업은 결국 신뢰를 얻는다.

신앙인의 삶은 기다림의 연속이다. 기도의 응답이 지연될 때가 많다. 그러나 하나님은 결코 지체하지 않으신다. 우리의 마음을 준비시키고, 상황을 정리하시며, 가장 선한 때를 예비하신다. 그러므로 응답이 늦는 것처럼 보일 때는 오히려 감사해야 한다. 하나님이 더 좋은 것을 예비하고 계시기 때문이다.

기도하는 사업가
하나님이 길을 열어준다

사람이 시련을 겪는 이유는 유혹과 시험 때문이다. 유혹(temptation)은 욕심에서 비롯된 것으로 사탄이 주는 것이고, 시험(test)은 성숙한 성도로 자라게 하시기 위해 하나님이 주시는 과정이다. 돈 버는 것을 목표로 세우면 곧바로 유혹과 올무가 문 앞에서 기다리다가, 나서는 순간 삼켜버린다. 그러나 실수하지 않았고 열심히 노력했음에도 실패하는 경우는 성숙을 향한 과정에서 비롯된 것일 수 있다. 훈련의 과정이 반복될 때 성숙으로 가는 길이 열린다. 집안의 화초처럼 안락하게만 살 수는 없다. 누가 도와주지 않아도 스스로 설 수 있는 자생력을 길러야 한다. 동산의 낙락장송은 모진 비바람을 견디며 지금까지 자라왔다.

하는 일을 실패했다면 '왜?'라는 질문을 던지고 그동안의 과정을 점검해야 한다. 품목 선정이 잘못되었거나, 과도한 경쟁으로 가격이 폭락했거나, 운영 미숙으로 경쟁력을 상실했을 수 있다. 원인을 파악한다면 더 노력하여 경쟁 우위를 되찾을 수 있다. 그러나 사기를 당했거나 경쟁업체로부터 부당한 소송을 당해 나의 힘으로 해결할 수 없는 회복 불능의 상태에 빠졌다면, 나라의 법과 하나님의 강력한 개입을 위해 기도해야 한다.

히스기야가 병들어 죽게 되었을 때 그가 하나님께 간구하자 수명이 15년 연장되었다(왕하 20:6). 바울과 실라가 전도하다가 빌립보 감옥에 갇혔을 때도 기도하니 차꼬가 풀리고 옥문이 열리는 기적이 일어났다(행 16:25-26). 하나님의 역사는 경제 속에서도 역사하신다. 나의 힘이나 능력으로 해결할 수 없을 때 하나님께 도움을 구하면, 하나님은 환경과 만남을 통해 문제를 풀어주신다. 이것이 성도가 누리는 기도의 특권이다.

기도하는 사업가는 위기를 두려워하지 않는다. 위기는 기도의 자리로 나아가게 하는 통로이기 때문이다. 어려움을 만났을 때 원망하는 대신 무릎을 꿇는다면, 그 순간부터 하나님이 일하시기 시작한다. 성경에 기록된 모든 믿음의 사람들은 중요한 순간마다 기도로 방향을 잡았다. 모세는 홍해 앞에서 기도했고, 여호수아는 전쟁 앞에서 기도했으며, 다니엘은 사자 굴 앞에서도 기도했다. 그때마다 하나님은 길을 여셨다.

지금 어떠한 위기를 겪고 있는가? 하나님을 찾으라. 하나님을 찾되 전심으로 찾으면 하나님이 도우신다. "너는 내게 부르짖으라 내가 네게 응답하겠고 네가 알지 못하는 크고 은밀한 일을 네게 보이리라"(렘 33:3). 하나님의 돌보심은 지금도 유효하다. 우리가 하나님의 영광을 위한 계획을 품고 일을 진행하면 하나님이 앞서 길을 여신다.

하나님은 기도하는 사람을 도우시기 위해 환경을 움직이신다. 사람을 통해 정보를 알게 하시고, 해결의 절차를 보여주시며, 재정의 문도 열어주신다. 때로는 만남을 통해 길을 열어주시기도 하고, 막힌 길이 오히려 더 좋은 길로 이어지게 하신다. 하나님은 가장 정확한 시간에, 가장 정확한 방법으로 성도를 도우신다.

그러므로 부(富)를 원하는 자들이여, 사업을 시작할 때 기도로 시작하라. 위기를 만났을 때 기도로 돌파하라. 성공했을 때도 기도로 하나님께 영광을 올리라. 기도는 단지 문제 해결의 수단이 아니라 하나님과 동행하는 삶의 호흡이다. 기도의 사람은 넘어져도 다시 일어선다. 기도의 사업가는 막혀도 길을 발견한다. 하나님께서 앞서 가시며 길을 열어주신다.

기도는 단지 위기의 순간에만 필요한 것이 아니다. 평안할 때의 기도야말로 더 큰 시험을 이길 힘을 길러주신다. 위기 때만 하나님을 찾는다면 우리의 믿음은 상황에 따라 흔들리는 얄팍한 믿음에 머문다. 그러나 매일의 삶 속에서 꾸준히 드리는 기도는 영혼의 근육을 단단하게 한다. 작은 일에도 감사하고, 평범한 일상 속에서도 하나님을 찾는 사람은 큰 풍랑 앞에서도 흔들리지 않는다.

또한 기도는 시련의 의미를 새롭게 해석하게 한다. 세상은 시련을 불운이라 여기지만, 믿음의 사람은 시련을 성장의 기회로 본다. 기도 가운데 하나님의 관점을 배우면, 실패는 낙인이 아니라 과정이 되고, 고통은 저주가 아니라 성숙으로 가는 통로가 된다.

우리는 종종 빠른 해결을 원하지만 하나님은 기다림을 통해 우리를 빚으신다. 광야의 시간을 보내는 동안 믿음은 깊어진다. 그 광야에서 하나님은 우리에게 불필요한 욕망을 벗기시고, 오직 주님만 의지하는 법을 가르치신다. 그래서 기도의 사람은 결과보다 과정을 귀히 여기고, 응답보다 하나님과의 동행 자체를 기쁨으로 삼는다.

현대 산업 사회는 치열하고 불확실하다. 과거의 삶이 컴퓨터와 인터넷 중심의 정보사회였다면 지금은 AI, 빅데이터, 로봇기술 중심의 4차 산업혁명의 시대다. 시간이 흐를수록 기술은 발달하여 조만간 SI(super intelligence, 초지능) 시대가 도래하면 초지능적 로봇이 등장하여 세상의 판도를 바꾸어 놓을 것이다. 인간이 하는 운반이나 건축이나 물건 정리나 가사 일이나 로봇이 대체할 것이고 초지능적 인공지능이 연구 분야까지 감당할 날이 다가올 것으로 예상된다.

이처럼 급변하는 시대에 제품 개발에 잠시라도 소홀하면 경쟁 업체로부터 뒤처지는 것은 시간 문제이다. 신앙인이라고 예외는 없다. 제품을 개발하는 사람은 다른 사람들이 밤잠을 세워가며 연구하면 그 역시 밤을 세워가며 연구해야 한다. 아니, 신앙인은 그보다 더 성실하게 해야 뒤처지지 아니하고 앞서나갈 수 있다. 신앙인은 세상 사람들과의 차이점이 있다. 위기의 순간에 어떠한 방법으로 헤쳐나가며, 어떠한 일을 하여야 하는지를 기도한다. 그럴 때 하나님의 지혜가 더 주어지는 것이다. 이것이 영적 리더십이다.

기도는 곧 영적 호흡이다. 호흡을 멈추면 생명이 끊어지듯, 기도를 멈추면 영혼이 메마른다. 그러므로 성도는 하루의 시작과 끝을 기도로 열고 닫아야 한다. 문제 앞에서도, 성공 앞에서도, 실패 앞에서도 기도의 자리를 지키는 자가 하나님 나라의 진정한 승리자다.

절제와 인내,
하나님의 경제를 움직이는 힘

믿는 자가 부(富)를 누리는 데 있어 가장 먼저 갖추어야 할 것은 기질이 아니라 태도다. 타고난 성격이나 머리 회전보다 더 중요한 것은 하루하루의 삶을 어떻게 바라보고, 어떤 마음으로 살아가느냐에 달려 있다. 성경은 그런 삶의 태도를 '믿음'이라 말한다. 믿음은 마음속 확신에 머무는 것이 아니라 현실을 바라보는 관점이 되고, 선택의 기준이 되며, 일상의 습관으로 드러난다.

노아의 홍수 사건을 떠올려 보라. 세상 사람들은 쾌락을 즐기며 흥청망청 살았다. 오늘만 존재하는 듯 살았고, 내일은 없다고 여겼다. 그러나 노아는 하나님의 말씀을 따라 아직 비 한 방울 내리지 않은 황량한 땅에서 방주를 짓기 시작했다. 사람들의 조롱과 비웃음 속에서도 그는 묵묵히 나무를 깎고, 맞추고, 다듬었다. 결국 방주는 완성되었다.

"물이 불어서 십오 규빗이나 오르니 산들이 잠긴지라"(창 7:20). 세상에서 가장 높던 산들도 물에 잠겼다. 방주 위에 있던 자는 살았으나, 그 아래에 있던 자들은 모두 물속으로 사라졌다. 믿음으로 세운 구조물만이 생명을 지켜냈고, 순종의 태도는 생과 사를 가르는 분기점이 되었다.

오늘날에도 믿는 자에게 '부'란 단지 돈의 많고 적음을 의미하지 않는다. 삶을 다스릴 수 있는 내면의 질서, 하나님 앞에서 자신을 통제할 줄 아는 태도가 진짜 부다. 그 중심에 '절제'라는 힘이 있다. 절제는 단순히 욕망을 억누르는 것이 아니라 더 중요한 가치를 선택하기 위한 분별이다. 절제는 자기를 잃지 않기 위한 자기 보존의 능력이자, 사망을 향한 유혹 앞에서 삶을 지켜내는 영적 브레이크다.

하지만 절제는 결심만으로 지켜지지 않는다. 절제를 지속하게 만드는 것은 인내다. 베드로후서 1장 6절은 말한다. "지식에 절제를, 절제에 인내를, 인내에 경건을 더하라." 절제는 이해만으로 이루어지지 않는다. 인내해야 지켜지고, 인내하기 위해서는 하나님을 향한 경건함이 중심에 있어야 한다.

이러한 믿음과 절제, 인내와 경건은 단지 개인의 미덕이 아니라 하나님 나라의 경제 윤리를 이루는 기초다. 세상은 지금 당장 소비하고, 남보다 빨리 가고, 더 많이 가지라고 유혹한다. 그러나 하나님은 속도보다 방향을, 결과보다 성품을 보신다. 그분은 더디더라도 바른 길을 걷는 자를 끝내 복되게 하신다.

요셉을 보라. 그는 유혹을 물리치다가 억울한 누명을 쓰고 노예가 되었으며, 감옥에 갇혔다. 그러나 인내하며 자신의 신앙을 잃지 않았다. 누가 보든 말든 맡겨진 일을 성실히 감당했고, 결국 애굽의 총리가 되었다. 그의 부(富)는 절제와 신실함, 경건이 쌓아 올린 신뢰 위에 세워진 결과였다.

현대는 유혹의 시대다. 클릭 한 번이면 신용을 끌어 쓸 수 있고, 광고 한 줄이면 필요 없는 물건도 구매하게 된다. 많이 벌어도 많이 새고, 많이 가져도 마음은 공허하다. 이런 시대일수록 절제는 더 큰 재능이고, 인내는 더 깊은 지혜다. 스마트폰 속 수많은 알림은 우리의 마음을 분주하게 만들지만, 절제하는 사람은 그 유혹을 이기고 하나님께 집중한다. 카드 한 장으로 인하여 무너지는 재정을 절제는 지켜내고, 인내는 다시 일어설 수 있는 힘을 준다.

믿는 자는 돈을 쫓지 않는다. 그는 돈을 쥐는 것이 아니라 다스릴 줄 아는 사람이다. 욕망이 아니라 믿음의 리듬에 따라 움직이며, 외형보다 내면의 질서를 귀히 여긴다. 그 속도는 느려 보일지 몰라도, 그 걸음에는 흔들림이 없다. 결국 하나님이 준비하신 복은 언제나 그런 길 끝에서 기다리고 있다.

긍정과 인내와 절제는 오래된 덕목이다. 그러나 지금 이 시대에도 여전히 가장 필요한 태도이며, 믿는 자의 삶을 지탱하는 든든한 기둥이다. 절제는 우리를 욕망의 노예에서 자유롭게 하고, 인내는 하나님이 때를 기다리게 하며, 경건은 우리의 삶을 하나님께 연결한다. 이 세 가지가 함께할 때 하나님의 경제가 움직인다.

이 길을 걷는 자는 겉으로는 조용하지만, 그 내면에는 하나님의 경제가 작동하고 있다. 그리고 그 경제는 반드시 상황에 맞는 복으로 응답된다. 하나님의 복은 언제나 절제와 인내의 길을 걷는 자에게 임한다. 오늘 우리가 절제하며 인내하는 작은 걸음은 내일의 풍성한 추수로 이어진다.

　믿음의 태도는 단지 마음의 문제를 넘어 구체적인 생활 습관으로 나타난다. 하루의 시작을 어떻게 여는가, 돈을 어떻게 사용하는가, 작은 결정 하나를 어떤 기준으로 내리는가가 그 사람의 믿음을 드러낸다. 믿음의 사람은 아침에 기도로 하루를 열고, 지출 앞에서 하나님을 먼저 기억하며, 작은 유혹 앞에서도 하나님께서 기뻐하실지를 묻는다. 이 작은 습관들이 모여 결국 큰 부요함을 이룬다.

　또한 믿음의 태도는 위기 속에서 더욱 빛난다. 사업이 흔들리거나 건강이 무너질 때, 세상 사람들은 낙심하거나 불평하지만 믿는 자는 무릎 꿇고 하나님께 묻는다. 그 태도가 결국 길을 열고, 절망을 소망으로 바꾸며, 위기를 기회로 바꾼다. 믿음은 단순한 긍정이 아니라, 하나님의 약속을 현실보다 더 크게 신뢰하는 태도다.

　절제와 인내는 훈련을 통해 강화된다. 운동선수가 매일의 훈련으로 근육을 키우듯, 성도는 매일의 작은 절제를 통해 믿음의 근육을 키운다. 작은 소비를 줄이고, 작은 시간을 하나님께 드리며, 작은 말을 삼가는 습관이 모여 큰 힘이 된다. 그리고 인내는 반복되는 훈련 속에서 자라난다. 이 과정을 통해 믿음의 사람은 흔들리지 않는 내적 부를 갖게 된다.

　하나님의 경제는 세상의 경제와 다르다. 세상은 속도와 양을 중시하지만, 하나님은 과정과 태도를 보신다. 그래서 성도는 눈앞의 손익 계산에 흔들리지 않고, 하나님께 합당한 길을 선택한다. 때로는 손해처럼 보여도 하나님의 뜻에 순종하는 길을 선택할 때, 결국 더 크고 오래가는 복이 임한다.

　결국 부란 숫자나 재산 목록이 아니라 태도의 결실이다. 믿음과 절제, 인내와 경건의 태도를 가진 사람은 눈에 보이는 재산이 많지 않아도 진짜 부자다. 그의 마음에는 평안이 있고, 그의 가정에는 질서가 있으며, 그의 삶에는 하나님이 함께하신다는 확신이 있다. 이것이 믿는 자가 누려야 할 참된 부요함이다.

불확실성을 견디는 힘: 신앙의 시간관
하나님의 시간은 늦지 않는다

　속도가 능력이고, 유연함이 생존 전략이 된 시대다. 기술은 하루가 다르게 진보하고, 어제의 직업이 내일 사라질 수도 있다. 인공지능의 확산은 직장인의 불안을 자극하고, 청년들은 미래를 예측하는 것 자체를 포기한다. 부모는 자녀의 교육 방향을 알 수 없고, 직장인은 오늘이 경력의 마지막일지도 모른다는 두려움 속에 산다. 계획만으로는 더 이상 미래를 보장받을 수 없다.

　이러한 시대에 우리의 신경계는 늘 긴장 상태다. 결정은 어렵고, 결정 이후의 불안은 더 크다. 불확실성이 일상이 된 지금, 사람들은 예상보다 자주 멈추고 무너진다. 그러나 성경은 이 불확실성 속에서 우리를 다르게 부르신다. 믿음이란 바로 그 '보이지 않는 시간'을 견디는 힘이다.

　이스라엘 백성이 애굽을 탈출해 홍해 앞에 섰을 때, 앞은 바다였고 뒤는 군대였다. 도망칠 길이 없었다. 그때 하나님은 모세를 통해 말씀하셨다. "너희는 두려워하지 말고 가만히 서서 여호와께서 오늘 너희를 위하여 행하시는 구원을 보라"(출 14:13). 그리고 바다는 갈라졌다. 인간의 계산으로는 도무지 설명할 수 없는 방식이었다. 하나님의 시간은 인간의 속도와 다르게 흐른다.

홍해를 건넌 그들은 곧장 가나안으로 가지 못했다. 하나님은 그들을 광야로 이끄셨고, 그곳에서 40년을 걷게 하셨다. 매일의 양식은 오직 '오늘'을 위해 주어졌고, 내일을 위해 비축할 수 없게 하셨다. 그러나 그 시간은 헛되지 않았다. 그들은 광야에서 '신앙의 시간관'을 배웠다. 속도보다 방향, 성과보다 신뢰, 예측보다 순종이 우선이라는 사실을 체득했다.

오늘날 우리도 광야의 언저리에 서 있다. 직장의 안정성이 흔들리거나, 가족의 앞날이 불확실하거나, 삶의 다음 페이지가 공백으로 남아 있을 때, 하나님은 우리에게 다시 묻는다. "너는 지금 무엇을 붙들고 있느냐?"

디모데후서 1장 7절은 말한다. "하나님이 우리에게 주신 것은 두려워하는 마음이 아니요, 오직 능력과 사랑과 절제하는 마음이다." 믿음은 상황이 아닌 약속에 근거한다. 세상의 속도에 흔들리지 않고, 하나님의 리듬에 나를 맞추는 것, 그것이 신앙이 세상을 이기는 방식이다.

불확실성은 제거할 수 없다. 그러나 그 안에서 '다른 눈'을 가질 수는 있다. 믿음의 사람은 시간에 지배받지 않는다. 오히려 시간을 믿음으로 해석한다. 지금 멈춘 것 같아도 하나님은 일하고 계시고, 지금 아무 일도 일어나지 않는 것처럼 보여도 하나님은 뿌리를 깊게 내리고 계신다.

바울은 감옥에 갇혀서도 흔들리지 않았다. 그는 이렇게 고백했다. "나는 자족하기를 배웠노라." 그 자족은 현실에 순응하는 체념이 아니라, 하나님을 아는 데서 오는 평안이었다. 요셉도 기다렸고, 다니엘도 견뎠으며, 아브라함은 '하나님의 시간표'를 믿고 늦은 나이에 아들을 품었다. 그들은 모두 결과가 아닌 '말씀'을 붙들었고, 그 기다림은 결국 능력이 되었다.

믿음은 '빨리 가는 길'을 찾는 것이 아니다. '바른 길'을 끝까지 붙드는 것이다. 오늘 우리가 해야 할 일은 더 빨리 판단하거나, 더 많이 준비하거나, 더 앞서가는 것이 아니다. 말씀 앞에 멈춰 서는 것이다. 기도는 그 멈춤의 훈련이다. 예배는 그 리듬을 회복하는 시간이다. 그 반복 속에서 우리의 신경계는 안정되고, 마음은 하나님의 시간에 맞춰 다시 호흡한다.

부(富)를 원하는 자들이여, 결국 이 불확실한 시대를 견디게 하는 힘은 '내가 미래를 알기 때문'이 아니라, '하나님이 미래에도 계시기 때문'이다. 하나님의 시간은 결코 늦지 않는다. 우리는 지금 느리다고 생각하지만, 하나님은 정확한 시간에 가장 선한 길로 우리를 인도하신다. 우리가 해야 할 일은 그 시간을 신뢰하며 기다리는 것이다.

우리가 사는 세상은 점점 더 예측 불가능해지고 있다. 기후 위기, 전쟁과 같은 국제 정세, 급변하는 기술 환경 속에서 인간의 계획은 언제든 무너질 수 있다. 그러나 믿음의 사람은 환경이 아니라 약속을 붙든다. 약속은 흔들리지 않고, 하나님은 변치 않으신다.

인생의 지연은 패배가 아니다. 오히려 하나님이 더 좋은 길을 준비하시는 과정일 수 있다. 승진이 늦어지고, 사업의 성장이 지체되는 순간에도 하나님의 시간표는 작동하고 있다. 우리는 그 기다림 속에서 성품을 단련하고, 영혼의 뿌리를 내리며, 하나님과의 관계를 더욱 깊게 할 수 있다.

불확실한 시대일수록 공동체의 힘이 필요하다. 광야에서 이스라엘 백성은 혼자가 아니었다. 구름기둥과 불기둥으로 인도하신 하나님과 함께 길을 걸었다. 오늘날 교회는 그런 광야의 공동체가 되어야 한다. 혼자 버티기 어려운 시대에 성도는 서로의 짐을 지고, 서로를 위로하며, 함께 믿음으로 시간을 견디어 나간다.

기도와 말씀은 불확실성을 이길 수 있는 두 날개다. 세상의 뉴스는 불안으로 몰아가지만, 말씀은 소망으로 우리를 붙든다. 기도는 마음의 두려움을 내려놓게 하고, 다시 하나님의 시간에 동참하도록 만든다. 이 두 날개로 날아오르는 성도는 세상의 흔들림 속에서도 곧게 날아갈 수 있다.

속도의 사회 속에서 하나님은 우리에게 '멈춤'을 가르치신다. 잠시 멈추어 하나님의 음성을 듣는 자만이 바른 길을 분별한다. 멈춤은 게으름이 아니라 지혜다. 멈춤은 패배가 아니라 준비다. 하나님은 멈춘 자를 다시 세우시고, 기다린 자를 통해 큰 일을 이루신다.

장기적 안목과 비물질적 만족의 차이
진짜 부는 눈에 보이지 않는다

　세상은 눈앞의 것을 말한다. 더 빠르게, 더 많이, 더 확실하게. 광고는 즉각적인 만족을 부추기고, 사람들은 실시간으로 등락하는 주가와 경쟁자의 성과에 시선을 빼앗긴다. 속도는 곧 성과가 되었고, 물질은 곧 성공의 잣대가 되었다. 그러나 믿는 자는 이 흐름 속에서 "얼마나 벌 것인가"가 아니라 "무엇을 회복하며 살아갈 것인가"를 묻는다. 신앙은 지금을 사는 방식에 영원을 끼워 넣는 훈련이다. 이 질문은 단순히 경제적 안정을 넘어, 인간이 본래의 질서를 어떻게 회복하느냐를 묻는 더 깊은 성찰로 이어진다.
　에덴동산은 하나님이 인간에게 주신 최초의 질서였다. 거기에는 돈도 없었고, 비교도 없었으며, 경쟁도 없었다. 하나님과의 관계 안에서 인간은 충만했고 충분했으며, 스스로 부족함을 느끼지 않았다. 그러나 죄는 그 질서를 무너뜨렸다. 인간은 하나님과의 관계를 떠나 스스로 주인이 되려 했고, 그 순간부터 보이는 것에 집착하게 되었다. 그 집착은 시간이 흐를수록 더 강해졌고, 인류는 물질적 성공을 삶의 기준으로 삼게 되었다.

그 이후 인간은 끊임없이 손에 잡히는 것을 추구하게 되었다. 땅과 권력, 재화와 성취. 그러나 그 모든 욕망은 결국 공허를 낳는다. 왜냐하면 그것은 하나님과의 단절에서 비롯된 결핍이기 때문이다. 인간은 보이지 않는 가치를 잃어버렸고, 그것을 대신할 무언가를 끊임없이 찾기 시작했다. 물질은 그 공백을 채워줄 수 없는데도 사람들은 거기서 만족을 얻으려 한다. 그러나 아무리 많은 부를 소유해도 마음의 허기는 채워지지 않았고, 더 많은 소유를 향한 갈망만 깊어졌다.

하나님은 예수 그리스도를 통해 다시 인간을 에덴의 질서로 초대하신다. 그 회복은 숫자나 외형으로 측정되지 않으며, 당장의 성과로 증명되지도 않는다. 그것은 관계의 회복이며, 존재의 회복이며, 시선의 회복이다. 신앙은 단지 돈을 잘 벌게 만드는 도구가 아니라, 믿음 안에서 다스리고 경작하는 과정이며, 에덴동산을 경작하고 지키는 일이다. 따라서 신앙은 경제적 도구가 아니라, 하나님이 세우신 질서를 다시 세워가는 거룩한 여정이다.

물질은 필요한 것이지만 지배당해서는 안 된다. 신앙은 물질의 노예가 아닌 청지기가 되는 법을 가르친다. 그 눈이 열릴 때 비로소 보이지 않는 가치들이 다시 살아난다. 민주주의, 인권, 평화, 공동체, 정의… 이 모든 단어는 비물질적 만족의 세계에 속한다. 이들은 돈으로 살 수 없지만 삶을 깊고 단단하게 만들어 준다. 세상은 지금도 우리에게 말한다. "더 벌어라, 더 누려라, 지금 소비하라."

그러나 신앙은 조용히 반문한다. "그 만족은 정말 오래가는가?" 이 물음은 단순한 도덕적 훈계가 아니라, 영원한 생명을 향한 초대다.

비물질적 만족은 시간이 필요하다. 공동체는 하루아침에 형성되지 않고, 정의는 저절로 이루어지지 않으며, 평화는 대가 없이 유지되지 않는다. 이 가치는 즉각적인 보상을 약속하지 않지만 깊은 기쁨을 남긴다. 신앙은 바로 그 시간을 견디게 하고, 그 가치를 끝까지 선택할 수 있는 내면의 힘을 길러준다. 이 기다림의 시간은 때로 고통스럽지만, 그 과정을 지나온 자만이 더 큰 기쁨을 경험하게 된다.

절제는 그 안에서 자라는 열매다. 절제란 억눌리는 것이 아니라, 더 큰 기쁨을 위해 지금의 욕망을 다스리는 것이다. 내가 손해를 감수하기 때문이 아니라, 하나님이 준비하신 더 깊은 만족을 신뢰하기 때문에 가능한 태도다. 신앙은 그 기다림을 가능하게 한다. 장기적 안목은 단순한 인내가 아니라, 영원을 향한 감각이다. 절제는 믿음의 실천이며, 인내는 믿음의 견고한 뿌리다. 이 두 가지가 결합될 때 신앙은 삶을 흔들림 없이 세워 준다.

성경은 이러한 안목을 가진 사람들의 이야기를 우리에게 전해 준다. 아브라함은 눈에 보이는 땅보다 하나님이 보여주실 미래를 바라보고 장막에 거했다. 그 믿음은 결국 '믿음의 조상'이라는 이름으로 영원히 남게 되었다. 다니엘 또한 바벨론의 포로로 끌려갔지만 왕의 진미를 거절하며 하나님의 법을 지켰다. 그 절제와 신실함은 결국 바벨론 왕의 신뢰를 얻게 했고, 하나님의 이름을 드러내는 통로가 되었다.

오늘 우리의 삶에서도 이런 선택은 필요하다. 당장의 이익을 좇는 대신 하나님의 질서를 붙드는 것, 눈앞의 성공보다 신앙의 유산을 자녀에게 남기는 것, 소비로 채우는 만족이 아니라 함께 나누는 기쁨을 택하는 것, 이것이 믿는 자의 길이다. 실제로 공동체 안에서 나눔과 섬김을 실천하는 이들은 물질의 많고 적음과 상관없이 풍성한 기쁨을 간증한다. 돈으로 살 수 없는 만족이 있다는 사실을 삶으로 보여준다. 그들의 증언은 신앙이 단지 관념이 아니라 실제적 만족의 원천임을 보여주는 산 증거다.

진정한 부는 많이 가진 상태가 아니라, 잃어버린 질서를 다시 회복하는 상태다. 하나님과의 관계가 회복되면 사람은 자족을 배우고, 감사의 눈을 갖게 되며, 기꺼이 나누는 삶을 시작하게 된다. 그때 물질은 정체되지 않고 흐르기 시작하며, 그 사람의 삶에는 돈으로 설명되지 않는 부요가 깃든다. 그의 가정에는 평안이 깃들고, 그의 일터에는 신뢰가 쌓이며, 그의 공동체에는 사랑이 자란다. 이것이 하나님이 주시는 부의 특징이다. 이 부는 은행의 잔고가 아니라, 하나님의 임재로 채워진 삶의 충만함이다.

하나님은 오늘도 우리를 에덴의 질서로 부르신다. 그것은 보이지 않게 시작되지만, 삶 전체를 새롭게 짜는 가장 근본적인 회복이다. 눈앞의 이익 대신 멀리 있는 진리를 붙드는 사람, 지금의 손해보디 히나님의 질서를 더 귀히 여기는 사람, 하나님이 먹지 말라고 금지하신 열매를 먹지 않고 순종하는 사람이 바로 믿는 자다. 그의 삶에는 반드시 하나님이 세우신 깊고 선한 질서가 다시 흐르기 시작한다. 그리고 그 질서 안에서, 눈에 보이지 않지만 가장 단단한 진짜 부가 열매 맺기 시작한다. 그 부는 세상을 변화시키며, 결국 하나님의 나라를 이 땅 위에 드러내는 힘이 된다.

오늘날 소비 사회는 '즉각적인 만족'을 최고의 가치로 내세운다. 그러나 신앙은 '지연된 만족' 속에서 더 깊은 기쁨을 찾게 한다. 기다림은 손해가 아니라 축복이며, 절제는 억눌림이 아니라 해방이다. 믿는 자는 이 사실을 삶으로 증언하는 사람이다.

경제학은 효율을 말하지만, 신앙은 충만을 말한다. 효율은 계산 속에 멈추지만, 충만은 관계 속에서 흐른다. 그래서 믿는 자의 경제는 단순한 소득·지출의 계산을 넘어선다. 그것은 사랑과 나눔, 감사와 순종이라는 비물질적 가치가 어우러진 더 큰 장부다. 이 장부에 기록되는 것은 은행 잔고가 아니라, 하나님의 나라를 세운 흔적이다.

월급보다 소명을 바라보라
직업을 따르는 것이 아니라 목적을 따른다

많은 사람들은 안정된 직장을 꿈꾼다. 정해진 시간에 출근하고, 매달 월급이 들어오며, 정년까지 평탄하게 이어지는 삶이다. 우리는 그것을 '좋은 직업'이라고 생각한다. 많은 사람들이 안정된 삶을 설계하고, 그 안에서 집을 사고, 자녀를 교육하고, 노후를 준비하려 한다. 그래서 직업은 삶의 중심이 되고, 월급은 존재의 기반처럼 여겨진다.

그러나 믿는 자는 여기서 멈춰서는 안 된다. 성도는 직업을 위해 태어난 존재가 아니다. 우리는 하나님의 뜻을 따라 이 땅에 보내졌고, 그분의 계획 안에서 "왜 살아야 하는가"를 먼저 물어야 한다. '무엇을 할까'보다 '무엇을 위해 존재하는가'가 신앙인의 질문이어야 한다.

직업은 삶을 구성하는 중요한 요소다. 그러나 그것이 목적이 되는 순간 우리는 쉽게 인간을 의지하게 되고, 정기적으로 들어오는 수입을 삶의 전부라고 착각하게 된다. 결국 하나님을 신뢰하기보다, 직장의 구조와 시스템에 삶을 의탁하게 되는 것이다. 안정은 통제 가능성에서 오는 착시일 수 있으며, 그 통제는 언제든 무너질 수 있다.

성경은 우리 삶의 공급자가 누구인지 분명히 말한다. "공중의 새를 보라 심지도 않고 거두지도 않고 창고에 모아들이지도 아니하되 너희 하늘 아버지께서 기르시나니"(마 6:26). 하나님은 새를 먹이시고, 들의 백합을 입히신다. 하물며 하나님의 형상대로 지음 받은 우리를 그분이 외면하시겠는가?

믿음은 이 공급의 원류를 제대로 보는 데서 시작된다. 직장은 분명 삶을 영위하기 위한 통로이지만, 공급의 근원은 하나님이시다. 직장이 바뀌어도, 상황이 변해도, 하나님의 공급은 멈추지 않는다. 그래서 믿는 자는 '무엇을 좇을 것인가'보다 '어디에 쓰임받을 것인가'를 먼저 물어야 한다.

이 질문은 직업을 무시하라는 뜻이 아니다. 오히려 직업을 소명을 담는 그릇으로 회복하라는 말이다. 내가 원하는 조건을 채워줄 직장을 찾기보다, 하나님이 나를 부르신 자리에서 어떻게 살아야 할지를 묻는 것에서부터 소명이 시작된다.

요셉을 떠올려 보라. 그는 총리가 되기 위해 애쓴 사람이 아니었다. 오히려 그는 형들에게 팔려 노예가 되었고, 억울하게 감옥에 갇힌 사람이었다. 그러나 그는 자신의 환경을 한탄하지 않고, 어디에 있든 충실히 일했고, 하나님 앞에서 자신을 더럽히지 않았다. 그는 상황에 순응한 것이 아니라, 상황 속에서 하나님을 바라보는 눈을 잃지 않았다.

그 결과 하나님은 그를 높이셨고, 그의 인생을 통해 많은 백성을 살리셨다. 요셉은 직업을 선택하지 않았지만, 그는 분명히 소명을 살아낸 사람이었다. 그의 여정은 그의 계획대로 된 것이 아니라, 부르심에 반응하며 이루어진 일이었다.

오늘 우리는 직장을 얻기 위해 자격을 갖추고, 끊임없이 경쟁하며, 이직과 구조조정의 압박 속에 산다. 그래서 묻게 된다. "지금 내가 따르고 있는 것은 직업인가, 목적인가?" 우리는 종종 '내가 하고 싶은 일'을 좇지만, 어쩌면 하나님은 '나를 필요로 하는 자리'에서 나를 기다리고 계실지 모른다.

하나님은 우리가 좋아하는 일, 편한 일, 수익성 높은 일을 통해서만 역사하지 않으신다. 때로는 우연처럼 보이는 선택, 피치 못해 들어가게 된 직장, 계획과 전혀 다른 방향 속에서 하나님의 뜻이 작동하기도 한다. 믿는 자는 계산보다 순종에, 계획보다 분별에 민감해야 한다.

직업은 바뀔 수 있고, 계약은 끝날 수 있으며, 세상의 시스템은 흔들릴 수 있다. 그러나 하나님의 부르심은 변하지 않는다. 그분이 부르신 자리를 살아내는 사람은 직업이 아니라 목적을 따라가는 사람이다. 그리고 그 목적은 언제나 '하나님께서 나를 왜 이곳에 두셨는가'라는 질문에서 시작된다.

우리는 직업인이기 이전에 하나님의 사람이다. 그리고 하나님은 우리의 직함보다 우리를 통해 이루어가실 그분의 뜻에 더 관심이 많으시다. 그렇다면 내가 하는 일, 내가 속한 자리, 내가 받은 사명은 지금 무엇을 향하고 있는가. 오늘도 우리는 이 질문 앞에 정직해야 한다.

믿는 자는 직업을 따르지 않는다. 우리는 목적을 따른다. 그리고 그 목적은 사람의 기준이 아니라, 하나님의 계획에서 비롯된다. 때로는 월급이 줄어드는 선택처럼 보일지라도, 소명을 붙드는 길은 반드시 풍성한 열매를 맺는다. 교사가 한 아이의 영혼을 살리고, 의사가 한 생명을 회복시키며, 기업인이 정직하게 일자리를 창출하는 순간, 그것은 직업이 아니라 소명이 된다.

부(富)를 원하는 자들이여, 우리는 직업으로 존재를 규정하지 않는다. 하나님이 주신 소명으로 살아간다. 직업은 은퇴할 수 있어도 소명은 은퇴하지 않는다. 죽는 날까지 하나님의 부르심은 이어진다. 그러므로 오늘 내가 하는 일을 통해 하나님이 이루고자 하시는 뜻이 무엇인지 묻고, 그 자리를 믿음으로 살아내야 한다. 그 길 위에서 하나님은 반드시 우리의 삶을 사용하시고, 우리의 수고를 복되게 하신다.

자리가 아니라 태도가 사람을 만든다
일은 나의 것이 아니라, 하나님이 맡긴 것이다

　우리는 더 좋은 것, 더 많은 것을 얻기 위해 살아간다. 밤을 새워 일하고, 경쟁에서 뒤처지지 않기 위해 스펙을 쌓고, 기회가 생기면 남보다 먼저 치고 나가야 살아남을 수 있다고 믿는다. 어떤 사람은 승진을 위해 동료를 밀쳐내고, 어떤 사람은 불법이라도 눈감고 기회를 붙든다. 성취는 미덕이 되고, 결과는 곧 존재의 증명이 된다.
　그러나 성경은 그렇게 말하지 않는다. 예수님은 "높은 자리에 앉으려 하지 말고, 차라리 낮은 자리에 가라"고 하셨고, "좁은 문으로 들어가라"고 말씀하셨다. 세상은 위를 향해 올라가라고 재촉하지만, 하나님은 인류 구원을 위하여 예수님을 세상에 보내셨다. 믿는 자는 눈에 보이는 '자리'를 좇는 대신, 자기가 맡은 '역할'을 충실히 감당하는 사람이다.
　직업도 마찬가지다. 누구나 더 좋은 직장을 원하고, 더 나은 환경에서 일하길 바란다. 그러나 진짜 중요한 것은 무엇을 하느냐보다 어떤 자세로 그 일을 대하느냐다. 나의 재능을 활용하고, 나를 필요로 하는 자리에 서서 성실히 일하는 사람, 그런 사람이야말로 진정한 청지기다. 하나님은 각자에게 은사를 다르게 나눠주셨고, 우리는 그것을 통해 서로를 섬기도록 부름받았다.

야곱과 에서의 이야기는 이 주제를 상징적으로 보여준다. 에서는 장자의 자리를 지녔지만 그 가치를 전혀 이해하지 못했다. 그는 눈앞의 배고픔 앞에서, 하나님의 축복이 담긴 장자의 권리를 팥죽 한 그릇에 내던졌다. 반면 야곱은 그 자리를 갈망했지만, 그것을 얻기 위해 형을 속이고 아버지를 기만했다. 결과적으로 에서는 '자리를 가볍게 여긴 사람'으로, 야곱은 '자리를 탐한 사람'으로 남게 되었다.

이 이야기의 핵심은 '자리가 중요한 게 아니라, 그 자리를 어떻게 처신하느냐가 중요하다'는 데 있다. 장자의 옷을 입었다고 장자가 되는 것은 아니다. 장자의 옷을 입고도 감당하지 못하면 결국 그 옷은 짐이 된다. 반면 차남의 자리에 있어도 자기 일을 묵묵히 감당하는 사람은 오히려 장자 이상의 삶을 살아내는 것이다.

현대 사회에서도 마찬가지다. 직함이 많고 이력이 화려해도 실제로 책임을 감당하지 못하는 사람이 많다. 반면 이름도 잘 알려지지 않은 자리에서 묵묵히 일하는 이들이 세상을 움직인다. 직업의 크기나 이름이 아니라, 그 일을 대하는 태도가 그 사람의 품격을 결정짓는다. 오늘날 기업과 정치, 교회와 가정에서 진정으로 존경받는 사람은 직위가 높은 이가 아니라, 작은 일에도 신실한 태도를 보이는 사람이다.

건강한 직업 의식은 자리를 두려워하지 않되, 자리에 취하지도 않는다. 나에게 주어진 일을 귀히 여기며, 하나님이 허락하신 역할을 성실히 감당하는 사람은 높아지지 않아도 깊어지는 사람이다. 직업은 내 수단이 아니라, 하나님이 나를 통해 무언가를 이루시기 위해 주신 도구다. 그 도구를 어떻게 쓰느냐가 중요하다.

청지기의 태도는 단순히 열심히 일하는 데서 나오지 않는다. 그것은 이 일이 내 것이 아니라는 사실을 아는 데서 출발한다. 나는 내 일을 '맡아서' 하고 있으며, 그 주인은 하나님이시다. 그래서 신앙인은 작은 일에도 감사할 수 있고, 반복되는 일상에도 의미를 발견할 수 있다. '내가 곧 나의 주인이 아니다'라는 고백은 일을 가볍게 하지 않고도 자유롭게 일할 수 있는 힘이 된다.

다윗을 보라. 그는 왕의 기름부음을 받았지만 오랫동안 들판에서 양을 치며 기다렸다. 그는 왕의 자리에 오르기 전에 목자의 태도를 잃지 않았다. 그래서 왕위에 오르고 나서도 하나님 앞에 겸손할 수 있었다. 다윗의 이야기는 자리가 아니라 태도가 사람을 만든다는 사실을 강력하게 증언한다.

지금 우리는 다양한 일터에서 살아간다. 전업주부, 프리랜서, 플랫폼 노동자, 창업자, 비정규직, 은퇴자까지. 직업이 단순한 생계 수단이 아니라, 하나님이 나를 통해 일하시는 통로라는 사실을 잊지 않을 때, 그 자리는 사명이 된다. 세상이 주는 이름 대신, 하나님이 주시는 책임이 나를 지탱하는 것이다.

높은 자리를 원하지 말라는 말이 아니다. 중요한 것은 높아지기 전에 그 자리를 감당할 준비가 되어 있는가이다. 높아지는 일보다 귀한 것은, 낮은 자리에서도 변함없이 충실한 사람이다. 하나님은 자리가 아니라 태도를 보시고, 속도가 아니라 중심을 보신다. 사람들은 눈에 보이는 성과를 중요하게 여기지만, 하나님은 그 과정 속에서 드러나는 태도를 귀히 여기신다.

믿는 자는 직업을 자랑하지 않는다. 대신 일하는 태도로 신앙을 증명한다. 자리를 탐하지 않고, 역할을 감당하며, 자신을 드러내지 않고도 하나님을 나타낸다. 그 사람이 바로 하나님이 기뻐하시는 일꾼이다. 부(富)를 원하는 자들이여, 우리의 이름을 남기려 하지 말고, 하나님이 주신 태도를 지켜내라. 그때 우리의 삶은 자리가 아니라 믿음으로 평가받고, 하나님은 반드시 그 태도를 들어 세상을 새롭게 하실 것이다.

소비 대신 감사,
탐욕 대신 자족의 의미

겨울산의 나무는 왜 벌거벗고 있는가? 찬바람이 사납게 불어오면 옷을 더 입어야 하는데 모두 벗어버리고 맨몸으로 이겨내고 있나니, 우리에게 '비움의 미학'을 가르쳐주고 있다.

우리는 매일 소비하며 살아간다. 필요한 것을 사고, 때로는 필요하지 않은 것도 산다. 할인 쿠폰을 보면 지갑을 열고, 남이 산 것을 보면 따라 사고, 지금 갖지 않으면 불안하다는 감정이 결정을 앞딩긴다. 소비는 삶을 편리하게 만들지만, 어느 순간부터 소비는 정체성이 되고, 비교의 수단이 되며, 불안을 진정시키는 습관이 된다. 어느새 우리는 '사는 사람'이 아니라 '사라지는 사람'이 되어간다.

그러나 아무리 채워도 허기지는 마음이 있다. 그 충족되지 못하는 마음은 단순히 소유가 부족해서가 아니라, 감사의 감각이 무뎌졌기 때문이다. 탐욕은 늘 말한다. "조금만 더 가지면 만족할 수 있어." 하지만 그 만족의 언덕에 결코 도달하지 못한다. 탐욕은 끊임없이 더 많은 것을 요구하지만, 결국 공허함을 남긴다. '배움의 미학'을 보라.

반면 감사는 시선을 바꾼다. 감사는 남이 가진 것을 부러워하던 눈을 감게 하고, 내가 받은 것에 시선을 머물게 한다. '더 필요하다'는 환상을 걷어내고, '이미 충분하다'는 사실을 일깨운다. 그래서 감사는 부유함의 출발점이다. 더 가지지 않아도 기뻐할 수 있고, 부족해 보여도 마음은 넉넉해진다. 감사는 지금을 누리는 기술이며, 신앙이 가르치는 일상의 습관이다.

감사가 감정이라면, 자족은 구조다. 자족은 내가 원하는 것을 다 가지는 것이 아니라, 내가 받은 것을 바르게 다루는 태도다. 바울은 "나는 자족하기를 배웠노니"(빌 4:11)라고 고백했다. 자족은 타고나는 기질이 아니라, 훈련으로 길러지는 태도다. 욕망을 거절하고, 하나님의 공급을 신뢰하며, 속도를 조절하는 삶의 기술이다.

감사는 현재를 기뻐하게 만들고, 자족은 미래를 덜 두렵게 만든다. 감사는 받은 것을 세는 감각이고, 자족은 욕망을 재편하는 힘이다. 감사는 나를 비교로부터 자유롭게 하고, 자족은 과잉 소비의 속도를 늦춘다. 이 두 가지가 함께 작동할 때, 사람은 가진 만큼이 아니라 믿는 만큼 풍성해진다.

현대인은 자족을 잃어버린 시대에 살고 있다. 더 벌기보다 덜 쓰기가 더 어려운 구조 속에 살며, 카드 결제일이 월급날보다 먼저 떠오르고, SNS 속 소비는 우리의 욕망을 자극한다. '그 사람도 샀다는데, 나도 괜찮지 않을까?'라는 생각이 지갑을 열게 만든다. 이런 시대일수록, 감사와 자족은 거슬러 오르는 신앙의 힘이 된다. 감사는 속도를 늦추고, 자족은 방향을 돌린다. 이 두 가지는 단순한 가계부 항목이 아니라, 신앙인의 영적 루틴이다.

감사하는 사람은 누림의 기술을 알고, 자족하는 사람은 멈춤의 지혜를 안다. 감사는 감정을 다스리고, 자족은 생활을 정돈한다. 감사는 충동을 멈추게 하고, 자족은 선택을 견고하게 만든다. 두 가지 모두, 소비의 시대를 건너는 신앙인의 항해 도구다. 이 도구를 손에 쥔 사람은 소유의 '양'이 아니라 사용의 '태도'에서 자유를 경험한다.

이스라엘 백성이 광야에서 매일 내린 만나를 받았을 때를 떠올려 보라. 그들은 욕심을 내어 많이 거두었지만, 결국 썩어버렸다. 그러나 하루의 분량만을 신뢰하며 거둔 자들은 하나님의 신실하심을 경험했다. 이것이 자족의 훈련이었고, 감사의 훈련이었다.

하나님은 우리가 더 많이 가지는 것보다, 바르게 누리는 것을 배우길 원하신다. 비교와 과시, 과소비의 흐름을 끊고서, 받은 것을 귀히 여기는 사람이 되기를 바라신다. 그래서 성경은 말한다. "항상 기뻐하라, 쉬지 말고 기도하라, 범사에 감사하라"(살전 5:16-18). 이것은 단순한 성품 훈련이 아니라, 하나님 나라의 질서를 따라 살아가는 성도의 생활 방식이다.

오늘 우리의 현실 속에서도 감사와 자족은 강력한 무기다. 치솟는 물가 속에서도, 줄어드는 수입 속에서도, 감사하는 자는 하나님께 시선을 두고 흔들리지 않는다. 미래가 불안해도 자족하는 자는 하나님의 공급을 신뢰하며 오늘을 성실히 살아낸다. 감사는 불평을 기도로 바꾸고, 자족은 욕망을 사명으로 바꾼다.

믿는 자는 소비로 자신의 가치를 증명하지 않는다. 우리는 감사로 만족을 배우고, 자족으로 균형을 세운다. 우리는 더 많은 것을 추구하지 않고, 지금 이 순간을 소중히 여긴다. 우리는 결국 부자가 되는 법이 아니라, 풍성하게 사는 법을 배우는 사람들이다. 그리고 그 시작은, 어쩌면 '감사합니다'라는 한 문장일지 모른다.

우리가 소비의 속도에 휘둘리지 않고 멈출 때, 비로소 보이지 않던 은혜가 보인다. 아이의 웃음, 가족과의 식탁, 작은 일터의 성실한 하루가 귀한 선물임을 깨닫는다. 이런 순간에 드리는 '감사합니다'라는 고백은 그 어떤 고급 소비보다도 더 큰 행복을 가져다준다.

세상은 여전히 우리를 자극한다. 더 사라, 더 누려라, 더 비교하라. 그러나 신앙은 우리에게 말한다. 덜 가져도 풍성할 수 있고, 나누어도 더 넉넉할 수 있으며, 멈추어도 더 깊어질 수 있다고. 이것이 바로 감사와 자족이 주는 역설적 부요다.

결국 감사와 자족은 영원을 바라보는 눈을 길러준다. 세상의 물질은 사라지지만, 감사와 자족으로 맺은 열매는 영원히 남는다. 그러므로 우리는 소비를 넘어, 감사와 자족의 삶을 선택해야 한다. 그것이 하나님이 원하시는 참된 풍성함이며, 믿는 자가 누릴 가장 큰 복이다.

질서를 잃은 시대,
십계명이 필요한 이유

사람은 자유를 원한다. 누구의 간섭도 받지 않고, 스스로 옳다고 믿는 대로 살고 싶어 한다. 그러나 그 자유가 질서를 잃는 순간 방종이 되고 무너짐이 시작된다. 지금 우리가 살아가는 시대가 그렇다. 규칙은 부담스럽고, 기준은 해체되며, 도덕은 상대화된다. 삶은 '더 많은 선택지'를 얻었지만, '살아갈 방향'은 잃어버렸다.

이런 시대일수록, 하나님께서 주신 십계명은 여전히 유효하다. 십계명은 단순한 법조문이 아니다. 그것은 하나님이 인간에게 주신 존재의 질서이며, 사람답게 살아가기 위한 사랑의 구조다. 그 계명은 선악을 구분하는 기준이며, 하나님이 인류에게 주신 생명의 설계도다.

세상의 법은 주로 통제를 목적으로 한다. 위반하면 처벌하고, 규율을 유지하기 위해 감시하고 강제한다. 그러나 하나님의 법은 다르다. 십계명은 억압이나 형벌이 아니라 회복과 생명을 위한 울타리다. 그것은 경계이지만 생명으로 인도하는 길이고, 제약이 아니라 보호다.

바울은 율법이 우리의 죄를 인식하게 한다고 말한다. "율법이 없었을 때에는 죄를 죄로 여기지 아니하였느니라"(롬 5:13). 십계명은 우리의 부패한 본성을 비추는 거울이다. 우리가 직면하지 않으려는 내면의 어둠을 드러내는 그 거울은, 우리를 정죄하기 위한 것이 아니라 하나님의 시선 속으로 나를 들어가게 하기 위한 것이다.

예수님은 산상수훈에서 십계명의 외형을 넘어서 그 깊이를 들여다보게 하셨다. "살인하지 말라"는 계명은 단지 칼을 들지 말라는 뜻이 아니라, 형제를 미워하는 마음조차도 살인의 뿌리라고 하셨다. 예수님은 율법을 폐하러 오신 것이 아니라 완성하러 오셨고, 그 완성은 곧 사랑이었다. 그래서 바울은 "사랑은 율법의 완성이니라"(롬 13:10) 라고 선언한다.

십계명을 문자적으로 지킨다고 해서 의인이 되는 것은 아니다. 그러나 사랑을 실천하는 삶은 자연스럽게 십계명을 어기지 않는다. 하나님을 사랑하는 사람은 그 이름을 경외하고, 이웃을 존중하는 사람은 도둑질하지 않으며, 거짓 증언을 하지 않는다. 십계명은 사랑을 구체화한 삶의 원칙이다. 우리가 사랑하는 법을 잊었을 때, 다시 그것을 회복하게 하는 하나님의 도구다.

십계명은 하나님과의 관계를 정돈하게 한다. 1~4계명은 하나님을 어떻게 사랑할 것인가에 대한 가르침이다. 다른 신을 섬기지 않고, 하나님의 이름을 가볍게 부르지 않으며, 안식일을 구별해 기억하는 것은 하나님을 하나님으로 인정하는 질서다. 그 질서가 무너지면, 인간은 자신을 신처럼 여기게 되고, 결국 욕망의 주인이 된다.

5~10계명은 이웃과의 관계를 바로 세운다. 부모를 공경하는 것이 가정을 살리고, 살인과 간음, 도둑질과 거짓 증언, 탐심을 금하는 것이 공동체의 신뢰를 유지한다. 이 계명들이 무너지면 사회는 불신과 분열, 경쟁과 폭력으로 물든다. 공동체는 그 무게를 감당하지 못하고 붕괴된다.

오늘 우리의 현실을 보라. 가정은 권위가 무너지고, 학교는 경쟁만을 가르치며, 사회는 신뢰가 사라지고 있다. 부모를 공경하지 않는 문화는 세대를 단절시키고, 거짓과 왜곡은 공동체의 언어를 무너뜨린다. 십계명이 사라진 자리에는 결국 탐욕과 폭력이 자리를 차지한다. 그렇기에 지금 우리 시대에야말로 십계명의 울타리가 절실하다.

십계명을 붙들고 살아간다는 것은 하나님을 기준 삼는 삶을 선택하는 것이다. 말과 행동, 감정과 소비, 관계와 약속 속에서 하나님의 뜻을 기준으로 삼는다는 것이다. 계명은 우리의 선택을 명확하게 해주고, 하지 않아야 할 것을 분별하게 해준다. 그 분별은 삶을 무겁게 하지 않고, 오히려 자유롭게 만든다.

우리는 자주 방향을 잃는다. 감정이 흔들릴 때, 관계가 틀어질 때, 말이 가벼워지고 약속이 흐려질 때, 십계명은 우리를 다시 제자리에 세운다. 그것은 영혼의 기준선이며, 하나님이 주신 질서의 나침반이다.

십계명은 오늘도 우리에게 묻는다. "너는 누구를 예배하고 있는가?", "너의 말은 진실한가?", "너의 욕망은 이웃을 해치고 있지는 않은가?" 이 질문들은 불편하지만, 우리를 다시 하나님의 자리로 돌려놓는다.

십계명은 단지 과거의 율법이 아니다. 그것은 오늘 우리의 가정과 교회와 사회를 다시 세우는 하나님의 말씀이다. 자녀에게 물려줄 유산이 재산만이 아니라 믿음의 질서가 되기를 기도하라. 직장에서 정직과 성실을 지키는 것이 곧 계명을 따르는 길임을 기억하라. 이웃과의 관계에서 거짓을 버리고 사랑을 택할 때, 우리는 십계명을 살아내는 것이다.

그러므로 십계명은 단지 '하지 말라'는 금지의 목록이 아니다. 그것은 "이렇게 살아라"는 하나님의 초대다. 그것은 멈추라는 외침이 아니라, 제자리로 걸어가라는 길의 이정표다. 율법이지만 동시에 은혜이며, 경계이지만 동시에 회복의 문이다.

십계명은 단순한 규율이 아니라, 인간의 행복을 위한 하나님의 언어다. 그것은 사랑 없는 질서를 강제하기 위한 장치가 아니라, 사랑을 지켜내기 위한 울타리다. 우리가 십계명을 붙드는 이유는 억압 때문이 아니라, 자유 때문이다. 자유가 질서를 잃을 때 무너지는 것을 알기에, 하나님은 우리를 보호하시기 위해 계명을 주신 것이다.

또한 십계명은 단지 종교적 영역에만 머물지 않는다. 그것은 정치와 경제, 문화와 교육의 기초가 된다. 정직과 절제, 부모 공경과 생명 존중은 사회를 지탱하는 근본 가치다. 계명이 무너진 사회는 결국 법과 제도로도 버티지 못하고 흔들린다. 오늘날 우리가 겪는 많은 갈등과 위기의 뿌리에는, 십계명의 상실이 자리하고 있다.

그러므로 십계명을 개인 윤리로만 좁혀서는 안 된다. 그것은 가정의 원칙이 되고, 교회의 정체성이 되며, 사회의 기준이 되어야 한다. 아이들이 부모의 삶 속에서 십계명을 배울 때, 그들의 가치관은 뿌리를 내린다. 교회가 세상 속에서 십계명을 살아낼 때, 교회는 빛과 소금의 역할을 감당한다.

우리는 선택의 기로마다 십계명으로 돌아와야 한다. 정직과 탐욕, 사랑과 미움, 존중과 무시 사이에서 계명은 분명한 길을 제시한다. 그 길은 때로 좁아 보이고 불편하지만, 결국 생명으로 이어진다. 십계명을 지키는 삶은 세상의 기준으로는 손해처럼 보일지라도, 하나님 앞에서는 가장 안전한 길이다.

결국 십계명은 하나님의 마음을 드러내는 창이다. 그것을 통해 우리는 하나님이 무엇을 기뻐하시고, 무엇을 미워하시는지 알게 된다. 계명은 하나님을 더 잘 사랑하고, 이웃을 더 깊이 사랑하는 길로 우리를 인도한다. 그래서 십계명을 지키는 삶은 단순한 규율과 질서의 준수가 아니라, 사랑의 완성이다.

인생을 움직이는 것은 중심이다
내면을 지키는 법

　인생은 언제든지 뒤집힐 수 있다. 좋은 직장을 다니다가도 건강하던 몸이 무너지기도 하고, 평온하던 관계가 깨어지기도 한다. 그래서 사람들은 더 나은 조건을 만들기 위해 애쓴다. 더 좋은 직장, 더 많은 돈, 더 넓은 인간관계. 그러나 성경은 그렇게 말하지 않는다. 삶을 결정하는 것은 외부가 아니라 내면이다.

　하나님이 보시는 것은 언제나 중심이다. 외형보다 내면, 행동보다 동기, 결과보다 반응을 보신다. 아합과 다윗의 이야기는 이를 극명하게 보여준다. 두 사람 모두 왕이었고, 죄를 지었다. 그러나 한 사람은 하나님 앞에서 가장 악한 자로 기억되었고, 다른 한 사람은 하나님의 마음에 합한 자로 남았다. 그 차이를 만든 것은 내면의 반응력이었다.

　아합은 회피했다. 나봇의 포도원을 빼앗기 위해 거짓과 폭력을 동원했고, 선지자의 경고 앞에서도 자신을 정당화했다. 죄를 죄로 인정하지 않았고, 끝까지 자신을 피해자로 여겼다. 반면 다윗은 달랐다. 선지자 나단의 책망 앞에서 그는 무너졌고, 즉시 엎드렸다. 변명하지 않았고, 책임을 회피하지 않았다. 시편 51편은 그의 철저한 회개의 고백이다. 그 차이를 만든 것은 바로 내면의 법이었다.

그렇다면 '내면의 법'이란 무엇인가? 그것은 하나님 앞에서 자기 자신을 정직하게 대면할 수 있는 기준이다. 상황이나 감정, 자존심에 끌려가지 않고, 말씀 앞에 자신을 세우는 힘이다. 시편 1편은 이렇게 말한다. "복 있는 사람은 악인들의 꾀를 따르지 아니하며, 죄인들의 길에 서지 아니하며… 여호와의 율법을 즐거워하여 주야로 묵상하는 자로다." 복은 외부 환경에서 오는 것이 아니다. 내면의 중심이 말씀 위에 서 있을 때 주어지는 것이다.

오늘 우리는 '겉은 화려한데 속은 흔들리는 시대'를 살고 있다. SNS에는 완벽하게 꾸며진 일상과 감정 조절된 말들이 넘쳐난다. 그러나 실제 내면은 조급하고, 분노에 쉽게 휘둘리며, 비교에 지쳐 있다. 겉은 단단해 보이지만 속은 무너져 있는 상태. 그래서 더 위험하다. 내면이 무너진 사람은 아무리 겉을 단단히 세워도 오래 버티지 못한다.

신앙이란 결국 자기 마음을 다스리는 연습이다. 말씀 앞에서 중심을 붙잡고, 기도 속에서 감정을 정리하며, 성령의 조명 아래 자신을 정직하게 바라보는 시간. 여기에 영적 근육이 붙기 시작한다.

디모데전서 4장 7-8절은 말한다. "망령되고 허탄한 신화를 버리고 경건에 이르도록 네 자신을 연단하라. 육체의 연단은 약간의 유익이 있으나 경건은 범사에 유익하니." 자기 자신을 연단한다는 것은 단지 감정을 억누르는 게 아니다. 충동에 휩쓸리지 않고, 자책에 빠지지 않으며, 하나님의 시선으로 '지금의 나'를 분별하는 훈련이다.

내면의 법이 없는 사람은 상황에 휘둘리고, 내면의 법이 있는 사람은 상황을 넘어서게 된다. 다윗은 죄를 지었지만 하나님께 돌아왔다. 아합은 죄를 덮었고 끝내 무너졌다. 같은 죄를 지었지만, 아합은 마지막까지 돌아오지 않았다.

성경 속 인물들은 내면의 중심을 지킨 사람들이었다. 요셉은 억울하게 감옥에 갇혔지만 중심을 잃지 않았다. 다니엘은 바벨론의 권력 앞에서도 무릎 꿇지 않고 하루 세 번 하나님께 기도했다. 에스더는 죽으면 죽으리라는 마음으로 민족을 살렸다. 모두 외적인 조건은 불리했지만, 내면의 중심이 흔들리지 않았기에 역사를 바꾸는 도구가 되었다.

오늘 당신은 내면에서 어떤 기준으로 움직이고 있는가? 사람들의 반응인가? 감정의 흐름인가? 손익의 계산인가? 아니면 말씀인가? 하나님은 오늘도 우리의 중심을 보고 계신다. 삶이 흔들릴수록 말씀은 내면의 기준선이 되어야 한다. 내면이 붙들리면 인생은 버틸 수 있다. 그리고 그 내면을 붙드는 사람을 하나님은 결코 놓치지 않으신다.

세상은 외형을 평가하지만 하나님은 중심을 보신다. 마음을 지키는 자가 인생을 지킨다. 오늘도 내면을 말씀 앞에 세우라. 기도 속에서 마음을 정돈하라. 성령의 조명 앞에서 자신을 성찰하라. 그러면 흔들리는 시대 속에서도 든든히 서게 될 것이며, 하나님은 그런 삶을 통해 반드시 영광을 받으실 것이다.

내면의 법은 결국 '하나님의 시선으로 자신을 바라보는 눈'이다. 세상은 끊임없이 비교하고 경쟁시키지만, 내면의 법을 가진 사람은 비교에서 자유롭다. 그는 남과 자신을 견주지 않고, 하나님 앞에서 자신을 세운다. 이 자유가 곧 평안이다.

현대 사회의 불안은 대부분 외부 조건에서 비롯되는 것처럼 보이지만, 실제로는 내면의 법 부재에서 나온다. 직장이 흔들리고, 관계가 깨지고, 건강이 무너져도 내면의 법이 있으면 다시 일어설 수 있다. 그러나 아무리 조건이 좋아도 내면의 법이 없다면 작은 풍랑에도 무너진다.

내면의 법은 단번에 세워지지 않는다. 매일 말씀을 묵상하고, 작은 유혹 앞에서 진실을 선택하며, 작은 실패 앞에서 회개하는 습관이 쌓일 때 내면의 법은 견고해진다. 영적 근육은 하루아침에 만들어지지 않는다. 꾸준한 훈련과 반복 속에서 길러진다.

하나님은 우리의 내면을 통해 일하신다. 외형의 성취를 사용하시기도 하지만, 더 크게는 내면의 순종을 사용하신다. 그래서 하나님은 다윗을 '내 마음에 합한 사람'이라 하셨다. 그의 업적보다 중심을 보신 것이다. 오늘 우리도 중심을 지킬 때, 하나님은 그 삶을 세상 속에서 귀히 사용하신다.

결국 내면의 법이란, 말씀과 성령 안에서 하나님 앞에 서는 습관이다. 그 습관이 쌓여 흔들리지 않는 인생이 된다. 세상은 여전히 외형을 평가하지만, 하나님은 중심을 통해 그 사람을 규정하신다. 그러므로 우리는 매일 내면의 법을 훈련하며, 하나님이 기뻐하시는 삶을 살아가야 한다. 그 길 위에서 우리의 삶은 무너지지 않고, 오히려 세상을 변화시키는 힘이 된다.

한순간을 참으면 인생이 달라진다
절제는 신뢰를 만든다

　사람들은 실력 있는 사람을 좋아한다. 말 잘하고, 일 잘하고, 앞서가는 사람에게 박수를 보낸다. 하지만 오래 함께하고 싶은 사람은 다르다. 뛰어난 사람은 인상을 남기지만, 절제할 줄 아는 사람은 신뢰를 남긴다. 결국 남는 사람은 욕망을 통제할 줄 아는 사람이다.

　성경은 절제를 반복해서 강조한다. 절제는 단지 '참는 능력'이나 '자제력'이 아니다. 절제는 하나님을 경외하는 마음에서 시작된 삶의 리듬이며, 내면에 새겨진 방향이다. 하고 싶은 대로 하지 않고, 할 수 있어도 멈출 줄 아는 태도, 그것이 바로 신앙인의 절제이다.

　잠언 16장 32절은 말한다. "노하기를 더디 하는 자는 용사보다 낫고, 자기 마음을 다스리는 자는 성을 빼앗는 자보다 나으니라." 성은 힘으로 빼앗을 수 있지만, 마음은 힘으로 되지 않는다. 절제는 조용하지만 강한 통제력이고, 외부보다 자신을 먼저 다스리는 성숙이다.

세상은 욕망을 쫓으라고 부추긴다. "지금 아니면 늦는다", "남들도 다 하고 있다", "이것이 기회다"라는 말은 끊임없이 우리를 자극한다. 그러나 신앙은 그 흐름에서 벗어나게 한다. "모든 것이 가하나, 모든 것이 유익한 것은 아니다." 절제는 이 말씀에 반응할 줄 아는 사람의 선택이다.

절제는 참는 것이 아니라, 삶을 디자인하는 힘이다. 내가 어떤 삶을 살고 싶은지 알고, 그 방향에 따라 욕망의 구조를 다시 짜는 것이다. 절제는 순간을 미루는 것이 아니라, 미래를 지키는 전략이다. 지금 하지 않는 선택이, 나중에 나를 더 단단하게 만든다.

절제는 실력을 넘어선 신뢰를 만든다. 말이 많지 않아도, 유혹 앞에서도 흔들리지 않는 사람. 실수를 덮지 않고, 기회를 탐하지 않으며, 조용히 책임을 다하는 사람. 이런 사람은 처음에는 눈에 띄지 않지만, 시간이 지날수록 중심에 선다.

특히 돈, 성, 권력 앞에서 절제할 줄 아는 사람은 희귀하다. 유혹은 늘 매력적으로 다가오고, 욕망은 합리화의 언어를 입는다. 그러나 절제는 그 순간을 견디는 힘이고, 넘어가지 않도록 붙드는 끈이다. 절제하는 사람은 신뢰받는다. 위험하지 않기 때문이다.

사람들은 결국 '맡길 수 있는 사람'을 찾는다. 실력보다 중요한 것은 예측 가능성이다. 오늘 기분에 따라 말이 바뀌고, 내일 유혹에 따라 태도가 흔들리는 사람은 오래 함께할 수 없다. 절제는 예측 가능성을 만든다. 감정에 휘둘리지 않고, 말과 행동 사이가 먼 사람이 아닌 사람, 그런 사람이 신뢰를 얻는다.

절제는 인간관계를 편안하게 만든다. 상대에게 안정감을 주고, 조직 안에서 신뢰의 기반을 만든다. 절제는 '적당히 거리를 조절할 줄 아는 지혜'이며, '불필요한 긴장을 만들지 않는 기술'이다. 절제하는 사람 곁에는 사람들이 남는다. 그가 주는 분위기 자체가 신뢰를 주기 때문이다.

절제는 유혹 앞에서 무너지지 않는 기술이고, 기회를 길게 이어가는 원리이다. 누구나 말한다. "그 사람, 욕심 없어 보여서 더 믿음이 간다." 절제는 평판의 핵심이다. 화려함보다 단단함, 빠름보다 균형, 확장보다 중심, 이 모든 것은 절제가 만든다.

신앙은 절제를 '성령의 열매'로 말한다. 성령 안에서 절제는 억제가 아니라 자유이다. 하고 싶은 것을 안 하는 것이 아니라, 해야 할 것을 흔들리지 않고 하는 것이다. 절제는 거룩해 보이려고 애쓰는 것이 아니라, 무너지지 않기 위한 선택이다. 결국 절제는 신뢰가 되고, 신뢰는 시간이 흘러도 흔들리지 않는 자산이다.

요셉을 보아라. 보디발의 아내의 유혹 앞에서 그는 단호히 거절했다. 순간의 욕망을 절제했기에, 하나님은 그를 더 큰 신뢰의 자리로 세우셨다. 다니엘도 마찬가지였다. 왕의 진미를 거부하고 자신을 지켰을 때, 하나님은 그의 중심을 높이 평가하시고 바벨론의 권력 앞에서도 쓰임받게 하셨다. 성경의 위대한 인물들은 모두 절제의 순간을 지나며 신뢰를 쌓았다. "그러므로 너희가 더욱 힘써 너희 믿음에 덕을, 덕에 지식을, 지식에 절제를, 절제에 인내를"(벧후 1:5-6).

오늘 우리의 삶도 같다. 작은 말 한마디를 절제할 때, 가정은 평화를 누린다. 즉흥적 소비를 절제할 때, 재정은 건강해진다. 분노의 충동을 절제할 때, 관계는 깨어지지 않는다. 절제는 거창한 것이 아니라, 일상에서 반복되는 선택이다. 그 작은 선택들이 모여 결국 인생의 신뢰를 세우는 것이다.

부(富)를 원하는 자들이여, 절제는 한순간을 견디는 것이 아니라, 평생을 세우는 힘이다. 절제를 통해 신뢰를 남기고, 신뢰를 통해 하나님께 영광을 돌리라. 그러면 우리의 삶은 흔들리지 않는 인생의 자산이 될 것이며, 하나님은 절제하는 사람을 반드시 높여 사용하실 것이다.

하나님은 원칙을 지키는 자를 기억한다
원칙은 고집이 아니라 중심이다

신념은 누구나 말할 수 있다. 평온할 때는 모두가 믿음을 이야기하고, 원칙을 세운다. 그러나 위기가 오면 상황은 달라진다. 이익이 걸려 있고, 손해가 예상되며, 생존이 위협받을 때 사람의 진심이 드러난다. 그 순간, 어떤 사람은 무너지고, 어떤 사람은 끝까지 남는다.

다니엘은 그런 사람이었다. 그는 바벨론 제국에서 총리로 일하던 유대인이었고, 권력의 중심에 있었다. 기도 한 번 멈추면 아무 일도 없고, 창문만 닫아도 살 수 있었다. 하지만 그는 그날도 평소처럼 창문을 열고, 하루 세 번 하나님 앞에 무릎을 꿇었다.

그에게 중요한 것은 생존이 아니었다. 다니엘은 신앙의 일관성을 지켰고, 위기 앞에서도 흔들리지 않았다. 그의 원칙은 바뀌지 않았고, 하나님은 그 원칙 위에 자신의 구원을 세우셨다.

우리는 종종 이렇게 말한다. "살기 위해서 어쩔 수 없었다." "요즘 세상에 원칙대로만 살 수는 없지." 그러나 신앙은 그렇게 말하지 않는다. "이 세상도, 그 정욕도 지나가되 오직 하나님의 뜻을 행하는 자는 영원히 거하느니라"(요일 2:17). 진짜 남는 사람은 현실이 아니라 하나님의 뜻을 기준으로 사는 사람이다.

원칙은 평온할 때는 잘 드러나지 않는다. 오히려 손해가 따를 때, 기회가 사라질 것 같은 순간에 그 진가가 드러난다. 관계가 틀어지고, 자리가 흔들려도 하나님 앞에 부끄럽지 않은 선택을 하는 사람, 그가 위기에도 무너지지 않는 사람이다.

오늘 우리는 매일 작은 위기와 유혹을 마주한다. "이쯤은 괜찮겠지." "지금만 넘어가자." 이런 말이 자연스럽게 다가오는 시대다. 그럴 때 필요한 것이 바로 건드릴 수 없는 기준, 삶의 고정점, 하나님이 주신 원칙이다.

그 원칙은 내가 만든 것이 아니다. 말씀을 통해 주어진 기준이며, 기도 가운데 가슴에 새겨진 나침반이다. 처음에는 불편하고, 때로는 고집처럼 보인다. 그러나 시간이 지나면 그 사람은 신뢰를 얻는다. 그는 예측 가능한 사람, 중심이 흔들리지 않는 사람, 신앙과 삶이 따로 놀지 않는 사람이라는 평판을 얻게 된다.

우리가 흔들릴 때, 그런 사람의 삶은 기준이 된다. "그 사람은 그렇게 안 했지." 이 한 문장이 누군가의 유혹을 멈추게 한다. 한 사람의 원칙은 공동체의 도덕성을 세우는 기둥이 된다.

다니엘은 결국 사자굴에 던져졌다. 그러나 그는 살아났다. 하나님은 그의 중심을 보셨고, 천사를 보내 사자의 입을 막으셨다. 다니엘은 구원을 받았고, 그를 모함한 자들은 오히려 심판을 받았다. 하나님은 다니엘을 구하신 것만이 아니라, 그의 원칙을 통해 자신의 이름을 드러내셨다.

성경은 이러한 원칙을 지킨 사람들을 보여준다. 에스더는 "죽으면 죽으리이다"라는 믿음으로 왕 앞에 나아가 민족을 구했다. 다니엘의 세 친구 사드락, 메삭, 아벳느고는 금 신상 앞에서 무릎 꿇지 않았고, 풀무불 속에서도 하나님의 임재를 경험했다. 이 모두가 원칙을 지켰기에 하나님의 역사를 드러낼 수 있었다.

오늘 우리는 기준이 흔들리는 시대에 살고 있다. 절대적인 것은 불편하게 여겨지고, '각자 알아서'라는 말이 당연하게 통용된다. 그러나 신앙은 분명하게 묻는다. '너는 무엇을 위해 살고 있는가?'

평판인가? 기회인가? 감정인가? 아니면 하나님의 말씀인가? 하나님은 오늘도 위기 앞에서 끝까지 기준을 붙드는 사람을 기억하신다. 때로는 외로워도, 때로는 손해를 보아도, 결국은 그 사람이 쓰임 받는다. 하나님은 그런 사람을 통해 자신의 뜻을 나타내신다.

지출에도 원칙이 있듯이 수입에도 원칙이 있다. 세상에서 돈을 싫어하는 사람은 없을 것이다. 정당하게 돈을 벌면 아무 문제가 없지만, 돈을 인생의 목표로 세우고 살면 언젠가는 부정의 유혹 앞에서 무너질 수 있다. "돈을 사랑함이 일만 악의 뿌리가 되나니"(딤전 6:10). 오늘 한 가지 타협하면 내일은 더 많이 타협할 일이 기다린다. 결국 돈 때문에 인생의 망가짐으로 이어진다.

부(富)를 원하는 자들이여, 원칙 없는 신앙은 위기 앞에서 쉽게 흔들리지만, 원칙이 있는 사람은 위기 속에서도 중심을 지킨다. 하나님은 중심을 보시며, 말씀 위에 선 자를 절대로 잊지 않으신다. 오늘도 흔들리는 세상 속에서 하나님의 원칙을 붙들라. 그것이 고집이 아니라 믿음이며, 억지가 아니라 중심이다. 그 중심이 하나님께 향해 있다면, 우리의 인생은 결코 무너지지 않고 하나님 나라의 기둥으로 쓰임받게 될 것이다.

원칙을 지킨다는 것은 단순히 '옳은 일'을 선택하는 차원을 넘어선다. 그것은 하나님과의 관계를 지켜내는 것이다. 신앙의 원칙은 도덕적 완벽을 의미하지 않는다. 실수와 실패가 있어도 다시 말씀 앞으로 돌아오는 태도, 그 회복의 능력이 바로 신앙의 원칙이다. 다윗이 죄를 지었음에도 하나님의 마음에 합한 자로 남은 이유가 바로 여기에 있다. 그는 넘어졌지만, 다시 하나님께 돌아왔다.

오늘 우리에게 필요한 것은 거창한 결단이 아니라, 일상의 작은 원칙이다. 거짓말하지 않기, 약속 지키기, 맡은 일에 충성하기. 이런 작은 원칙이 모여 인생을 지탱하는 기둥이 된다. 위기의 순간에 이 작은 원칙들이 우리를 붙들어 준다.

결국 원칙은 하나님이 주신 선물이다. 그것은 무겁게 우리를 억누르는 족쇄가 아니라, 수입과 지출의 순간에도 흔들리지 않게 붙드는 닻이다. 세상은 유연함을 생존 전략이라 하지만, 하나님은 흔들리지 않는 중심을 원하신다. 그 중심이 바로 신앙의 원칙이다. 그 원칙을 붙드는 사람을 통해 하나님은 오늘도 세상 속에 자신의 이름을 드러내신다.

말이 곧은 사람, 인생도 곧다
거짓 없이 살아야 신뢰가 쌓인다

    요즘은 실력보다 믿을 수 있는 사람이 귀한 시대다. 정보는 넘쳐나지만 진실은 흐리고, 말은 많지만 책임지는 말은 드물다. 누군가에게 '요즘 믿을 만한 사람 있어요?'라고 물으면, 잠깐 고민한 뒤 겨우 한두 명만 떠올릴 수 있을 것이다.

    신뢰는 하루아침에 생기지 않는다. 사람들은 그가 평소 어떤 말을 하는지, 약속을 얼마나 지키는지, 불리한 상황에서 얼마나 솔직한지를 다 지켜본다. 그리고 그런 조용한 관찰이 쌓여, '그 사람 말은 믿어도 된다'는 평가로 이어진다.

    반대로 거짓은 단 한 번으로도 충분하다. 오랫동안 쌓아온 신뢰라도 거짓이 끼어드는 순간 쉽게 무너진다. 신뢰는 반복된 정직이 만든 결과이고, 거짓은 단발적인 욕심이 만든 균열이다.

    성경에는 기브온 사람들이 나온다. 그들은 이스라엘을 속여 "우리는 먼 나라에서 왔다"며 거짓으로 조약을 맺었다. 그러나 그

후 도망치지 않았다. 오히려 성전의 물을 긷고 나무를 패며 충성을 다했다. 거짓에서 출발했지만 정직으로 회복한 것이다.

시편 15편은 의인이란 맹세한 것이 해로울지라도 변하지 않는 사람이라고 말한다. 불리해져도 말을 바꾸지 않는 사람, 그가 진짜 신뢰받는 사람이다.

정직하게 사는 것이 때로는 손해처럼 보인다. 말 한마디만 돌리면 상황이 편해질 것 같고, 잠깐 눈감으면 내 편이 생길 것 같기도 하다. 그러나 그런 순간에도 정직을 선택하는 사람이 결국 신뢰를 얻는다.

사람들은 말보다 태도를 믿는다. 매끄러운 언변보다 실제로 약속을 지키는 사람을 기억한다. 정직한 사람은 처음엔 답답해 보일 수 있다. 말을 돌리지 않고, 핑계를 대지 않고, 불편한 말을 감수하기 때문이다. 그러나 시간이 지나면 사람들은 말한다. "그 사람, 말 안 바꾸지." 이 말 한마디가 그 사람을 설명하는 가장 짧고 강력한 문장이 된다.

정직은 단발성 행동이 아니라 생활의 리듬이다. 약속을 지키는 습관, 책임을 회피하지 않는 태도, 거짓 없이 말하는 용기가 쌓여 신뢰가 된다. 그 신뢰는 평판이 되고, 평판은 기회를 낳는다.

요즘처럼 거짓이 전략이 되는 시대에는 정직이 더 빛난다. 리더십은 말보다 무게에 달려 있고, 신뢰는 설명보다 기록에 남는다.

하나님은 거짓을 싫어하신다. 십계명에도 "거짓 증언하지 말라"고 명확히 말씀하셨고, 잠언은 "속이는 말은 여호와께서 미워하신다"고 기록한다. 정직은 하나님께 드리는 삶의 제사이자, 이웃과 맺는 신뢰의 계약이다.

거짓 없이 산다는 것은 쉬운 일이 아니다. 하지만 그렇게 사는 사람은 마음이 편하다. 숨길 것이 없고, 돌이켜 걱정할 일도 없다. 그래서 말에 무게가 실리고, 그 사람은 신뢰를 받는다.

신앙은 결국 '하나님의 말씀을 믿는 삶'이다. 말씀을 믿는 사람은 자기 말에도 책임을 지는 사람이다. 말을 쉽게 하지 않고, 한 번 했으면 지키려 애쓰며, 그 말이 손해를 부를지라도 하나님 앞에서는 바꾸지 않는다.

말이 흔들리면 인생도 흔들린다. 그러나 말이 곧은 사람은 인생도 곧다. 그 사람은 신뢰로 기억되고, 그 신뢰는 결국 삶 전체에 쌓이는 자산이 된다.

야고보서 5장 12절은 말한다. "무엇보다도 내 형제들아 맹세하지 말지니… 오직 너희의 '예' 할 것은 '예' 하고 '아니요' 할 것은 '아니요' 하라." 이 말씀은 단순히 거짓 맹세를 피하라는 뜻이 아니다. 우리의 말이 곧 우리의 인격이며, 신앙 고백이라는 것을 보여준다. '예'는 분명히 '예'가 되고, '아니요'는 분명히 '아니요'가 되는 사람, 그런 사람이 바로 믿을 만한 사람이다.

현대 사회는 언어가 가벼워진 시대다. 온라인 댓글은 쉽게 달리고, 말은 가볍게 흘러가지만, 그 말에 책임을 지는 이는 드물다. 그러나 작은 약속 하나를 끝까지 지키는 사람, 손해가 나더라도 말을 뒤집지 않는 사람은 오히려 더 귀하게 쓰임받는다. 가정에서는 부모의 말이 아이의 기준이 되고, 직장에서는 상사의 말이 직원의 신뢰를 세운다. 한 마디의 정직이 공동체 전체를 살리는 힘이 된다.

정직은 단순히 '거짓을 말하지 않는 것'에 그치지 않는다. 그것은 적극적으로 진실을 드러내고, 불편하더라도 바른 말을 선택하는 용기다. 침묵이 편할 수 있고, 회피가 이익이 될 수 있지만, 정직한 사람은 그 순간에도 바른 말을 택한다. 이것이 곧 신뢰를 낳는다.

또한 신뢰는 세대를 이어간다. 부모가 정직한 태도로 살아갈 때, 자녀는 삶의 기준을 배우고, 그 기준은 또다시 다음 세대로 흘러간다. 기업에서도 마찬가지다. 경영자가 투명하게 일하면 직원들은 안심하고 일하고, 그 신뢰는 소비자에게도 전해진다. 한 사람의 정직은 개인을 넘어 가정과 공동체, 사회 전체를 세우는 힘이 된다.

정직은 작은 것에서 시작된다. 지각하지 않겠다는 약속을 지키고, 빌린 것을 제때 돌려주고, 작은 돈도 함부로 쓰지 않는 태도가 쌓여 큰 신뢰가 된다. 사람들은 큰 성공보다 작은 성실에서 더 큰 확신을 느낀다.

하나님은 정직한 자를 통해 세상을 세우신다. 노아는 의인으로 불렸고, 아브라함은 믿음의 조상으로 세워졌다. 그들의 공통점은 완벽함이 아니라, 하나님 앞에서 정직하려 했다는 것이다. 완전하지 않아도 정직을 선택하는 자를 하나님은 사용하신다.

오늘 우리의 사회는 화려한 언변과 순간적인 능력을 가진 사람을 주목하지만, 결국 오래 기억되는 이는 정직한 사람이다. 신앙인의 삶이란 단순히 능력을 드러내는 것이 아니라, 하나님 앞에서 말과 삶을 일치시키는 것이다. 그 길은 느려 보여도, 결국 가장 멀리 가는 길이다.

성경은 정직을 단순히 윤리적 덕목이 아니라 신앙의 본질로 말한다. 하나님의 백성은 진리 안에 거하는 자들이며, 진리는 언제나 정직함과 연결된다. 그러므로 정직은 곧 신앙의 증거다. 하나님은 오늘도 '예'는 '예', '아니요'는 '아니요' 하는 자를 찾으신다.

결국 정직은 선택이 아니라 생존의 길이다. 거짓은 잠시 이익을 줄 수 있지만, 오래 가지 못한다. 그러나 정직은 당장은 손해처럼 보여도 결국 남는다. 그리고 그 남은 신뢰는 인생 전체를 지탱하는 가장 큰 자산이 된다.

하지 않을 줄 아는 지혜
인생의 진짜 기술이다

세상은 말한다. 할 수 있으면 해보라고, 지금 아니면 기회가 없다고, 시작했으면 끝까지 밀어붙이라고.

하지만 성경은 다르게 말한다. 하지 말아야 할 것을 구분하라고, 멈춰야 할 때를 알아야 한다고, 순종은 때로 멈춤에서 시작된다고 말한다.

모든 것을 다 해보는 사람이 능력 있어 보일 수 있다. 그러나 진짜 성숙한 사람은 멈출 줄 아는 사람이다. 성공하는 인생을 위해서는 브레이크가 필요하다. 기회를 보는 눈보다, 선을 넘지 않는 감각이 귀하다. 욕망은 "지금 해, 지금 가져, 지금 말해"라고 재촉하지만, 믿음은 조용히 묻는다. "이것은 하나님이 기뻐하실까?"

사울은 왕이었다. 그에겐 군대도 있었고, 결정권도 있었고, 제사장이 오지 않는 상황에서 상황은 급했고, 백성은 흩어졌다.

그래서 그는 행동했다. 그는 스스로 제사를 드렸다. 그러나 하나님은 그 손을 거두셨다. "순종이 제사보다 낫고 듣는 것이 숫양의 기름보다 나으니"(삼상 15:22). 사울은 할 수 있다고 해서 해버린 사람이었고, 하나님은 '넘지 말아야 할 선'을 무시한 그의 행동을 무겁게 보셨다.

예수님은 달랐다. 광야에서 사탄은 말했다. "돌을 떡으로 만들어라. 할 수 있지 않으냐?" 그러나 예수님은 하지 않으셨다. 십자가 앞에서도 스스로를 구할 수 있었지만, 그렇게 하지 않으셨다. 그분은 능력이 없어서가 아니라, 아버지의 뜻이 아니었기 때문에 멈추셨다. 하지 않는다는 것은 아무것도 안 한다는 뜻이 아니라, 내가 나를 통제할 줄 안다는 뜻이다.

우리는 살아가며 수많은 경계 앞에 선다. 말하고 싶은 말을 삼켜야 할 때가 있고, 가고 싶은 자리를 피해야 할 때가 있으며, 손에 닿는 것을 내려놓아야 할 순간이 있다. 신앙은 무엇을 하느냐보다 무엇을 멈추느냐에서 더 자주 드러난다. 절제는 속도를 늦추는 것이 아니라, 방향을 지키는 일이다.

현대는 과잉의 시대다. 말도, 정보도, 욕망도 넘쳐난다. SNS는 자극을 쏟아내고, 광고는 욕망을 부추긴다. 사람들은 더 많은 것을 해야 할 것 같은 압박 속에서 살아간다. 그러나 하지 않는 법을 아는 사람은 그 흐름을 거슬러 산다. 말없이 무게를 남기고, 덜어내며 단단해지고, 덜 누리면서도 더 깊어진다.

하지 않는 법은 포기하는 법이 아니다. 그것은 인생의 무게 중심을 바로 세우는 일이다. 말할 수 있어도 침묵하고, 가질 수 있어도 미루며, 움직일 수 있어도 기다릴 줄 아는 사람은 중심이 흔들리지 않는다. 그는 상황이 아니라, 하나님의 시선에 기준을 둔다.

절제는 불편해 보일 수 있다. 손해처럼 보이고, 뒤처지는 것 같고, 오해받기도 한다. 그러나 시간이 지나면 달라진다. 절제하는 사람은 신뢰를 얻고, 조급하지 않으며, 자기 삶을 스스로 설계할 줄 안다. 그는 위기 앞에서도 당황하지 않고, 선택 앞에서도 흔들리지 않는다.

우리는 종종 인생이 무겁고 복잡하다고 말한다. 하지만 그 이유는 해야 할 일을 몰라서가 아니라, 하지 않아도 될 일을 너무 많이 하고 있기 때문일지 모른다. 덜 말하고, 덜 소비하고, 덜 비교하면서 살아갈수록 인생은 단순해지고 평안해진다.

하나님은 우리에게 무엇을 더 하라고만 말씀하지 않으신다. 때로는 "그만해도 된다", "멈춰라", "기다려라"라고 말씀하신다. 그 음성을 들을 줄 아는 사람은 멈출 줄 알고, 멈출 줄 아는 사람은 결국 쓰임받는다. 하지 않는 법을 아는 사람은 끝까지 무너지지 않고 달릴 수 있다.

모세도 그랬다. 그는 충동적으로 애굽 사람을 쳐죽였을 때 실패했지만, 40년 광야에서 기다림을 배웠다. 그 후 하나님의 부르심을 받았을 때 그는 서두르지 않고 인도자의 길을 걸었다. 기다림과 멈춤 속에서 하나님은 그를 준비시키셨다. 바울도 마찬가지다. 다메섹 사건 이후 곧장 사도로 나서지 않고, 아라비아에서 묵상하며 보내는 시간을 가졌다. 기다릴 줄 아는 시간이 있었기에 그는 더 크게 쓰임받았다.

오늘 우리의 삶에도 이런 훈련이 필요하다. 때로는 대화 중에 감정을 터뜨리지 않는 절제, 소비의 순간에 카드를 꺼내지 않는 절제, 기회처럼 보이지만 하나님 뜻이 아닌 일에 발을 들이지 않는 절제가 필요하다. 하지 않음은 소극이 아니라 더 큰 긍정을 위한 준비다. 멈출 줄 아는 자만이 끝까지 달릴 수 있고, 내려놓을 줄 아는 자만이 끝까지 지켜낼 수 있다.

인생은 하고 싶은 것을 다 하는 데서 완성되지 않는다. 하지 않아야 할 것을 아는 데서 완성된다. 멈추는 순간 하나님은 일하시고, 기다리는 순간 하나님은 준비시키신다. 하지 않는 지혜가 결국은 인생을 지키는 가장 큰 기술이다.

하지 않는 법은 단순히 행동의 억제가 아니다. 그것은 영적 분별의 훈련이다. 무엇을 멈춰야 하는지 아는 사람은 무엇을 붙들어야 하는지도 안다. 멈춤은 방향을 잃지 않기 위한 신앙의 나침반이다.

시편의 "셀라"(selah)는 우리의 일상에서 누릴 음악적·영적 쉼표이다. 단순한 '정지'가 아니라 하나님을 높여드리기 위한 쉼표이다. 베드로는 충동적으로 칼을 빼어 들었으나, 예수님은 "칼을 쓰는 자는 칼로 망한다"고 말씀하시며 멈추게 하셨다. 이 멈춤이 곧 구원의 길을 열었다.

현대인들은 속도의 노예가 되기 쉽다. 빠른 결정, 빠른 성과, 빠른 만족. 그러나 멈춤을 모르는 속도는 곧 파멸로 이어진다. 교통사고가 과속에서 나는 것처럼, 인생의 큰 사고도 '멈춤의 부재'에서 시작된다. 멈출 줄 아는 자만이 더 멀리 갈 수 있다.

하지 않는 법은 영적 자유와도 연결된다. 하지 않아야 할 것을 내려놓을 줄 아는 사람은 욕망의 노예가 아니라 하나님 안에서 자유로운 사람이다. 그는 상황에 쫓기지 않고, 타인의 시선에 매이지 않는다. 멈춤은 곧 자유다.

결국 하지 않는 지혜는 하나님을 신뢰하는 태도다. 내가 지금 당장 해야 할 것 같아도, 하나님이 멈추라 하실 때 멈추는 것, 그것이 믿음이다. 하지 않는 법을 아는 사람은 자신을 내려놓고, 하나님의 음성을 기다린다.

· 제2장 ·

기도와 건강

기도하는 뇌, 평안을 설계하다
기도와 전전두엽, 편도체, 뇌파의 조화

기도는 영혼의 언어라고 한다. 그러나 뇌과학은 여기에 덧붙인다. 뇌는 하나님이 인간에게 주신 소중한 선물이며, 기도는 그 뇌가 사용하는 또 하나의 언어. 조용히 손을 모으고 눈을 감은 채 하나님께 마음을 여는 순간, 우리의 뇌는 멈추지 않는다. 오히려 정교하고 역동적으로 작동하기 시작한다. 이성, 감정, 판단, 기억, 자율신경계까지, 기도는 겉보기엔 정적이지만, 뇌 안에서는 놀라운 변화가 일어난다. 기도하는 뇌는 스스로를 정돈하며 평안을 설계하는 방향으로 움직인다.

기도할 때 가장 먼저 반응하는 부위는 전전두엽이다. 이 영역은 인간의 판단, 계획, 충동 억제, 도덕적 사고 등을 담당하며 '브레인의 컨트롤 타워'라고 불린다. 기도는 단순한 읊조림이나 자동화된 언어의 반복이 아니다. 마음속 혼란을 정리하고, 감정을 되짚으며, 보이지 않는 존재에게 대화를 건네는 고차원적 사고 행위다. 이런 사고는 전전두엽을 자극하고, 그 회로를 반복적으로 활성화시키며, 자기조절과 성찰 능력을 강화한다. 꾸준한 기도 습관은 전전두엽의 구조적 안정성을 높이고, 스트레스 상황에서도 감정 조절력을 유지하게 한다.

전전두엽과 함께 측두엽도 작동한다. 이 부위는 언어 이해와 청각 처리뿐 아니라, 종교적 체험이나 '초월적 연결감'을 느낄 때 활성화된다. 우리가 기도 중에 "하나님이 나를 보고 계신 것 같다", "마음이 따뜻해진다"는 표현을 할 때, 이는 단순한 감상이 아니라 측두엽의 활동과 연관된 생리적 반응일 수 있다. 측두엽은 고요함과 존재감을 형성하며, 신앙이 심리적 안정 요인으로 작동할 수 있도록 돕는다.

기도는 감정의 경보 시스템인 편도체의 반응성도 낮춘다. 편도체는 위협, 공포, 불안에 빠르게 반응하는 뇌의 센터다. 그런데 정기적인 기도는 이 편도체의 과잉 반응을 억제한다. 미국 듀크대학교 연구에 따르면, 기도 생활이 꾸준한 사람일수록 편도체의 과활성이 낮고 불안과 우울 증상이 완화된다. 기도는 단지 위안을 주는 심리 기제가 아니라, 뇌 안의 감정 회로를 안정시키는 생물학적 장치이기도 하다.

기도가 깊어질수록 뇌파도 변화한다. 감마파는 고도의 집중 상태를, 세타파는 몰입된 이완 상태를 나타낸다. 기도 중에는 이 두 뇌파가 동시에 나타나는 경우가 많은데, 이는 '깨어 있으면서도 고요한' 독특한 의식 상태를 의미한다. 감정은 가라앉고, 사고는 명료해지며, 심장은 느긋해진다. 이 뇌파의 조화는 생각과 감정의 경계를 풀어내며 자기 인식의 깊이를 확장시킨다.

이와 동시에 신경전달물질의 흐름도 달라진다. 기도 중에는 세로토닌, 도파민, 옥시토신의 분비가 증가하고, 스트레스 호르몬인 코르티솔은 줄어든다. 세로토닌은 기분 안정, 도파민은 동기와 활력, 옥시토신은 신뢰감과 친밀함을 만든다. 반복적으로 기도하는 사람은 이 호르몬 분비의 균형이 안정되며, 감정 기복이 덜하고 스트레스에 강하다. 이는 단기적 효과가 아니라, 장기적 기도 습관이 만든 신경계의 구조적 재편이다.

기도는 뇌의 운동이다. 그리고 뇌는 반복적 경험을 통해 회로를 바꾸는 '신경가소성'을 지녔다. 반복되는 기도는 뇌의 습관 회로를 강화하고, 충동적 사고보다 숙고를 선택하도록 돕는다. 펜실베이니아대학의 앤드루 뉴버그 교수는 기도와 묵상이 전두엽과 측두엽의 연결성을 강화하고 뇌의 감정 통제 능력을 향상시킨다고 보고했다. 기도는 뇌를 바꾸고, 바뀐 뇌는 삶의 방향을 바꾼다. 이것이 기도의 '효과'가 아니라, 기도의 '구조'다.

기도는 감정을 정리하고, 감정을 넘어 습관을 바꾸며, 습관은 인생의 우선순위를 바꾼다. 그 우선순위의 재배치는 결국 '삶의 질'과 '경제적 행동'을 바꾼다. 기도하는 사람은 더 많은 소유보다 주어진 것에 감사하고 자족하는 법을 배운다. 불안 대신 신뢰로 일상을 견디게 되고, 그 심리적 안정은 재정·관계·직업과 생활 전반에 질서를 만든다.

기도는 뇌를 위한 시간이기도 하다. 매일 같은 시간, 같은 장소에서 반복되는 기도는 뇌에 예측 가능한 리듬을 제공하고, 그 리듬은 자아의 질서를 회복시키는 내면의 구조가 된다. 기도는 정서의 통제이자 뇌의 정렬이며, 세상의 소음을 끊어내는 고요한 기술이자 나를 재구성하는 내적 훈련이다.

기도는 뇌를 바꾼다. 바뀐 뇌는 감정을 정리하고, 감정은 행동을 조율하며, 행동은 습관이 되고, 습관은 삶을 설계한다. 기도하는 뇌는 흔들리지 않는다. 그 뇌는 이미 삶의 질을 결정짓는 가장 깊은 토대를 다시 쓰고 있다.

기도가 단순한 종교적 행위가 아니라 삶의 질서를 재편하는 과학적이고 영적인 언어라는 사실은 많은 것을 시사한다. 스마트폰과 정보의 홍수 속에서 쉽게 산만해지는 현대인의 뇌는 기도를 통해 고요를 회복한다. 분주한 일상에서 무너지는 집중력과 정서는 기도로 회복되고, 기도의 리듬은 다시 삶의 중심을 세운다. 결국 기도는 영혼을 위한 일이면서 동시에 뇌를 위한 최고의 자기관리 기술이다. 기도하는 자, 삶의 질서가 회복되라라.

감사의 뇌, 웃는 심장
감사기도는 뇌와 혈관, 삶의 리듬을 다시 짠다

　감사의 표현은 하나님의 은혜에 대한 인간의 아름다운 반응이다. "감사합니다"라는 말은 짧다. 그러나 뇌는 이 짧은 문장을 오래 기억한다. 감사는 단순한 정서가 아니라, 뇌의 신경 회로를 바꾸고, 심장의 박동을 조율하며, 삶 전체의 리듬을 다시 설계하는 생리적 경험이다. 특히 신앙 안에서 드리는 감사 기도는 그 구조와 반복성 덕분에 뇌와 자율신경계, 면역체계까지 깊숙이 영향을 미친다. "감사하면 심장이 웃는다"는 말은 시적 비유가 아니라 의학적으로 확인된 사실이다.

　감사를 느끼는 순간, 뇌의 복내측 전전두엽과 측좌피질이 활성화된다. 이 영역은 도덕적 판단, 공감, 자아 성찰, 감정 조절을 담당한다. 우리가 "고마워요"라고 말할 때, 뇌는 공감 회로를 열고 타인을 이해하는 방향으로 사고를 재배열한다. 감사는 뇌 속의

'나' 중심 회로를 줄이고, 타자 중심 회로를 강화하는 반응이다. 이 타성과 도덕적 판단력이 회복될수록 스트레스 반응은 줄어들고, 감정의 기복도 잦아든다.

그 감정은 곧장 심장으로 전해진다. 미국 하트매스연구소는 "감사를 느끼는 상태에서 심장 박동 변이도(HRV)가 안정적으로 유지된다"고 발표했다. HRV는 심장 박동 간 간격의 리듬을 의미하며, 자율신경계의 건강을 보여주는 지표다. 감사를 자주 경험하는 사람은 교감신경과 부교감신경이 균형을 이루며, 외부 자극에도 쉽게 무너지지 않는다. 심장은 리듬의 장기다. 감사는 그 리듬을 회복시키는 가장 부드러운 주파수다.

하버드 의과대학의 연구에 따르면, 감사를 실천하는 사람들은 고혈압, 심장병, 불안장애, 우울증의 발생률이 낮다. 특히 8주간 감사일기를 쓴 그룹은 심박수 안정, 수면 질 향상, 삶의 만족도 상승이라는 변화를 경험했다. 감사는 삶을 돌아보는 단순한 행위 같지만, 그 안에는 신경생리학적으로 강력한 회복 메커니즘이 숨어 있다.

감사는 뇌와 심장에서 그치지 않는다. 면역계 또한 감정에 민감하다. 감사할 때 뇌는 스트레스 호르몬인 코르티솔의 분비를 줄이고, NK세포의 활성을 촉진한다. NK세포는 암세포와 바이러스 감염 세포를 제거하는 선천면역계의 핵심 병력이다. 긍정 정서를 반복적으로 경험하는 사람일수록 NK세포 반응성이 높고, 염증 수치는 낮다. 감사는 기분을 좋게 하는 감정이 아니라, 면역을 일으키는 생리적 신호다.

기도로 드리는 감사는 이 모든 생리작용을 구조화한다. 신앙인은 매일 아침, 식사 때마다, 위기 속에서도 하나님께 감사를 고백한다. 기도는 감사를 즉흥이 아닌 루틴으로 만든다. 반복되는 감사 기도는 뇌에 안정된 회로를 만들고, 자율신경계의 리듬을 고르게 하며, 호르몬 균형을 조율한다. 감사는 단발성 감정이 아니라 훈련된 감정이며, 이 훈련은 신앙인의 몸속에 생리적 안정성을 남긴다.

감사는 인간관계에도 작용한다. 감사 중 분비되는 옥시토신은 신뢰와 유대, 공감의 호르몬이다. 신앙 공동체 안에서 함께 감사를 나누는 행위는 서로를 더 부드럽게 인식하게 만든다. 예배 후 '감사합니다'로 마무리하는 인사는 공동체의 정서적 안정감을 높이는 도구다. 감사를 반복하는 사람은 갈등 상황에서도 먼저 경청하고, 화해를 선택한다. 감사는 관계를 지키는 행동이고, 공동체를 붙드는 정서다.

신앙은 조건 없는 감사를 훈련시킨다. 상황이 불안정해도, 문제가 해결되지 않아도, "감사합니다. 오늘을 주셔서 감사합니다"라고 고백하는 그 행위는 뇌를 단련하고, 심장을 조율하며, 의식을 정돈한다. 감사는 감정이 아니라 태도이며, 태도 이전에 선택이다. 이 선택은 뇌의 회로를 재편하고, 심장의 리듬을 안정시키며, 삶의 질서를 새롭게 정돈한다.

감사는 단지 개인의 건강만이 아니라 사회적 신뢰와 문화적 풍토에도 영향을 미친다. 감사가 많은 조직일수록 협력이 늘어나고, 감사가 익숙한 가정일수록 갈등이 줄어든다. 아이에게 '고맙다'라는 말을 자주 들려줄수록 아이의 공감 능력과 회복탄력성이 높아진다는 연구도 있다. 결국 감사는 뇌와 심장을 넘어 관계와 공동체 전체를 건강하게 하는 확산적 에너지다.

감사하면 심장이 웃는다. 전전두엽은 깨어나고, 편도체는 고요해지며, 심장의 박동은 고르게 흐른다. 감사는 면역계를 깨우고, 공동체를 단단히 묶는다. 그리고 그 모든 시작은 오늘 하루의 감사 기도 한 줄로부터 가능하다. 짧은 한 마디 '감사합니다'는 뇌의 언어이자 영혼의 고백이며, 결국 삶을 다시 설계하는 가장 단순하면서도 강력한 힘이다. 기도함으로 전전두엽을 깨우고 심장의 리듬을 안정시키라.

기쁨은 몸을 설계한다
신앙의 뇌가 빚는 회복력

약은 빠르다. 통증을 가라앉히고, 염증을 진정시키며, 혈압을 안정시킨다. 그러나 약은 외부에서 주입되는 자극일 뿐, 투여가 끝나면 효과도 사라진다. 반면 기쁨은 내부에서 솟아나고, 반복될수록 강화되며, 심지어 훈련도 가능하다. 그래서 어떤 사람은 약으로 버티지만, 어떤 사람은 기쁨으로 회복한다. 과학은 말한다. 약보다 느릴 수는 있어도, 기쁨은 훨씬 오래간다.

기쁨이 생리적으로 작동한다는 사실은 뇌에서부터 시작된다. 우리가 기쁨을 느낄 때 활성화되는 부위는 뇌의 측좌피질과 복내측 전전두엽이다. 이 회로는 도파민 경로가 지나는 핵심 구간으로, 동기·만족·의미감·목표지향적 행동과 연결되어 있다. 단순한 쾌감이 아닌, '내가 지금 의미 있는 삶을 살고 있다'는 인식이 있을 때 이 회로가 가장 깊게 반응한다. 이 구조는 신앙인이 기도, 찬양,

감사 안에서 경험하는 감정이 단순한 기분이 아니라, 신경학적으로 안정된 감정 패턴임을 뒷받침한다.

기쁨은 스트레스를 담당하는 편도체의 과잉 반응을 억제한다. 편도체가 활성화되면 코르티솔이 분비되고, 심박이 빨라지며, 자율신경계는 교감신경 중심으로 기울어진다. 그러나 기쁨이 반복되면 편도체의 반응 역치가 높아지고, 부교감신경이 우위를 회복한다. 몸은 '도망갈 준비' 대신 '회복할 준비' 상태로 전환된다. 기쁨은 단지 느낌이 아니라, 뇌가 안전하다고 판단하게 만드는 신호다.

기쁨은 호르몬도 바꾼다. 도파민은 동기를 강화하고, 세로토닌은 기분의 균형을 유지하며, 옥시토신은 타인과의 유대감을 높인다. 예배와 기도, 신앙 공동체의 교제는 이 호르몬들을 동시에 자극하는 특별한 환경이다. 기쁨을 루틴화한 사람은 감정 기복이 줄고, 정서적 회복력은 커진다. 그래서 "항상 기뻐하라"(살전 5:16)는 말씀은 단순한 권면이 아니라, 하나님이 인간을 위해 주신 생리적 명령이다.

약물은 체내 반감기 안에서 서서히 사라지지만, 기쁨은 내성이 없다. 오히려 반복될수록 신경 회로는 더 튼튼해지고, 감정 기억은 더 오래 저장된다. 긍정 정서는 뇌의 회복탄력성을 높이고, 기억력과 집중력을 강화하며, 자율신경계의 조화를 촉진한다. 기쁨은 뇌만이 아니라 심장·면역 소화 수면까지 광범위하게 영향을 준다. 이는 약이 아닌 감정이 만든 생리 반응이다.

하버드대학의 80년 종단 연구에 따르면, 삶의 만족도와 관계의 만족도가 높은 사람은 그렇지 않은 사람보다 심장 질환, 당뇨, 암, 우울증의 발생률이 낮고 평균 수명이 7~10년 더 길었다. 중요한 것은 이들이 돈이나 지위보다 '의미 있는 관계'와 '삶의 목적'을 더 자주 언급했다는 점이다. 건강을 결정하는 것은 숫자가 아니라 감정이며, 몸이 아니라 마음이라는 사실을 보여주는 결과다.

신앙인의 기쁨은 조건이 아니라 구조다. 기쁨은 결과가 아니라 출발점이다. 기도하는 사람은 마음이 안정되고, 찬양하는 사람은 감정의 균형을 되찾으며, 감사를 고백하는 사람은 삶의 해석을 바꾼다. 그리고 이 모든 반복은 뇌 회로를 재편하고, 자율신경계를 조절하며, 몸의 상태를 회복 모드로 전환시키며 인간 스스로의 회복 기능을 일으킨다.

신앙은 이 기쁨을 루틴으로 만든다. 예배는 회복의 리듬이고, 기도는 생리적 묵상이며, 감사는 면역의 언어다. 세상이 흔들려도 기쁨은 선택할 수 있고, 삶이 불안해도 해석은 바꿀 수 있다. 그리고 그 선택은 뇌를 안정시키고, 몸을 살리며, 삶을 다시 구성한다.

기쁨은 개인을 넘어 공동체에도 확산된다. 기쁜 마음으로 일하는 사람은 직장 안에서 협력을 늘리고, 가정 안에서는 갈등을 줄인다. 작은 웃음 하나가 회의의 긴장을 풀고, 짧은 감사의 표현 하나가 공동체 전체의 분위기를 따뜻하게 만든다. 결국 기쁨은 개인의 행복을 넘어 사회적 신뢰를 세우는 힘이 된다. 신앙이 말하는 기쁨은 단순한 감정이 아니라 문화를 지탱하고 세대를 이어가는 에너지다.

면역력을 바꾸는 믿음의 리듬
신앙인은 왜 더 빠르게 회복하는가

누군가는 쉽게 아프고, 또 누군가는 잘 낫는다. 같은 환경, 같은 자극, 같은 계절인데도 면역력의 차이는 분명하다. 어떤 사람은 고통 앞에서 무너지고, 어떤 사람은 믿음 안에서 회복된다. 최근의 연구들은 이 차이에 오래된 공통점을 지목한다. 바로 신앙이다.

하버드대 공중보건대학과 듀크대 의과대학이 진행한 대규모 연구에 따르면, 정기적으로 예배에 참석하고 기도하는 사람들은 스트레스 호르몬 수치가 낮고, 염증 지표가 안정적이며, NK세포와 T세포의 반응성이 높았다. 믿음은 뇌와 자율신경계를 넘어, 면역계의 회복 능력까지 바꾸고 있었다.

신앙인의 삶은 고유한 리듬을 가진다. 매주 예배, 매일 기도, 반복되는 감사와 찬양은 단지 신앙의 표현이 아니라 자율신경계에 안정된 패턴을 제공하는 생리적 루틴이다. 외부 환경이 불규

칙할수록 이 내적 리듬은 더 큰 힘을 유연하게 발휘한다. 교감신경과 부교감신경이 균형을 이루고, 심박 변이도(HRV)는 안정되며, 몸은 '회복 가능성'을 전제로 작동하기 시작한다.

기도는 전전두엽을 활성화시켜 감정 조절력을 회복시키고, 편도체의 과잉 반응을 억제한다. 그 결과 부교감신경이 우위를 되찾고, 면역계는 방어보다는 복구를 선택한다. 기도하는 동안 심장은 차분하게 고동치고, 숨은 깊어지며, 혈관은 조용히 이완된다. 뇌가 '안전하다'고 느끼는 순간, 몸은 복구 모드로 들어간다.

특히 감사는 강력한 면역 자극제다. 연구에 따르면, 감사하는 사람일수록 코르티솔 수치가 낮고 NK세포의 활성도가 높다. NK세포는 바이러스 감염세포와 암세포를 직접 제거하는 선천면역계의 핵심 병력이다. 감사는 더 이상 추상적 미덕이 아니라, 반복 가능한 생리적 명령이자 자가면역 훈련이다.

신앙인의 감정 구조도 다르다. 고통을 의미로 전환하고, 불안을 기도로 해석하며, 낙심을 찬양으로 끌어올리는 해석 프레임이 몸의 반응을 바꾼다. 단순한 긍정 마인드가 아니다. 의미 중심의 사고 구조, 해석 루틴, 감정 조절 능력이 누적된 결과다. 내면의 리듬이 면역을 다르게 만든다는 증거다.

기도 중에 나타나는 뇌파 역시 특별하다. 세타파와 감마파가 동시에 나타나는 기도 상태는 고요한 몰입과 감정 안정이 공존하는 구간이다. 이때 뇌는 집중력과 안정성을 회복하며, 자율신경계·내분비계·면역계를 동시에 조율한다. 기도는 뇌의 정돈이고, 면역의 재정렬이다.

공동체의 힘도 크다. '누군가 나를 위해 기도하고 있다'는 믿음,

함께 예배드리는 소속감, 함께 울고 웃는 교제는 외로움을 줄이고 유대감을 강화한다. 외로움은 면역의 가장 큰 적이며, 공동체는 그 허기를 채워주는 방패다. 신앙인의 면역은 혼자 지켜내는 것이 아니라, 함께 누리는 회복의 구조다.

결국 면역을 결정짓는 것은 단백질이 아니라 리듬이다. 믿음은 그 리듬을 반복하게 하고, 기도는 그 구조를 정제하며, 감사는 그 감정을 몸에 기억되게 한다. 신앙은 면역의 벽이 아니라 회복의 기반이다.

최근 임상 보고들은 '종교적 신념과 회복 속도의 상관관계'를 계속 확인하고 있다. 암 환자나 수술 환자 중 기도 생활이 있는 그룹은 그렇지 않은 그룹보다 통증 호소가 적고, 약물 의존도도 낮았다. 단순히 마음이 편안해져서가 아니라, 실제로 면역세포와 염증 지표에서 뚜렷한 차이가 나타났다는 것이다. 믿음이 몸의 생리적 과정에 개입하는 길이 이미 마련되어 있음을 보여준다.

신앙인은 병에 걸리지 않는 사람이 아니라, 더 잘 회복하는 사람이다. 위기 속에서도 중심을 잃지 않고, 불안 속에서도 감사를 선택하며, 고통 속에서도 다시 일어서는 사람이다. 그 사람의 몸은 기도를 기억하고, 감사에 반응하며, 믿음을 면역으로 바꾸는 법을 이미 알고 있다. "범사에 감사하라 이것이 그리스도 예수 안에서 너희를 향하신 하나님의 뜻이니라"(살전 5:18).

행복한 뇌가 몸을 살린다
세로토닌, 도파민, 코르티솔, 옥시토신이
말해주는 감정의 생리학

감정은 뇌 안에서만 작동하지 않는다. 행복은 뇌를 움직이고, 뇌는 신경계를 자극하며, 신경계는 호르몬을 통해 몸 전체를 조율한다. 결국 기분 하나가 면역력, 심장 박동, 수면의 질, 식욕, 통증 감수성까지 바꿔 놓는다. 이것이 하나님이 만드신 인간의 신비다. 우리가 말하는 행복감은 단순한 기분이 아니라, 몸 전체에 반향을 일으키는 생리적 사건이다.

이 감정의 중심에는 네 가지 화학물질이 있다. 세로토닌, 도파민, 코르티솔, 옥시토신. 이들은 단지 기분을 조절하는 물질이 아니라, 뇌와 면역계·내분비계의 작동을 재편하는 '감정의 언어'이다.

먼저 세로토닌은 감정의 균형을 잡는 조율자다. 이 물질이 충분하면 마음은 고요해지고, 우울감과 통증, 예민함이 줄어든다. 흥미로운 점은 세로토닌의 약 90%가 뇌가 아닌 장에서 생성된다는 사실이다. 즉, 우리가 무엇을 먹고 어떤 기분 상태에 있는지가 장을 통해 곧바로 감정으로 이어진다는 의미이다. 기도와 감사는 세로토닌을 증가시키는 대표적 자극이다. 기도하는 동안 복내측 전전두엽과 측두엽이 활성화되고, 이 회로는 세로토닌 분비를 유도한다. 기도가 평안을 주는 이유는 단순한 심리적 위로가 아니라, 뇌 안에서 실제로 '행복의 화학물질'이 분비되기 때문이다.

반대로 코르티솔은 경계의 호르몬이다. 스트레스가 오면 분비되어 생존 모드로 들어가게 만든다. 단기적으로는 유익하지만, 만성화되면 면역 저하, 수면 장애, 혈압 상승, 복부 비만, 기억력 저하 등 문제를 일으킨다. 현대인의 몸은 코르티솔에 과다 노출되어 있다. 그러나 감사와 기도, 정기적인 예배와 공동체 소속감은 이 코르티솔 수치를 낮춘다. 기도 중 감정이 해석되고, 통제 가능성에 대한 인식이 생기면 자율신경계는 교감 상태에서 벗어나 부교감 상태로 진입한다. 그 순간 몸은 회복을 시작한다.

도파민은 행동과 의욕을 만들어내는 '보상의 화학물질'이다. 지나치면 중독이 되지만, 건강하게 유지되면 삶에 활력을 불어넣는다. 예배와 기도, 찬양은 도파민 회로를 부드럽게 자극하고, 신앙적으로 의미 있는 반복 행동을 강화한다. 도파민은 일회성 쾌감보다 지속 가능한 만족을 만들 때 더 오래 작동한다. 신잉 루틴은 도파민 회로를 건강하게 사용하는 법을 가르친다.

옥시토신은 유대감과 신뢰, 연결의 호르몬이다. 공동체 예배, 중보 기도, 따뜻한 인사와 교제가 이 호르몬을 분비시킨다. 외로움은 면역력을 떨어뜨리지만, 옥시토신은 이를 되돌린다. 하나님과 사람, 그리고 사람과 사람 사이의 연결이 있을 때, 몸은 '안전하다'고 판단하고 면역계는 방어보다 회복을 선택한다.

　이 네 가지 물질은 각각 다른 역할을 하면서도 서로 긴밀하게 작동한다. 세로토닌은 기분을 안정시키고, 도파민은 의욕을 만들어내며, 옥시토신은 관계를 회복시킨다. 반면 코르티솔은 조절되지 않으면 이 모든 기능을 무너뜨린다. 결국 이들 사이의 균형이 감정 회복력과 스트레스 저항성, 그리고 생리적 평온을 좌우한다.

　신앙은 이 균형을 루틴으로 만든다. 매일의 기도, 주간 예배, 반복되는 찬양과 말씀 묵상, 고난 중에도 감사를 고백하는 습관은 뇌와 신경계를 단련한다. 감정은 즉각 선택하기 어렵지만, 감정이 만들어지는 환경은 설계할 수 있다. 신앙은 그 설계를 매일 실천하게 만드는 삶의 프레임이다.

　최근 연구들은 신앙적 감사와 기쁨이 단순한 심리 효과를 넘어 생리적 회복을 유도한다는 사실을 강조한다. 암 환자나 만성 질환 환자 중 신앙적 실천을 꾸준히 이어가는 이들은 통증에 대한 내성이 높고, 약물 사용량이 줄며, 삶의 만족도가 더 크게 나타났다. 믿음이 뇌와 호르몬을 바꾸고, 바뀐 몸은 다시 마음을 단단하게 만드는 순환 구조가 형성되는 것이다.

　행복은 단순한 느낌이 아니다. 그것은 회복을 촉진하는 신경화학적 구조이다. 세로토닌은 감사에서 나오고, 도파민은 의미 있는 반복에서 유지되며, 옥시토신은 관계 속에서 생성되고, 코르티솔은 기도로 줄어든다. 그 회로를 움직이는 가장 오래된 도구는 믿음이다. 행복한 뇌가 결국 몸을 살린다. 몸이 살면 삶이 윤택해진다.

기도는 자율신경계의 회복 리듬이다
몸이 먼저 반응하고, 기도는 그 몸을 복원한다

사람은 위기를 머리로 이해하기 전에 몸으로 반응한다. 가슴이 조이고, 숨이 가빠지며, 위장이 뭉치고, 손끝이 차가워진다. 생각보다 빠른 것은 본능이 아니라, 자율신경계다. 자율신경계는 우리가 의식하지 않아도 심장·호흡·혈압·소화·호르몬 분비를 조율한다. 살아남아야 할 때 이 시스템은 반사적으로 경보를 울린다. 문제는, 우리의 일상이 거의 매일 '생존 모드'라는 점이다.

자율신경계는 크게 두 갈래로 나뉜다. 교감신경은 가속 페달이다. 심박을 높이고, 혈압을 올리고, 몸을 전투 태세로 만든다. 반면 부교감신경은 브레이크다. 몸의 긴장을 풀고, 소화를 돕고, 회복을 시작하게 한다. 그런데 많은 현대인은 가속만 있고, 브레이크가 없다. 끝없는 알림, 만성 피로, 비교와 경쟁, 정서적 과부하 속에서 뇌는 계속 경계 상태를 유지한다. 몸은 고장 나지 않을 만큼만 살아 있고, 마음은 쉴 틈을 잃는다.

과도한 교감신경의 우위는 심혈관 질환, 위장 장애, 불면, 불안, 면역력 저하로 이어진다. 반대로 부교감신경이 작동하기 시작하면 몸은 비로소 회복 모드로 진입한다. 수면 중에도 심장은 부드럽게 뛰고, 호흡은 깊고 고르게 흐르며, 세포는 복구를 시작한다. 평안은 감정이 아니라, 부교감신경이 작동하고 있다는 신체의 징후다.

기도는 그 회복을 작동시키는 열쇠다. 기도는 정신을 집중시키고, 감정을 정리하며, 호흡을 천천히 내리게 한다. 이때 전전두엽은 활성화되고, 편도체는 진정되며, 자율신경계는 서서히 브레이크를 밟는다. 기도 중에는 심박이 느려지고, 근육이 풀리며, 호흡이 길어진다. 몸은 이제 위협이 사라졌다고 믿고, 회복 체계로 전환되며, 하나님이 주시는 평안으로 들어간다.

감사도 강력한 자극이다. 감사는 긍정의 태도를 넘어서 생리적 평형을 유도하는 신호다. 감사하는 순간 뇌에서는 세로토닌과 옥시토신이 분비되고, 코르티솔은 낮아진다. 동시에 심박 변이도(HRV)가 유연하게 증가한다. HRV는 자율신경계의 회복력을 보여주는 지표로, 수치가 높을수록 스트레스 대응이 유연하고 회복이 빠르다. 감사는 정서적 미덕이 아니라, 생리적 회복 기전이다.

예배와 찬양은 그 리듬을 루틴으로 만든다. 일정한 시간에 반복되는 찬양의 멜로디, 공동체의 호흡, 예배당의 거룩한 분위기는 뇌가 '예측 가능한 환경' 속에 있다는 신호를 준다. 인간의 뇌는 예측 가능한 리듬 안에서 심리적 안정감을 느끼므로 평온해진다. 반복되는 예배와 주간 루틴은 자율신경계 전체를 안정시킨다.

기도 중에 나타나는 뇌파는 이 흐름을 더 명확히 보여준다. 깊은 기도 상태에서는 세타파(이완)와 감마파(고차 사고)가 동시에 나타난다. 깨어 있으면서도 고요한 상태. 감정은 가라앉고, 사고는 맑아지며, 몸은 안심 상태로 들어선다. 이때 부교감신경은 극대화되고, 위장 활동·수면의 질·면역 기능까지 조정된다. 몸은 비로소 '괜찮다'고 말할 수 있는 상태에 이른다. 하나님이 설계하신 자발적 치유 시스템이다.

이 평화는 단순한 감정이 아니다. 뇌·신경계·호르몬·심장·폐·근육과 장기까지 모든 시스템이 '이제 회복해도 된다'고 동의할 때 찾아온다. 신앙은 그 동의를 이끌어내는 일상의 구조다. 기도는 뇌를 정리하고, 감사는 자율신경계를 조율하며, 예배는 몸과 마음을 일치시키는 틀을 만든다.

자율신경계는 항상 작동 중이다. 문제는 어느 방향으로 작동하는가이다. 속도냐, 회복이냐. 긴장이냐, 이완이냐. 우리가 매일 선택하는 기도와 감사의 삶은 이 생리적 방향을 바꾼다. 결국 몸의 평화란 자극을 없애는 것이 아니라, 자극에 흔들리지 않는 내부 균형을 회복하는 것이다.

현대인의 삶은 빠르게 흘러가지만, 기도의 리듬은 속도를 늦추고 중심을 회복하게 한다. 단 몇 분이라도 고요히 눈을 감고 호흡을 고르며 하나님께 집중할 때, 뇌는 브레이크를 밟고 몸은 회복 모드로 들어간다. 결국 신앙은 단순한 종교적 행위가 아니라, 몸을 살리는 생리적 훈련이 되는 것이다.

신앙은 매일 그 균형을 회복하게 만든다. 브레이크를 밟는 연습, 속도를 늦추는 기도, 숨을 고르게 하는 루틴. 기도는 자율신경계의 회복 리듬이다. 그리고 그 리듬을 반복하는 사람의 몸은, 다시 회복할 줄 안다. "감사함으로 그의 문에 들어가며 찬송함으로 그의 궁정에 들어가서 그에게 감사하며 그의 이름을 송축할지어다"(시 100:4).

기도하는 뇌, 묵상하는 마음
전두엽과 측두엽이 깨어나는 순간

　기도는 머리가 아니라 뇌로 하는 행위다. 손을 모으고 눈을 감는 순간, 가장 먼저 반응하는 곳은 전두엽과 측두엽이다. 단지 형식이 아니라 구조가 달라진다. 반복된 기도와 묵상은 뇌에 새로운 길을 낸다. 감정이 흘러가던 회로에 통찰을 심고, 불안이 솟구치던 자리에 침착을 다시 놓는다.
　기도할 때 활성화되는 대표 부위는 전두엽이다. 전두엽은 계획과 의사결정, 감정 조절과 자제력을 담당하는 '실행 기능의 본부'이며, 인간의 고등 사고를 지휘한다. fMRI(기능적 자기공명영상)로 살펴보면, 기도나 집중 묵상을 꾸준히 실천하는 사람의 전두엽은 더 활발히 작동한다. 규칙적인 기도는 곧 전두엽을 단련하는 반복 훈련이다. 충동을 제어하고 감정을 정돈하며, 복잡한 선택 앞에서 중심을 잡는 힘은 이 영역에서 시작된다.

측두엽은 또 다른 차원에서 작동한다. 언어와 기억, 음악과 감정, 나아가 신비 경험과 깊은 관련을 맺는 부위이다. 특히 우측 측두엽은 종종 '초월적 감각'을 처리하는 역할을 한다. 기도 중 신의 음성을 들었다고 말하는 경험, 묵상 속에서 시간의 흐름이 멈춘 듯한 평화는 이 영역의 활성화와 맞닿아 있다. 믿음과 감정, 의미 해석의 능력은 단순한 상징이 아니라 실제 뇌의 구조와 연결되어 있다.

이러한 변화는 반복 속에서 만들어진다. 뇌는 사용된 방식대로 다시 짜인다. 이것이 '신경가소성'이라는 개념이다. 같은 시간, 같은 자세, 같은 언어로 기도하거나 묵상할 때 뇌는 그것을 하나의 회로로 받아들인다. 처음에는 어색하던 기도문이 점차 익숙해지고, 지루하던 호흡 묵상이 내면의 고요로 바뀌는 이유이다. 기도는 의식의 형식이 아니라 뇌의 조율이며, 묵상은 감정의 회로를 다시 설계하는 작업이다.

기도와 묵상은 정서 안정에도 깊게 관여한다. 꾸준한 기도는 세로토닌을 증가시키고, 스트레스 호르몬인 코르티솔을 낮춘다. 동시에 뇌의 편도체 반응이 줄어들면서 자율신경계의 과잉 각성이 가라앉는다. 이것은 곧 '내면의 주도권'을 회복하는 과정이다. 감정에 휩쓸리지 않고, 즉각 반응하지 않으며, 더 나은 선택을 할 수 있게 되는 힘. 이는 의지의 산물이 아니라 훈련된 뇌의 작용이요, 영적 발달이다.

기도는 단지 신념을 표현하는 행위가 아니다. 마음을 다스리고 내면의 언어를 정제하는 고도의 기술이다. 언어가 사라질수록 침묵은 길어지고, 그 침묵은 더 깊은 평화를 만들어낸다. 묵상도 마찬가지이다. 호흡에 집중하는 순간 뇌는 외부 자극을 억제하고 내부로 향한다. 이는 전두엽의 과도한 활동을 조절하고, 전체 뇌의 균형을 되찾는 데 도움을 준다.

신경과학 연구에 따르면, 하루에 단 10분의 짧은 묵상도 뇌의 구조를 바꾸기 시작한다. 전두엽의 두께가 두꺼워지고, 측두엽과 해마의 연결성이 강화되며, 이는 학습과 기억력, 감정 회복력까지 높여준다. 믿음의 사람들은 기도를 통해 단순한 정서 안정이 아니라, 실제 뇌의 구조적 변화를 경험하는 것이다.

기도하는 사람은 뇌를 단련하는 사람이다. 묵상하는 사람은 감정을 정비하는 사람이다. 믿음은 곧 뇌의 방향성을 결정하는 습관이며, 신앙은 회복력 높은 뇌를 만드는 방식이다. 중요한 것은 이 변화가 누구에게나 가능하다는 점이다. 매일 새벽마다, 또는 일정한 시간을 정하여 하나님께 기도하는 사람의 뇌는 하나님을 향해 열리는 것을 경험한다.

성경은 늘 묵상의 가치를 강조했다. 시편 1편은 "주야로 여호와의 율법을 묵상하는 자가 복이 있다"고 말한다. 이는 단순히 말씀을 읽는 차원을 넘어, 말씀을 되새기며 뇌와 마음을 반복적으로 조율하는 훈련이다. 현대 과학이 말하는 신경가소성과 성경이 말하는 묵상은 결국 같은 원리를 지적하고 있는 셈이다.

기도와 묵상은 뇌의 활성화에 중요한 역할을 하며, 믿음의 깊이는 뇌의 회복력으로 이어진다. 평화를 향한 반복은 감정의 회로를 새롭게 짠다. 뇌는 기도를 기억하고, 마음은 그 깊이를 따라 성장한다. 결국 기도와 묵상은 영혼을 위한 일이자 뇌와 몸을 위한 과학적 훈련이다. 기도는 뇌를 바꾸고, 바뀐 뇌는 다시 삶을 바꾼다. 영육간의 풍요로 이어진다.

공감과 조절의 뇌
감정폭풍을 견디는 회로

타인을 이해하고 내 감정을 다스리는 능력은 모두 뇌에서 비롯된다. 마음의 문제처럼 보이지만, 공감과 자기조절은 뇌 속 회로의 작동 결과이며, 스트레스를 견디는 핵심 방어선이기도 하다. 누군가의 고통에 눈시울이 붉어지고, 격해지는 감정 앞에서 말을 삼킬 수 있는 힘은 연결된 뇌의 전략에서 나온다.

공감은 타인의 감정을 '느끼고 이해하는 능력'이다. 이 과정은 뇌 속 '거울뉴런(mirror neuron)' 시스템에서 시작된다. 타인의 표정을 보는 순간 나도 모르게 얼굴이 굳고, 상대의 눈물이 나의 가슴을 먹먹하게 만드는 경험은 실제로 타인의 감정을 뇌 속에서 '재현'하는 반응이다. 전운동피질과 하두정엽에 위치한 이 회로는 단순히 동조하는 것이 아니라, 타인의 감정 상태를 나의 뇌가 직접 모방해 처리하는 것이다.

하지만 공감은 여기서 끝나지 않는다. 진짜 공감은 느끼는 능력뿐 아니라, 그 감정을 견디고 조절하는 힘까지 포함한다. 이때 작동하는 것이 바로 '자기조절'이다. 자기조절은 감정 자극에 즉각 반응하지 않고, '느낌과 반응 사이에 간격'을 만들어내는 능력이다. 뇌에서는 이 과정이 '편도체의 흥분'을 '전두엽'이 억제하는 방식으로 이루어진다. 편도체는 위험을 감지하고 감정 신호를 발산하는 경보장치이며, 전두엽은 그 경보를 일시 정지시키는 통제 센터이다.

스트레스는 이 회로를 압박하는 가장 강력한 변수이다. 반복적인 스트레스는 편도체를 과민하게 만들고, 전두엽의 조절 기능을 약화시킨다. 이 상태가 지속되면 감정은 더 빠르게 폭주하고, 사소한 자극에도 과잉 반응하며, 스스로도 감정을 감당하지 못하게 된다. 이 현상은 단순한 기분 문제가 아니라 뇌 연결 구조 자체의 붕괴에서 비롯된 것이다.

그러나 희망은 있다. 공감과 자기조절은 타고난 기질이 아니라 훈련 가능한 뇌의 기능이다. 신경가소성은 뇌가 경험에 따라 스스로를 재구성하는 능력이며, 공감과 조절 회로 또한 반복을 통해 강화될 수 있다. 연구에 따르면 묵상, 감사 일기, 감정 일지 쓰기 같은 단순한 습관만으로도 전두엽의 두께는 증가하고, 편도체의 반응성은 낮아진다. 감정을 견디는 뇌는 만들어질 수 있다.

더 흥미로운 사실은 공감 능력이 높은 사람들이 스트레스를 덜 받는다는 점이다. 그들은 타인의 감정을 흡수하지만, 그것을 자기 안에 영구적으로 담아두지 않는다. 거리감은 유지하되 냉정하지 않고, 따뜻하되 무너지지 않는 균형. 이때 활성화되는 뇌 부위가 전내측 전전두엽(medial prefrontal cortex)이다. 이 영역은 나와 타인을 구별하고, 감정과 판단 사이의 여백을 만들며, 반응의 방향성을 재구성하는 역할을 한다.

공감과 자기조절은 함께 작동하는 회로이다. 감정을 조절할 수 있어야 타인의 고통을 충분히 품을 수 있고, 타인의 아픔에 닿을 수 있어야 나 자신의 감정도 더 넓고 유연하게 회복된다. 이 둘은 감정의 반사신경이 아니라, 뇌가 반복 속에서 만들어낸 정교한 기술이다. 하루 10분, 나를 관찰하고 감정을 기록하며 반응을 되돌아보는 루틴만으로도 뇌는 달라지기 시작한다. 뇌는 반복에 반응하고, 감정은 구조에 적응한다.

최근 심리학 연구에 따르면, 어린 시절부터 훈련된 공감 능력은 성인이 된 후의 관계 만족도와 직접 연결된다. 즉, 공감은 단순한 성격적 특징이 아니라 삶 전체의 질을 결정하는 신경학적 기반이다. 또한 정기적인 기도와 묵상은 자기조절 능력을 강화해, 감정의 파도 앞에서도 침착함을 유지하게 한다. 신앙적 훈련이 곧 뇌의 구조적 훈련이 되는 셈이다.

공감은 타인을 향한 섬세한 안테나이고, 자기조절은 나를 위한 마지막 안전벨트이다. 이 둘이 연결될 때 우리는 고통에 무너지지 않고, 타인과 멀어지지 않으며, 관계 속에서 더 단단해질 수 있다. 감정을 견디는 힘은 지능이 아니라 훈련이고, 공감하는 능력은 성격이 아니라 선택된 구조이다. 뇌는 다시 연결될 수 있다. 그리고 그 연결은 곧 회복이다. "너희가 짐을 서로 지라 그리하여 그리스도의 법을 성취하라"(갈 6:2).

묵상하는 뇌, 조절하는 감정
뇌파가 설계하는 평정의 회로

　감정을 다스리는 일은 단순한 인내의 문제가 아니다. 감정은 뇌의 리듬에 따라 달라지고, 감정을 조절하는 뇌는 다른 주파수로 진동한다. 마음이 가라앉는다는 말은 단순한 비유가 아니다. 묵상을 시작하면 실제로 뇌의 파형이 바뀌고, 감정의 흐름은 구조화된다. 뇌파는 감정조절의 지문이자, 훈련 가능한 리듬이다.

　묵상 상태에서 가장 두드러지는 변화는 뇌파의 이동이다. 깨어 있을 때 우세한 베타파(13~30Hz)는 점차 줄어들고, 알파파(8~12Hz)와 세타파(4~8Hz)가 활성화된다. 이 전환은 단지 안정감을 느끼게 하는 것이 아니다. 감정 자극에 덜 흔들리고, 내면을 더 정교하게 조율하는 뇌의 회로를 구성하는 과정이다.

　알파파는 주의가 외부에서 내부로 전환될 때 나타나는 뇌파이다. 평온하고 안정된 상태에서 주로 관찰되며, 감각 자극에 과도하게 반응하지 않도록 조절한다. 묵상을 반복한 사람은 외부 환경이 시끄러워도 감정이 쉽게 요동치지 않는다. 알파파가 강화된 뇌는 긴장을 빠르게 해소하고, 자극에 반응하기 전에 판단할 수 있는 간격을 만든다.

세타파는 보다 깊은 감정의 층위를 담당한다. 이완과 몰입, 그리고 꿈을 꾸는 상태에서 나타나는 저주파 뇌파이다. 감정과 기억이 연결되고, 억눌린 감정이 천천히 떠오르는 것은 세타파의 작용이다. 묵상 중 떠오르는 과거의 기억이나 무의식적 감정은 단순한 감상이 아니라, 뇌가 감정을 안전하게 회상하고 정리하는 치료적 메커니즘이다.

일부 깊은 묵상과 기도에 익숙한 신앙인들에게서는 감마파(25~100Hz)의 증가도 관찰된다. 감마파는 감각·감정·사고를 통합하는 고주파 뇌파로, 복잡한 정서 경험을 구조화하는 데 기여한다. 감정을 느끼는 데 그치지 않고, 그 감정을 설명 가능한 이야기로 재구성할 수 있게 돕는다. 감정적 통찰과 자기이해가 높은 사람들의 뇌에서는 이 통합 능력이 뚜렷하다.

이러한 뇌파의 변화는 단지 순간적인 안정감을 넘어, 감정조절 회로 자체를 재설계한다. 반복된 묵상은 감정을 촉진하는 편도체의 반응성을 낮추고, 이를 억제하고 판단하는 전두엽의 연결성을 강화한다. 이는 곧 '감정과 반응 사이의 간격'을 회복하는 뇌의 기술이다. 격한 자극 앞에서 한 박자 멈출 수 있는 힘, 그것은 의지보다 구조에 가깝다.

묵상이 아니어도 이와 유사한 뇌파 상태는 일상 속에서도 경험할 수 있다. 자연을 바라볼 때, 감사를 느낄 때, 몰입하여 창작에 집중할 때, 우리의 뇌는 세타파와 알파파의 경계로 진입한다. 중요한 것은 이런 상태를 우연히 기다리는 것이 아니라, 의도적으로 반복 가능한 훈련으로 만드는 것이다. 조용한 장소에서 하루 10분, 호흡을 지켜보는 시간만으로도 뇌는 반응하기 시작한다.

실제로 하버드 의대와 여러 뇌과학 연구는 매일의 짧은 묵상이 스트레스 호르몬 수치를 낮추고, 자율신경계를 안정시키며, 수면의 질을 개선한다고 보고한다. 꾸준히 뇌파를 조율한 사람들은 불안장애나 우울 증상도 완화되며, 회복 탄력성(resilience)이 높아진다. 즉 묵상은 단순한 정신 수련이 아니라, 뇌파를 통한 생리적 회복 훈련이다.

감정을 조절한다는 것은 더 이상 참고 견디는 일이 아니다. 감정을 인식하고, 거리를 두고, 이해하고, 통과하는 일이다. 묵상은 그 감정의 물꼬를 조절하는 방법이며, 뇌파는 그 변화를 기록하는 리듬이다. 감정을 견디는 사람은 조용한 뇌를 가진 사람이고, 그 뇌는 훈련으로 만들어진다. 뇌는 흔들리지만, 다시 진동을 조율할 수 있다. 묵상은 그 조율의 첫 연습이다.

성경은 이미 마음의 훈련을 강조했다. "모든 지킬 만한 것 중에 더욱 네 마음을 지키라"(잠 4:23)는 말씀은 단순한 도덕적 경계가 아니라, 감정과 생각을 조율하는 뇌의 회로를 반복적으로 다듬으라는 초대이다. 좋은 훈련은 일의 능률을 높인다. 과학이 뇌파를 통해 설명하는 내용을 성경은 마음의 연단이라는 언어로 오래 전부터 말해왔다.

"도가니는 은을, 풀무는 금을 연단하거니와 여호와는 마음을 연단하시느니라"(잠 17:3).

신앙과 건강
믿음이 뇌와 삶을 바꾸는 방식

　신앙은 믿음의 문제이지만, 건강은 뇌와 몸의 문제다. 그러나 이 둘은 생각보다 자주 만난다. 기도하고 예배하며 공동체에 참여하는 사람들, 이른바 '신앙인'은 통계적으로 더 오래 살고, 우울과 불안을 덜 겪으며, 삶에 대한 만족도도 높다는 연구 결과들이 꾸준히 보고되고 있다. 종교는 단지 마음의 위로가 아니라, 뇌를 조율하고 감정을 정돈하며 회복력을 설계하는 내면의 구조로 작동한다.

　하버드 공중보건대학원 연구에 따르면, 매주 종교 활동에 참여하는 사람은 사망률이 33% 낮고, 자살률은 5배 이하이며, 우울증과 불안장애의 유병률도 유의하게 낮았다. 이 현상은 종교가 심리·사회·신경생리의 다층적 층위에 영향을 미친다는 것을 보여준다. 신앙은 뇌, 정서, 행동, 공동체를 아우르는 정교한 복합 구조다. 종교(religion)라는 단어에는 흐트러진 인간의 내면을 회복하는 의미가 담겨 있다.

첫째, 종교는 삶의 '의미 구조'를 제공한다. 인간은 예측할 수 없는 고통 앞에서 '왜 나에게 이런 일이 벌어졌는가'를 묻는다. 해석할 수 없는 사건은 불안을 키우고, 심리적 붕괴로 이어지기 쉽다. 종교는 그 해석의 틀을 제시한다. '하나님의 뜻', '시련의 시간', '회복의 여정' 같은 신앙적 언어는 감정을 지탱하고, 상황을 통제 가능한 범주로 인식하게 한다. 실제로 삶에 의미를 부여하는 사람은 스트레스 호르몬인 코르티솔 수치가 낮고, 감정조절을 담당하는 전두엽의 활동성이 더 높다는 연구도 있다.

둘째, 기도와 예배는 감정을 조율하는 리듬 행위이며 하나님과 소통하는 방법이다. 규칙적인 기도는 세로토닌 분비를 안정시키고, 뇌의 전두엽과 측두엽 간 연결을 강화하며, 편도체의 과도한 반응을 억제한다. 기도는 내면의 상태를 드러나게 하고, 예배는 하나님께 자신을 드리며, 함께 부르는 찬양은 하나님께 영광을 올려드린다. 이는 단지 기분의 변화가 아니라, 뇌의 감정 회로 자체를 재정비하는 반복 훈련이다.

셋째, 신앙은 '사회적 회복 회로'를 작동시킨다. 교회에서 형성되는 관계는 신앙을 나누는 것을 넘어 정서적 지지망으로 기능한다. 누군가 아플 때 함께 기도해주는 사람, 위기 속에서 함께 우는 사람이 있다는 사실은 외상 후 회복 속도에 결정적 영향을 미친다. 실제로 정기적 예배 참여자는 급성 스트레스 사건 이후 더 빠르게 회복하는 경향을 보인다. 심리학자들은 이를 '집단적 회복 탄력성'이라 부르며, 개인의 힘을 넘어 공동체적 신앙 경험이 뇌와 신경계에 안정을 준다고 설명한다.

넷째, 신앙은 자기조절 능력을 높인다. 종교는 단순히 '하지 말라'는 금지가 아니라, 왜 절제해야 하는지에 대한 해석과 세계관을 제공한다. 이 설명이 내면화되면 단순한 억제력이 아니라 선택의 기준이 된다. 종교 참여자는 술·담배·약물 남용이나 충동적 행동에서 상대적으로 자유롭고, 수면과 식사 리듬도 더 안정적이라는 조사 결과도 있다. 의미 기반의 조절은 회피가 아니라 설계이다.

이 모든 효과는 신앙의 진심에서 비롯된다기보다, 신앙의 구조에서 비롯된다. 삶을 해석할 수 있는 언어, 감정을 정리하는 리듬, 회복을 도와주는 공동체, 통제를 가능케 하는 가치 체계. 이 네 가지 구조는 뇌의 회로, 심장의 반응, 행동의 선택에 실질적 영향을 미친다. 믿음은 보이지 않지만, 그 구조는 실재하며 삶에 중요한 영향을 미친다.

성경은 이미 이 원리를 강조했다. "여호와를 경외하면 장수하느니라"(잠 10:27)는 말씀은 단순한 도덕적 보상이 아니라, 믿음이 삶의 리듬과 건강에 실질적 영향을 미친다는 선언이다. 오늘날 과학이 연구로 확인하는 사실을 성경은 오래전부터 '믿음의 삶'이라는 언어로 전해왔다.

조심해야 할 지점은, 신앙의 방향이 바르게 서 있지 않을 때다. 하나님을 향한 믿음이 형식에 머물거나, 두려움과 죄책감으로 왜곡될 때 신앙은 평안을 주기보다 불안을 키우고, 회복 대신 우울을 깊게 만든다.

진짜 신앙은 마음의 짐을 더하는 것이 아니라, 마음의 짐을 풀어주는 힘이다. 하나님과의 관계 속에서 위로가 회복되고, 공동체 안에서 사랑이 흐르며, 말씀을 통해 감정이 정돈되고, 믿음의 시선으로 삶이 새로워질 때 신앙은 치유의 능력으로 작동한다. 그렇게 바른 신앙이 자리할 때, 마음은 평안을 되찾고 몸은 회복되며, 삶은 하나님이 주신 방향으로 정렬된다.

　기도는 단지 말을 하나님께 올려드리는 시간이 아니다. 뇌의 리듬을 고르고, 감정을 정비하며, 존재를 회복하는 내면의 루틴이다. 믿음은 비이성이 아니라 해석의 능력이고, 종교는 삶을 정리하고 감정을 돌보는 가장 오래된 심리학이다. 믿는다고 모두 나아지는 것은 아니다. 그러나 믿는 방식이 달라지면, 삶을 대하는 회로도 달라진다. 결국 신앙은 건강을 지탱하는 보이지 않는 구조이고, 그 구조는 몸과 마음을 회복하는 길로 우리를 이끈다.

신앙은 회복력을 설계한다
암 환자와 난치병 환자의 뇌와 믿음

말기 암 환자가 마지막으로 붙잡는 것은 의학 기술이 아니다. 고통이 예측할 수 없이 출렁일 때, 인간은 본능적으로 신을 부른다. 그러나 그 부름은 기적을 요청하는 외침이 아니라, 감정의 붕괴를 막기 위한 내면의 구조에 대한 호소이다. 신앙으로 병이 고쳐지는 경우도 있으나 모두에게 적용되는 것은 아니다. 예수님을 찾아간 백부장은 그의 믿음으로 하인의 병을 고침받았다(마 8:13). 이러한 현상은 지금도 여러 선교 현장에서 일어나고 있다. 그곳이 곧 하나님의 방법이 적용되는 자리이다. 병을 고침받지 못할지라도 신앙은 회복을 견디는 태도, 감정을 정돈하는 내성, 삶의 방향을 잃지 않도록 돕는 중심축이 된다.

하버드 공중보건대학원과 브리검 여성병원이 진행한 연구에 따르면, 말기 암 환자 230명을 추적한 결과 영적 평안을 경험한 환자들이 삶의 질이 높고, 통증 민감도와 우울감은 낮았다. 특히 '초월적 존재에 대한 신뢰'를 지닌 환자일수록 자기효능감과 의미감을 끝까지 유지했다. 고통의 양상이 같더라도, 그 고통을 해석하는 방식이 달랐고, 회복의 질은 그 구조에 따라 달라졌다.

미국 질병통제예방센터(CDC)는 2020년, 12개 만성질환군(암, 파킨슨병, 루푸스 등)을 포함한 메타연구를 통해 종교 활동에 정기적으로 참여하거나 개인적 신앙 습관을 가진 환자들이 정서적 회복력, 치료 순응도, 삶의 만족도에서 일관된 우위를 보였다고 발표했다. 우울과 불안은 낮고, 재발 이후의 재적응 속도는 빨랐다. 질병의 경로는 비슷했지만, 반응의 방식은 달랐다.

이 차이는 어디서 비롯되는가?

첫째는 '의미 회복'의 구조이다. 병상에 누운 인간은 질문하게 된다. "왜 나에게 이런 일이?" 해석되지 않는 고통은 통제감을 앗아가고, 감정을 무력하게 만든다. 신앙은 그 질문에 해석의 언어를 부여한다. '하나님의 뜻', '회복의 시간', '이 또한 지나가리라'는 서사는 무의미했던 고통을 감당 가능한 서사로 전환시킨다. 의미가 생기면 감정은 정돈되고, 뇌는 생존을 위한 질서를 회복한다.

둘째는 감정조절 회로의 안정성이다. 반복되는 기도와 묵상은 전두엽의 활동을 높이고, 편도체의 과도한 반응을 억제한다. 세로토닌과 도파민 같은 신경전달물질의 균형도 함께 조절된다. 특히 전두엽은 '재해석'을 가능케 하는 영역으로, 이 기능이 강화되면 고통은 감정적 폭발로 이어지지 않고, 통증은 파괴가 아닌 견딜 수 있는 감각으로 바뀐다.

셋째는 외로움과 죽음이 주는 공포에 대한 내성이다. 신앙을 가진 환자들은 공동체 소속감이 높고, 고립감은 낮다. 병상에서 누군가의 기도 소리를 듣고, 목회자의 방문을 받는 일은 단순한 위로가 아니라 생리적 안정 행위이다. 실제로 자율신경계의 균형, 수면의 질, 심박과 호흡의 안정성은 정서적 연결감과 밀접하게 연관되어 있다. 신앙은 죽음을 제거하지는 않지만, 외롭지 않은 죽음을 설계한다.

넷째는 치료에 임하는 태도의 변화이다. 감정이 안정된 사람은 치료 계획을 수용하며, 회복과 재활을 위한 루틴을 더 성실히 따른다. 치료와 싸우기보다 치료와 함께 걷는 태도는 면역 반응과 염증 회복에도 실질적 영향을 미친다. 항암치료 중에도 자신의 상태를 재해석하고, 통증에 휘둘리지 않으며, 자신을 주도적으로 지탱할 수 있는 사람은 통증 보고 빈도와 재입원율이 모두 낮다. 의학이 몸을 다룬다면, 신앙은 마음을 다룬다. 그리고 그 마음이 치료의 질을 결정짓는다.

실제로 여러 임상 현장에서는 "기도하는 환자는 더 잘 회복한다"는 의료진의 경험적 증언이 적지 않다. 단순히 의학적 개입 때문이 아니라, 환자가 고통을 해석하고 감정을 조율하는 방식이 달라지기 때문이다. 신앙은 병과 싸우는 힘을 주는 동시에, 고통을 의미 있는 이야기로 바꾸는 해석의 도구가 된다.

회복을 설계하는 신앙, 즉 내면을 돌아보고 의미를 재구성하며, 공동체 안에서 함께 견딜 수 있게 하는 신앙은 뇌과학적으로도 회복탄력성을 높이는 구조이다. 믿음은 단순한 위안이 아니라, 아픔을 견딜 수 있게 해주는 해석의 도구이자, 무너짐을 유예하는 인지적 버팀목이요, 실패자를 회복의 문으로 인도하는 안내자이다.

신앙은 병을 없애주지 못할지라도 병 앞에서 무너지지 않게 만든다. 그것은 말기 환자에게 기적보다 현실적인 은총이다. 살아 있는 동안의 태도, 통증 속에서도 지켜지는 품격, 마지막 순간을 덜 두렵게 만드는 구조이다. 신앙은 고통을 없애기보다, 고통 속에서도 소망을 붙드는 내적 힘을 키운다. 과학은 이제 그 구조를 읽기 시작했다. 신앙은 삶을 연장하지는 않지만, 끝까지 삶을 '삶답게' 유지하게 한다.

깨어 있는 무의식,
기도하는 뇌의 파동

　기도는 단지 마음을 가라앉히는 행위가 아니다. 뇌의 리듬을 조율하고, 감정의 파장을 정돈하며, 내면의 문을 여는 생물학적 루틴이다. 우리는 깊이 기도한 후 설명할 수 없는 평온이나 울컥하는 감정, 혹은 강렬한 통찰을 경험하곤 한다. 그것은 단순한 기분이 아니라 실제로 뇌파가 달라지는 신경학적 반응이며, 그중에서도 세타파와 감마파의 변화는 우리의 인식·정서·영적 체험에 깊숙이 관여한다.

　세타파는 느리고 부드러운 저주파로, 이완과 몰입이 동시에 일어나는 상태에서 나타난다. 이 상태에서는 무의식 속의 기억과 감정과 통찰이 자연스럽게 느껴지며, 놀랍게도 깊은 기도 중에도 세타파가 활성화된다. 그것이 '외부로부터 오는 메시지'처럼 느껴질 수 있다는 것이다. 이를 신학적으로 보면, 하나님이 '소리로 말씀'하지 않더라도, 사람의 뇌와 감정과 생각을 매개로 말씀하시는 것이다.

세타파의 상태에서 하나님의 응답처럼 느껴진다는 것은 과학적으로는 '뇌의 활동'이지만, 신학적으로는 '하나님이 뇌의 구조를 사용하여 말씀하시는 방식'으로 볼 수 있다. "주께서 이르시되 … 내 법을 그들의 생각에 두고 그들의 마음에 이것을 기록하리라"(히 8:10). 하나님은 성령을 통하여 인간의 영에 역사하시고, 그 결과 마음과 생각 속에서 깨달음과 감동과 소원을 통해 말씀하신다.

반면 감마파는 가장 빠른 고주파 뇌파로, 창의적 사고·직관·통합적 인지 기능과 관련이 있다. 복잡한 문제를 꿰뚫거나 몰입이 극대화될 때 감마파는 강하게 발생한다. 감마파가 활성화되면 뇌의 여러 영역이 동시에 작동하며, 기억과 감정, 사고와 판단이 하나의 흐름처럼 맞물린다. 깊은 기도 중 "답을 얻은 것 같다", "하나님이 깨닫게 하셨다"는 경험은 바로 이 감마파 활동과 연결된다. 기도는 단순한 감정의 표현이 아니라, 뇌 회로를 연결하고 삶의 방향을 정렬하는 고도의 통합 작업이다.

더욱 흥미로운 것은 세타파와 감마파가 동시에 발생하는 순간이다. 이때 뇌는 이완된 상태에서 가장 각성된 상태에 이르며, 마음은 조용하지만 인식은 가장 깊다. 과학자들은 이를 '이완된 집중(relaxed alertness)' 혹은 '깨어 있는 무의식'이라 부른다. 이는 깊은 영적 집중의 상태이다. 언어는 달라도 본질은 같다. 뇌는 이때 깊은 통합 상태로 진입하고, 정서적 해소와 인지적 정렬이 동시에 일어난다. 기도는 그 통로를 여는 기술이자 훈련이다.

기도가 깊어질수록 전전두엽의 활성도는 높아진다. 전전두엽은 계획·통제·판단·감정 조절을 담당하는 뇌의 중심 영역이다. 반복적으로 기도하는 사람일수록 충동을 조절하고 스트레스를 견디는 능력이 높다는 연구 결과는 다수 존재한다. 미국 펜실베이니아대의 신경과학자 앤드루 뉴버그는 묵상과 기도를 꾸준히 실천하는 사람들의 뇌를 분석하며, 전두엽의 활성뿐 아니라 고통에 대한 인내력과 회복탄력성이 함께 향상된다는 사실을 밝혔다. 기도는 단순한 위로가 아니라, 뇌의 생리 구조 자체를 강화하는 깊은 루틴이다.

특히 반복적 기도는 감정과 기억의 처리 방식을 변화시킨다. 전전두엽과 해마가 함께 활성화되면서, 과거의 부정적 기억이 새로운 해석 속에서 재구성된다. 같은 사건이라도 기도 후에는 덜 고통스럽게 기억되거나, 배움의 의미로 전환되는 이유가 여기에 있다. 이는 곧 '영적 해석'이라는 언어와 '신경학적 재구성'이라는 과학의 설명이 서로 다른 길로 동일한 현상을 가리키고 있음을 보여준다.

무엇보다 중요한 것은 반복이다. 뇌는 습관에 따라 회로를 재편한다. 자주 사용하는 회로는 더 빠르게 연결되고, 익숙한 감정 반응은 더 쉽게 떠오른다. 기도가 습관이 될수록 세타파 상태로의 진입은 빨라지고, 감마파의 연결은 더욱 선명해진다. 결국 기도는 믿음의 표현이자, 뇌의 구조를 재설계하는 고요한 기술이다. 이 작은 습관 하나가 사람을 변화시키는 이유는 단순히 기분의 문제가 아니라 뇌 구조의 문제이기 때문이다.

성경도 이를 강조한다. "너희는 정신을 차리고 근신하여 기도하라"(벧전 4:7) 라는 말씀은 단순한 영적 권면이 아니라, 실제로 내적 리듬을 지키는 생리적 지혜로 읽을 수 있다. 깨어 있는 무의식, 곧 기도 속에서 뇌는 가장 깊이 정렬되고, 마음은 하나님께 가장 가까이 나아간다.

감정의 경보장치 끄는 법
예민한 편도체를 길들이는 뇌의 훈련

어떤 날은 문자 하나, 표정 하나로 하루가 흔들린다. 친구의 말투가 조금 딱딱하게 느껴졌을 뿐인데 마음이 뒤숭숭해지고, 상사의 짧은 한마디가 밤늦도록 머릿속을 맴돈다. 분명 사소한 일인데, 왜 이렇게 무너지듯 반응하게 되는 걸까. 그 이유는 감정 자체보다, 감정을 감지하고 반응하게 만드는 '뇌의 회로'에 있다. 그 중심에 바로 '편도체(Amygdala)'가 있다.

편도체는 뇌의 측두엽 깊숙이 자리한 아몬드 모양의 작은 구조로, 감정을 포착하고 위협을 탐지하며 위험에 반응하는 기능을 한다. 뇌 과학자들은 편도체를 '감정 조절 센터' 혹은 '경보장치'라 부른다. 원시 시대에는 이 장치가 맹수나 천적의 기척을 빠르게 감지해 생존을 가능하게 했지만, 오늘날에도 그 시스템은 여전히 작동한다. 사나운 맹수 대신 타인의 말투, 표정, SNS 댓글이 우리

뇌에 위협으로 감지되며, 편도체는 그때마다 비상벨을 울린다.

이 경보는 빠르고 강하며, 종종 과하다. 심장은 빨라지고, 얼굴은 화끈해지며, 사고는 점점 좁아지고 감정은 과열된다. "날 무시하는 거야", "지금 나한테 화난 거야"라는 생각이 드는 것은 논리적 판단이 아니라 편도체의 반사작용이다. 반복적으로 이런 반응을 경험할수록 뇌는 점점 더 민감해지고, 감정은 쉽게 요동치며 삶은 긴장 속에 갇히게 된다.

하지만 다행히도 편도체는 바뀔 수 있다. '편도체 반응성 감소' 또는 '탈감작(desensitization)'이라 불리는 이 변화는, 뇌가 같은 자극에 대해 더 이상 과도하게 반응하지 않도록 재편되는 과정을 뜻한다. 전엔 쉽게 화났던 일에 이제는 담담하고, 두려웠던 상황에서도 한 걸음 물러서게 되는 것. 이것은 감정을 억누르는 것이 아니라, 뇌 구조 자체가 다르게 반응하는 것이다.

이 변화를 이끄는 핵심은 전전두엽이다. 사고와 판단, 통제력을 담당하는 이 부위는 편도체의 감정 폭주를 조절하는 브레이크 역할을 한다. 전전두엽이 잘 작동하면 감정은 즉각적으로 폭발하지 않고, '선해석 후반응'의 여유가 생긴다. 묵상, 호흡 훈련, 감사일기, 기도와 묵상은 모두 전전두엽을 강화해 감정 제어 능력을 향상시킨다. 감정을 다스리는 힘은 결국 뇌의 상위 회로를 훈련한 결과이다.

또 하나 중요한 것은 '해석'의 힘이다. 똑같은 상황에서도 어떤 사람은 상처받고, 어떤 사람은 그냥 웃으며 넘긴다. 이 차이는 성격이 아니라 회로의 차이다. 누군가 날카롭게 말했을 때 "저 사람 왜 저래?"라고 반응하면 편도체가 바로 작동하지만, "저 사람도 힘든 일이 있나 보다"라고 생각하면 전전두엽이 먼저 개입해 감정 반응을 조절한다. 이를 '인지 재구성(cognitive reappraisal)'이라고 하며, 편도체 훈련의 핵심 중 하나이다.

실제로 장기간 묵상이나 정기적인 감정 훈련을 실천한 사람의 뇌를 MRI로 분석하면, 편도체의 부피나 활성도는 낮고, 전전두엽과의 연결성은 더 강하게 나타난다. 정서적 안정은 기질이나 성향이 아니라, 훈련된 회로의 결과라는 의미이다. 감정이 덜 요동치는 사람이 특별한 게 아니라, 반복적으로 감정을 다루는 법을 익힌 사람인 것이다.

흥미로운 연구 하나는 감사 훈련이 편도체 반응을 줄인다는 점을 보여준다. UC 버클리 연구팀은 '감사 일기'를 꾸준히 작성한 그룹이 그렇지 않은 그룹보다 위협적 자극에 대한 편도체 활성도가 유의하게 낮았다고 보고했다. 감사는 단순히 긍정적 사고의 문제가 아니라, 실제 뇌 구조를 바꾸는 반복 훈련이었던 셈이다.

감정은 본능이다. 그러나 반응은 기술이다. 그리고 그 기술은 뇌에서 훈련된다. 감정이 일어나는 것을 막을 수는 없지만, 그 감정에 휩쓸릴지, 거기서 멈출지는 선택할 수 있다. 그리고 그 선택이 계속되면 뇌는 새로 배운다. 전보다 더 느긋하게, 더 유연하게, 더 단단하게 반응하는 회로가 점점 자리를 잡는다.

성경도 이 원리를 일찍이 가르쳤다. "분을 내어도 죄를 짓지 말며 해가 지도록 분을 품지 말고"(엡 4:26). 이는 감정을 느끼지 말라는 명령이 아니라, 감정을 조절할 수 있도록 훈련하라는 말씀이다.

감정에 휘둘리지 않는 사람은 타고난 강인함의 소유자가 아니다. 그들은 자신을 훈련한 사람들이다. 감정은 여전히 생기지만,

그 감정에 끌려가지 않고 함께 걸을 줄 아는 사람. 그 사람이 바로, 편도체를 길들인 사람이다.

따뜻한 뇌는 삶을 바꾼다
세로토닌과 옥시토신의 힘

요즘 들어 별일도 아닌데 짜증이 밀려오고, 사람을 만나는 일이 부담스럽게 느껴진다면, 그것은 당신의 의지가 아니라 뇌가 보내는 신호일 수 있다. 삶이 버겁고 관계가 지치는 날, 우리는 흔히 기분 탓이라 넘기지만, 감정은 단순한 감각이 아니라 반응이고, 그 반응은 곧 화학이다. 특히 세로토닌과 옥시토신이라는 두 신경전달물질은 감정의 바탕을 다지고, 관계의 문턱을 낮추며, 삶의 리듬 전체를 다시 설계하는 조용한 회로이다.

세로토닌은 흔히 '행복 호르몬'이라 불리지만, 실제로는 안정과 균형을 유지하는 브레이크에 가깝다. 감정의 과잉을 제어하고, 자극에 대한 반응을 완화시키며, 뇌 전체의 정서적 기초를 다듬는 역할을 한다. 이 물질이 충분할 때 사람은 부드러워지고, 생각은 선명해지며, 마음은 단단해진다. 감정은 올라와도 폭주하지 않고,

외부 자극이 들어와도 한 템포 늦게 반응할 수 있는 여유가 생긴다. 반대로 세로토닌이 부족하면 작은 일에도 쉽게 요동치고, 감정의 널뛰기에 뇌가 휘청이기 시작한다.

다행인 건, 세로토닌은 훈련과 습관으로 높일 수 있다는 점이다. 햇볕을 받으며 걷는 산책, 규칙적인 수면과 식사, 조용한 묵상과 기도, 감사일기와 같은 루틴이 이 물질의 분비를 유도한다. 뇌는 우리가 어떻게 사느냐에 따라 반응 방식을 결정하는, 유연하고 민감한 존재다. 즉, 기분이 좋아야 삶이 풀리는 게 아니라, 뇌가 안정되어야 기분도 삶도 달라진다.

옥시토신은 타인과의 거리를 조율하는 호르몬이다. 누군가와 눈을 맞추고 웃을 때, 따뜻한 손을 잡을 때, 함께 기도하거나 포옹할 때 뇌는 이 호르몬을 분비한다. 옥시토신은 타인을 '위협'이 아닌 '함께할 존재'로 인식하게 만든다. 이 물질이 많을수록 우리는 경계심보다 신뢰에 기반한 관계를 맺고, 감정을 부드럽게 주고받게 된다. 그래서 옥시토신은 '신뢰의 시작'이며, 관계를 회복시키는 감정 회로의 열쇠다.

더욱 흥미로운 건, 세로토닌과 옥시토신이 독립적으로 작용하지 않는다는 점이다. 감정이 안정될수록 우리는 타인에게 더 쉽게 마음을 열고, 관계 안에서 따뜻함을 느낄수록 감정도 더 평온해진다. 뇌는 감정과 관계를 하나의 회로로 인식하며, 두 물질은 쌍둥이처럼 함께 흐른다. 정서적 안정과 대인 신뢰는 동시에 작동하고, 서로를 강화한다.

하버드 의대 연구팀은 실험을 통해 감사 훈련과 기도가 세로토닌 수치를 높이고, 동시에 옥시토신 분비를 촉진한다는 결과를 발표했다. 한 달 동안 매일 감사일기를 쓴 그룹은 대인관계에서 갈등을 덜 경험했고, 관계 만족도가 높았다. 즉, 따뜻한 감정을 길러주는 습관이 곧 뇌의 화학을 바꾸는 생리적 개입이었다.

이 두 물질이 함께 흐를 때 삶은 달라진다. 예민함은 줄고, 반응은 느려지며, 사람과의 거리는 부드럽게 좁혀진다. 감정은 터지지 않고 자연스럽게 흐르며, 갈등은 격해지기보다 흡수된다. 판단은 명료해지고, 타인을 향한 감정의 접촉도 더 따뜻해진다. 요컨대, 기분이 좋은 게 아니라 뇌가 건강하게 반응하고 있는 것이다. 기분은 결과이고, 뇌의 회로는 원인이다.

우리는 감정에 끌려 다니는 존재가 아니다. 뇌는 습관적으로 길들여지고, 반복을 통해 회로를 바꾸는 존재이다. 매일의 작은 선택, 사람에게 미소를 건네고, 감사의 말을 하고, 조용히 기도하는 습관이 모여 뇌는 조금씩 다른 방식으로 세상을 받아들인다. 뇌는 화학이지만, 그 화학은 우리의 행동으로 조율된다.

성경은 이미 이 원리를 가르쳤다. "항상 기뻐하라, 쉬지 말고 기도하라, 범사에 감사하라"(살전 5:16-18) 이 말씀은 단순한 권면이 아니라, 우리의 작은 습관이 뇌와 몸을 바꾸는 구체적 길임을 보여준다. 믿음의 태도와 신경생리학적 결과가 서로 만나는 지점이 바로 감사와 기도의 루틴이다.

감정이 조절되고, 신뢰가 회복되며, 삶은 조금씩 덜 날카로워지고 더 단단해진다. 그것은 기분의 문제가 아니라 뇌의 상태이다. 부(富)를 원하는 자들이여, 오늘 당신이 어떤 감정에 있는가를 묻는 대신, 오늘 당신의 뇌는 어떤 반응성을 가지고 있는가를 물어보라. 그리고 뇌가 따뜻해지는 방향으로 사소한 실천을 하나 시작해보라. 삶은 그렇게, 조금씩 달라진다.

· 제3장 ·

교회라는 부의 환경

시험의 본질은 유혹,
욕망을 내려놓는 믿음

　시험은 temptation과 test로 구분할 수 있다. 그것들을 겪는 과정을 시련이라고 부른다. 우리가 살아가는 세상은 끊임없는 시험(유혹,temptation)의 연속이다. 시험은 단지 고난의 환경만을 뜻하지 않는다. 눈에 보이는 어려움, 재정적 곤란, 건강의 위협, 관계의 갈등뿐 아니라, 보이지 않는 내적 욕망의 흔들림까지 모두 시험의 범주 안에 들어간다. 성경은 시험을 피할 수 없는 인생의 과정으로 규정한다. 그리고 그 시험의 본질적 뿌리를 '욕심'이라 밝힌다. "욕심이 잉태한즉 죄를 낳고 죄가 장성한즉 사망을 낳느니라"(약 1:15). 따라서 시험을 이기는 방법은 욕심을 비우는 데서 출발한다.
　욥은 부와 명예를 한꺼번에 누렸던 사람이다. 그에게는 수천 마리의 가축과 수많은 종이 있었고, 열 명의 자녀까지 있었다. 그는 동방에서 가장 부유한 사람이었다. 그러나 하루아침에 모든 것을 잃었다. 재산이 사라지고 자녀가 죽었으며, 몸에는 악창이 퍼졌다. 그럼에도 그는 하나님을 저주하지 않았다. 오히려 "주신 이도 여호와시요 거두신 이도 여호와시오니 여호와의 이름이 찬송을 받으실지니이다"(욥 1:21)라고 고백했다. 욥의 신앙의 승리는 환경이 아니라 욕심이 비워진 중심에서 비롯된 것이다. 그는 가진 것을 지키려는 욕심이 아니라, 하나님을 붙드는 중심을 지켰다. 시험(test)을 통과한 것이다.

사람은 본능적으로 소유를 늘리려 한다. 돈을 얻으면 더 많은 돈을 원하고, 돈이 채워지면 권력과 명예를 원한다. 그래서 선거철마다 수많은 사람이 공직에 뛰어든다. 그러나 순수하게 국민을 위하려는 자는 얼마나 되는가? 대부분은 자기 욕심을 이루려는 것이다. 욕심은 끝이 없고, 결코 스스로에게 만족을 주지 못한다. 더 가진 자일수록 더 갈급하다. 그 갈급함이 죄를 낳고, 결국 파멸을 불러온다. 물질과 권력 자체가 나쁜 것이 아니라, 그것을 내 소유로 움켜쥐려는 욕심이 시험의 문을 여는 열쇠가 된다.

토마스 아퀴나스는 경건한 삶을 살기 위해 가진 것을 모두 팔고, 제자들과 함께 사막으로 들어갔다. 그러나 몇 년 뒤 그는 고백했다. "나는 사막에서조차 시험을 피할 수 없었다." 환경이 달라져도 마음속 욕심이 비워지지 않으면 시험은 끝나지 않는다. 도시를 떠나고, 재산을 나누어주어도 욕심은 내면에서 여전히 존재한다. 결국 시험의 문제는 외부의 환경이 아니라, 내면의 욕망의 문제다.

예수님 또한 시험을 받으셨다. 광야에서 사탄은 그분께 돌로 떡을 만들어 먹으라고 시험(temptation)했다. 즉, 수고 없는 결실을 얻으라는 제안이었다. 또 성전 꼭대기에서 뛰어내리라 하며 명예욕을 자극했고, 세상의 권세를 주겠다고 하며 탐심을 자극했다. 그러나 예수님은 욕심을 따르지 않고 말씀으로 사탄을 물리치셨다. "사람이 떡으로만 살 것이 아니요 하나님의 입으로부터 나오는 모든 말씀으로 살 것이라"(마 4:4). 예수님의 승리는 욕심을 버린 자리에서 이루어진 것이다.

현대 사회는 이전 시대보다 더 치열한 시험의 장이다. 광고는 끊임없이 더 많은 소비를 부추기고, SNS는 타인의 성공을 비교하게 만들며, 투자 열풍은 단기간에 부를 얻으라는 유혹으로 우리를 몰아간다. 그러나 성도는 욕심을 비우는 훈련을 해야 한다. 만족을 배워야 한다. 바울은 "나는 비천에 처할 줄도 알고 풍부에 처할 줄도 알아 모든 일 곧 배부름과 배고픔과 풍부와 궁핍에도 처할 줄 아는 일체의 비결을 배웠노라"(빌 4:12) 라고 고백했다.

시험(temptation)은 피할 수 없으나, 이길 수 있다. 욕심을 버릴 때, 시험은 힘을 잃는다. 욥처럼, 예수님처럼, 욕심을 비운 자는 흔들려도 무너지지 않는다. 하나님은 욕심을 비운 자에게 새로운 복을 맡기신다. 시험(test)을 이긴 욥은 갑절의 재산을 받았고, 예수님은 십자가를 지나 만왕의 왕으로 높임 받으셨다. 시험을 이기는 자에게는 결코 빼앗기지 않는 영원한 상급이 예비되어 있다.

교회는 신뢰의 네트워크, 연결이 곧 경제다

한 청년이 있었다. 취업을 준비하며 1년 넘게 서류 탈락을 반복하던 그는 어느 주일, 구역에서 함께 섬기던 장로님께 고민을 털어놓았다. 며칠 뒤, 장로님은 자신이 아는 기업의 인사팀장을 연결해주었고, 청년은 짧은 면접 후 채용이 확정되었다. 실력도 있었지만, 그보다 먼저 작동한 것은 "장로님이 믿는 친구라면 우리도 믿습니다"라는 말 한마디였다. 교회는 이렇게, 말씀을 듣는 공간을 넘어 믿음으로 삶이 연결되는 자리이다.

교회는 사람을 변화시키는 곳이면서 동시에 사람을 붙여주는 곳이다. 우리는 각자의 자리에서 기회를 찾고, 조언을 구하며, 길을 묻는 순간을 맞이한다. 그때 교회는 안전하고 믿을 수 있는 신앙 기반의 연결망이 되어준다. 세상은 여전히 혈연·지연·학연에 기대지만, 교회는 그것을 넘어선다. "주 안에서"라는 고백 아래 우리는 서로를 형제 자매로 부르며, 그 믿음의 정체성 안에서 소개와 추천이 이루어진다. 중요한 것은 이 연결이 단지 정보나 알선 차원이 아니라는 사실이다. 그것은 인격과 신앙이라는 두 축 위에 세워진 '신뢰'라는 자산이기 때문이다.

교회에서의 추천은 가볍게 이루어지지 않는다. 누군가를 "신실한 분입니다"라고 말하기 위해서는, 함께 예배하고 기도하며 봉사했던 시간이 축적되어야 한다. 그 말 한마디에는 그 사람의 성품과 헌신, 인내와 기도가 담겨 있다. 그래서 교회에서의 소개는 조심스럽고도 따뜻하다. 그 신중함이 관계를 깊게 만들고, 연결을 오래 지속하게 하는 힘이 된다.

세상은 속도를 중시하지만, 교회는 깊이를 요구한다. 교회는 바로 그 깊이를 만드는 공동체이다. 매주 예배하고, 소그룹에서 말씀을 나누며, 함께 식사하고 울고 웃는 시간이 쌓이면서 우리는 서로를 추천할 수 있는 사람이 된다. 그 추천은 단지 기회를 열어주는 일이 아니라, 서로를 의지할 수 있는 삶의 손잡이가 된다.

경제학에는 '사회적 자본(social capital)'이라는 개념이 있다. 신뢰와 협력이 자본처럼 작동해 사람과 사람 사이에 기회를 생성하는 구조이다. 교회는 이 사회적 자본이 가장 풍부하게 축적되는 공간이다. 정보를 나누고, 관계를 형성하며, 함께 성장하는 무대이기 때문이다. 이 안에서 일어나는 추천과 소개는 실제로 일자리, 사업, 교육, 돌봄, 심지어 의료적 도움에까지 이어지며 성도의 삶을 실질적으로 확장시킨다. 교회는 단지 영혼을 위로하는 곳이 아니라, 삶 전체를 일으키는 은혜의 생태계다.

모든 사람은 연결되어야 살아갈 수 있다. 그러나 그 연결이 유익하려면 신뢰가 있어야 한다. 세상의 연결은 조건과 이해관계 위에 있지만, 교회의 연결은 믿음과 사랑 위에 있다. 그리고 이 믿음의 연결은 더 오래가고, 더 깊으며, 더 따뜻하다. 하나님께서는 그런 연결을 통해 공급하시고, 자라게 하시며, 때로는 인생의 방향을 바꾸어주신다. 하나님은 기도를 통해 응답하시며, 사람을 통해 일하신다.

오늘도 누군가는 교회에서 사람을 만나고, 관계를 맺으며, 인생의 전환점을 경험한다. 그 연결 안에 하나님이 계시고, 그 추천 안에 주님의 신실하심이 머문다. 교회는 바로 그런 일이 일어나는 공간이다.

신뢰가 자산이 되는 곳,
그것이 교회다

　1875년 11월에 이집트의 수에즈 운하 지분 44%가 비밀리에 급매물로 나왔다. 당시 영국은 나라의 운명을 좌우할 정도로 수에즈 운하의 운영권이 필요했지만, 당장 4백만 파운드의 막대한 돈을 준비할 수 없었다. 곧바로 리오넬 로스차일드에게 "내일까지 4백만 파운드를 빌려달라"고 부탁했다. 담보가 무엇이냐고 묻자 "대영제국"이라는 답변이 왔다. 그는 더 이상 묻지도 않고 바로 4백만 파운드를 빌려주었고, 영국은 17만 6천 주를 매수하여 수에즈 운하의 최대 주주가 되었다. 나라의 이름이 신뢰가 된 것이다.

　요즘 세상은 숫자와 등급으로 사람을 판단한다. 학력은 등급으로 나뉘고, 직장은 연봉으로 평가되며, 금융은 신용 점수로 결정된다. 그러나 그런 평가 기준 속에는 한 사람의 진짜 '사람됨'은 담기 어렵다. 정직함, 꾸준함, 약속을 지키는 태도, 말과 행동의 일치 같은 요소들은 수치로 환산되지 않는다. 그런데 이 보이지 않는 자산을 조용히, 그러나 분명히 쌓아가는 곳이 있다. 바로 교회다. 교회는 하나님을 중심으로 한 삶의 태도를 함께 나누며, 성도의 사람됨이 신뢰의 자산이 되는 곳이다.

교회 안에서 말과 행동은 단지 순간적 이미지가 아니다. 그것은 관계를 형성하고 신뢰를 축적하며, 누군가의 이름을 '추천할 수 있는 이름'으로 세우는 힘이 된다. "그분은 믿을 만한 분입니다"라는 말은 하루아침에 만들어지지 않는다. 예배 자리를 지키는 모습, 맡은 일을 성실히 감당하는 태도, 조용히 배려하고 끝까지 책임지는 자세, 이 모든 것이 쌓여 한 사람의 '신용 등급'이 된다. 신앙의 성실함이 곧 공동체의 신뢰를 낳고, 그 신뢰는 세상에서 신용으로 연결된다.

교회는 이런 신용이 형성되는 매우 특별한 훈련장이자 관계의 토양이다. 세상은 능력과 성과로 사람을 평가하지만, 교회는 그 사람의 인격과 신앙을 본다. 공동체 안에서 반복되는 말과 태도, 행동의 일관성이 모여 보이지 않는 평판을 형성하고, 이는 때로 새로운 기회와 사람에게 연결되는 통로가 된다. 교회에서의 추천과 소개가 특별한 이유도 여기에 있다. 단순한 정보 제공이나 인간적 호감이 아니라, 함께 쌓은 시간과 기도의 무게, 공동체 안에서 살아낸 진실한 삶이 담겨 있기 때문이다.

성경은 이렇게 말한다. "의인의 입은 지혜로우며 그의 혀는 정의를 말하며 그의 마음에는 하나님의 법이 있으니 그의 걸음은 실족함이 없으리로다"(시 37:30-31). 지혜로운 말, 하나님의 법을 품은 마음, 흔들리지 않는 걸음 이 세 가지는 신앙인의 신용을 상징한다. 말과 삶이 분리되지 않는 태도, 말보다 더 무게 있는 실천, 공동체 앞에서 책임을 다하려는 자세는 곧 한 사람의 신용 프로필이 된다. 교회는 이런 성실함을 알아보고 기억하며, 그 사람을 공동체 안에서 믿고 따를 수 있는 사람으로 세운다.

역사를 봐도 이 점은 분명하다. 일제강점기 당시 조선의 기독교 인구는 전체 인구의 3%에 불과했지만, 교회는 민족의 신뢰를 받았다. 이유는 단순히 교리나 열정 때문만이 아니었다. 기독교인들은 약속을 지켰고, 정직했고, 거짓말을 하지 않았다. 그들의 신앙은 행동이었고, 삶이었고, 신용이었다. 그래서 그들이 주도한 민족 계몽 운동은 백성들로부터 힘을 얻을 수 있었다. 교회는 신앙을 지키는 공간이면서도, 사회로부터 가장 높은 신용을 부여받는 집단이었다.

오늘날에도 이 원리는 유효하다. 시대는 변했고, 평가 방식은 더 정밀해졌으며, 사람들은 다양한 정보 속에 살고 있다. 그러나 여전히 사람은 사람을 찾고, 믿을 만한 이를 찾으며, 삶의 전환점마다 '신뢰'를 기준으로 판단한다. 교회는 그런 신뢰가 만들어지는 가장 실제적인 공간이다. 주일 예배와 주중 사역, 소그룹 모임과 개인적인 돌봄을 통해 성도는 자기다움을 세워간다. 그렇게 형성된 삶의 무게는 공동체 안에서 사람됨으로 드러나고, 공동체 밖에서는 신용으로 이어진다.

교회는 기도의 자리고, 예배의 자리이며, 동시에 약속의 자리이다. 봉사의 손길 하나, 작은 일에 대한 책임, 말보다 조용한 실천이 공동체 안에 깊은 인상을 남긴다. 그 인상은 좋은 기억일 뿐만 아니라, 사람을 세우는 신용의 뿌리가 된다. 교회는 그 뿌리를 따라 사람을 믿고 연결하며, 성도 한 사람을 세상 가운데서도 빛나는 사람으로 만들어간다. 성실함은 곧 신용이고, 그 신용은 사람의 문을 열고, 때로 하나님의 문을 여는 열쇠가 된다.

하나님은 기도를 통해 응답하실 뿐 아니라, 사람을 통해 일하신다. 누군가의 진실함이 축복의 통로가 되고, 믿을 만한 태도가 다른 이의 기회를 여는 다리가 된다. 교회는 그런 다리를 만들어가는 곳이다. 이름 없는 자를 세우시고, 조용한 자를 기억하시며, 신실한 자를 높이시는 하나님의 방식이 교회라는 공간 안에서 실현된다. 그러므로 교회는 신앙을 훈련하는 곳이면서 동시에 신용을 형성하는 하나님의 공방이다. 하나님은 그곳에서 오늘도 사람을 세우시고, 그 사람을 통해 세상을 움직이신다.

짐을 나누는 교회,
빚의 시대를 이기는 공동체

　오늘날 사람들은 너무 쉽게 빚을 지게 되고, 그 무게를 혼자 짊어진 채 서서히 망해간다. 학자금 대출은 청년을 조이고, 생활비 카드값은 가정을 흔들며, 자영업자의 빚은 꿈과 생존 사이를 갈라놓는다. 문제는 단지 숫자가 아니라, 그 숫자를 혼자 감당해야 한다는 데 있다. 빚은 마음을 조이고 자존심을 누르며, 무엇보다 관계를 끊는다. 사람은 고립될수록 더욱 빚에 짓눌리고, 결국 마음마저도 잃는다. 이처럼 '빚은 돈보다 고립의 문제'이며, 교회는 바로 이 고립을 끊어내는 공간이다.
　교회는 예배당일 뿐만 아니라, 사람을 다시 세우는 구조이다. 성경은 말한다. "믿는 사람이 다 함께 있어 모든 물건을 서로 통용하고 또 재산과 소유를 팔아 각 사람의 필요를 따라 나눠 주며"(행 2:44-45). 초대교회의 나눔은 단지 자선을 넘어선 구조적 협동이었다. 가진 자가 내주고, 필요한 자가 받으며, 누구도 부끄러워하지 않았다. 공동체의 중심은 계산이 아니라 은혜였고, 나눔의 동기는 이익이 아니라 믿음이었다.

이 전통은 지금도 교회 안에서 다양한 형태로 이어지고 있다. 누군가 어려움에 처하면, 그 곁에는 조용히 기도하고 손을 내미는 이들이 있다. 누군가의 사정을 알고 마음을 나누는 일, 그것이 교회가 지켜온 방식이다. 물질적인 도움일 수도 있고, 함께 시간을 내어주거나 이야기를 들어주는 일일 수도 있다. 중요한 것은, 이 모든 나눔이 '도와주는 사람'과 '도움을 받는 사람'으로 나뉘지 않는다는 점이다. 교회는 완전한 사람들이 모인 곳이 아니라, 서로의 부족함을 인정하고 붙드는 자리이기 때문이다. 그 안에서는 누구나 한때는 돕는 손이 되고, 또 다른 때에는 붙들리는 손이 된다. 그 안에서 사람들은 조금씩 회복되고, 고립은 서서히 끊어진다.

이것은 신앙의 구조이고, 교회가 가진 가장 강력한 회복 자산이다. 관계는 반복된 신뢰를 통해서만 유지된다. 교회 안의 네트워크는 단지 명단이 아니라, 기도 제목을 나눈 시간과 말씀 앞에서 울고 웃은 기억으로 연결된 신뢰망이다. 이 네트워크는 돈보다 빠르고, 제도보다 유연하며, 위기에서 더 강하다.

이러한 구조는 이미 오래전 유대인 디아스포라 공동체에서 증명되었다. 세계 곳곳에 흩어진 유대인들은 회당을 중심으로 상호부조의 시스템을 만들었고, 이를 통해 경제적 자립과 문화적 생존을 동시에 이루어냈다. 유대인들의 힘은 금에 있지 않고, 사람과 사람 사이의 연결에 있었다. 교회도 마찬가지이다. 흩어진 성도들이 모여 말씀과 사랑으로 하나 될 때, 거기에는 삶을 복원하는 구조적 힘이 생긴다.

교회의 협동은 단지 물건을 같이 사거나 정보를 나누는 수준을 넘어선다. 그것은 짐을 나누는 일이고, 때로는 그 짐을 대신 지는 일이다. 실직한 가장이 다시 용기를 내는 것은, 그의 손을 잡아주는 교회 지체가 있기 때문이다. 부끄러움에 고개를 들지 못하던 청년이 다시 예배 자리에 앉을 수 있는 것은, 그를 기다리는 기도와 사랑이 있기 때문이다. 협동은 단지 방법이 아니라, 사람을 살리는 구조이다.

세상은 위기 속에서 대출을 말하지만, 교회는 공동체를 말한다. 세상은 담보를 요구하지만, 교회는 사람을 먼저 본다. 세상은 무너진 이를 밀어내지만, 교회는 무너진 이를 다시 끌어안는다. 이것이야말로 교회가 가진 회복의 힘이며, 부채보다 강한 구조이다. 빚은 사람을 약하게 만들지만, 협동은 사람을 다시 세운다. 하나님은 바로 이 협동을 통해 누군가를 살리시고, 다시 일으키신다.

성경은 말한다. "너희가 짐을 서로 지라 그리하여 그리스도의 법을 성취하라"(갈 6:2). 교회는 이 말씀을 설교뿐 아니라, 삶으로 실천하는 공동체이다. 주일의 예배가 끝나고 돌아가는 길목에서도 교회는 여전히 누군가의 짐을 나누고 있다. 함께 기도하고, 함께 울고, 함께 도우며, 교회는 오늘도 누군가의 고립을 끊고 있다. 그리고 그 끊어진 자리에서 새로운 회복이 시작되고 있다.

교회, 기회의 구조를 품다
은혜는 어떻게 순환되고
신뢰는 어떻게 작동하는가

기회는 정보 속에 있다. 그러나 정보는 넘쳐나도 기회는 쉽게 찾아지지 않는다. 정보는 열려 있지만, 그것을 신뢰할 수 있는가? 연결은 많아졌지만, 그 연결이 책임을 담보하는가? 현대 사회에서 진짜 기회는 단지 스펙이나 운의 문제가 아니다. 기회는 신뢰와 관계 안에서 자란다.

바로 이 지점에서 교회가 주목된다. 교회는 가장 오래된 플랫폼이자, 가장 인간적인 네트워크다. 플랫폼은 단순한 온라인 공간이 아니라 사람과 사람을 연결하는 구조다. 교회는 관계를 기반으로 정보와 자원이 흐르는 '살아 있는 구조'를 가진다. 예배와 식사, 셀 모임과 교제를 통해 교회는 무수한 연결점을 만들어낸다. 이 연결은 단순한 기능을 넘어, 서로를 책임지고 돌보는 힘을 품고 있다.

예배 후 나누는 커피 한 잔, 셀 모임에서의 자연스러운 대화,

사소한 중고 물품 나눔 속에서도 기회는 자라난다. 겉으로는 단순한 교제로 보이지만, 그 속에는 신뢰 기반의 경제가 작동하고 있다. 교회에서 오가는 대화 한마디, 기도 제목 하나가 누군가에게는 새로운 길을 발견하는 단서가 된다. 우리는 늘 '은혜를 나눈다'라는 표현을 쓰지만, 사실 그것은 영적 위로만이 아니라 삶을 다시 시작할 용기와 방향을 주는 자양분이 되기도 한다.

누군가는 퇴직 후의 진로를 놓고 상담을 받고, 누군가는 창업 아이디어에 대한 격려를 얻는다. 모두 관계에서 시작된 연결이다. 교회는 단순히 '예배당에 모여 예배를 드리는 곳'이 아니라, 세상 속에서 흩어져 살아가며 얻은 정보를 다시 모아 서로 돕는 장이 된다. 이곳에서 교인들은 자신의 경험을 나누고, 실패담조차도 공동체를 위한 자산으로 전환한다. 실패가 실패로 끝나지 않고, 또 다른 누군가에게는 길잡이가 되는 것이다. 교회의 품 안에서는 실패조차도 축복의 씨앗으로 변화된다.

셀 모임에서 이루어지는 중고거래는 느리지만 정겹다. 상대를 알고, 그 물건의 사연을 알며, 그 사람의 삶과 신앙을 안다. "이 옷 아이 키울 때 참 잘 썼어요. 이제 당신 가정에 도움이 되길 바라요." 거래는 곧 은혜가 되고, 가격이 아닌 마음이 중심이 된다. 세상 시장에서는 가격표가 모든 것을 결정하지만, 교회 안에서는 마음과 관계가 가치를 만든다. '얼마에 샀느냐'보다 '누구에게서 받았느냐'가 더 중요한 추억이 된다. 그래서 교회의 거래는 숫자가 아닌 온기의 교환이며, 돈이 아니라 신뢰가 통화가 된다.

한 청년은 졸업 후 취업의 문이 열리지 않아 낙심하고 있었다. 하지만 청년부 리더의 권유로 면접을 보게 되었고, 그 자리가 그의 커리어의 시작이 되었다. 또 한 가정은 이사를 준비하는 과정에서 어려움이 있었는데, 셀원들의 도움으로 짐을 옮기고 보증금 일부를 마련할 수 있었다. 모두 서류나 절차가 아닌, 관계 속에서 피어난 기회였다. 이런 경험은 단순한 '호의'가 아니라, 서로를 '신뢰'하는 관계가 없었다면 가능하지 않았을 일이다. 은행에서 빌릴 수 없는 신뢰의 자본이, 교회라는 울타리 안에서는 자연스럽게 오간 것이다. 세상의 제도권 금융은 신용등급을 따지지만, 교회는 한 영혼의 눈빛과 삶의 무게를 신뢰한다는 점에서 다르다.

이 흐름은 우연이 아니다. 교회는 신뢰를 기반으로 하는 '비공식 플랫폼'이다. 믿을 수 있는 사람들과의 관계 안에서 정보가 흘러가고, 그 정보는 책임과 신중함을 동반한다. 이 구조는 효율은 떨어지지만 지속 가능성이 높다. 거래가 끝나도 관계는 계속되기 때문이다. 그리하여 교회는 단순한 시장경제의 논리로 설명되지 않는, 새로운 차원의 사회적 자본을 창출한다. '빠름' 대신 '깊음'을, '이익' 대신 '신뢰'를 중심에 둠으로써, 세상에서는 보기 힘든 관계의 경제학을 구현한다. 즉각적인 이익보다 관계를 지키는 것을 우선시하는 문화가 쌓여 갈수록, 교회의 토양은 더 비옥해지고, 더 많은 기회를 길러내는 힘을 발휘한다.

성경은 말한다. "서로 돌아보아 사랑과 선행을 격려하며 모이기를 폐하는 어떤 사람들의 습관과 같이 하지 말고 오직 권하여 그 날이 가까움을 볼수록 더욱 그리하자"(히 10:24-25). 교회는 사람을 키우는 공동체이다. 서로 돌보고, 사랑으로 격려하며, 믿어주므로 일을 감당할 수 있도록 돕는 것이다. 그리고 맡은 일을 잘 감당할 수 있도록 기도로 돕는다. 이것이 은혜의 순환 구조다.

이 은혜의 흐름은 마치 강물이 바다로 흘러가듯, 멈추지 않고 돌고 돈다. 그 강물에 몸을 담근 사람은 언젠가 목마름에서 벗어나고, 또 다른 이의 갈증을 해갈하게 된다. 교회는 그렇게 끊임없이 새 기회를 만들어내는 '은혜의 순환로'다. 교회는 경제적 자원의 분배뿐 아니라, 정서적 지지와 영적 격려까지 함께 나누며, 세상에서는 찾기 힘든 '전체적 풍요'를 경험하게 한다.

교회 안의 이러한 흐름은 선행이나 친절에 그치지 않는다. 이는 교회가 가진 정체성이다. 우리는 그리스도 안에서 한 몸이며, 서로의 짐을 함께 지는 공동체다. 오늘은 내가 누군가의 짐을 나르지만, 내일은 내 짐을 함께 나눌 이들이 곁에 있을 것이다. 이 순환이 멈추지 않는 한, 교회는 세상에서 가장 따뜻한 경제 생태계로 존재한다. 결국 '부자'란 은행 잔고의 숫자가 많은 사람이 아니라, 신뢰와 관계의 자산을 풍성히 가진 사람이다. 교회는 이 두 가지를 가장 안전하게 축적할 수 있는 '영적 금융기관'과 같다. 돈으로 살 수 없는 관계, 숫자로 환산할 수 없는 신뢰야말로 진짜 부요함이다. 교회는 이 보이지 않는 자산을 가장 깊이 쌓을 수 있는 곳이다.

현대 플랫폼은 빠르고 편리하지만, 책임지지 않는다. 교회의 플랫폼은 느리고 복잡할 수 있지만, 사람을 남긴다. 얼굴이 있고, 말의 무게가 있으며, 관계가 중심이기 때문이다. 교회가 기회의 구조가 될 수 있는 진짜 이유는 바로 여기에 있다. 디지털 세상은 클릭 한 번으로 수많은 사람을 연결하지만, 마음을 담은 책임까지는 연결하지 못한다. 그러나 교회 안의 관계는 눈을 보고, 이름을 부르고, 삶을 함께 나누는 과정에서 단단해진다. 기회는 결국 사람의 얼굴을 통해 다가온다. 그렇기에 교회는 '신뢰의 네트워크'

를 가장 오래 유지할 수 있는 곳이며, 이 신뢰야말로 우리를 궁극적으로 풍요롭게 하는 자산이다.

　기회는 멀리 있지 않다. 화려한 행사나 비싼 강의가 아니라, 함께 예배하고 함께 기도하며 함께 식사하는 그 자리, 바로 거기에서 시작된다. 하나님 앞에서 진실하게 사는 이에게, 교회는 언제나 기회의 문을 열어왔다. 그리고 오늘도 누군가는 그 문 안에서 다시 시작하고 있다. 그 문을 두드리는 순간, 우리는 더 이상 혼자가 아니다. 나의 작은 걸음은 공동체의 발걸음 속에서 힘을 얻고, 그 길 위에서 새 직장, 새로운 만남, 새로운 사명의 기회가 열리게 된다. 이것이야말로 교회가 품고 있는 '기회의 구조'이며, 부요함으로 이어지는 은혜의 길이다. 그리고 이 길 위에서 우리는 돈으로는 환산할 수 없는 참된 가치, 하나님이 주시는 풍성한 삶을 경험하게 된다. 그것이 바로 교회가 세상에 주는 가장 큰 기회의 선물이다.

가난한 마음, 가장 큰 부요함
마음이 비워질 때, 하늘이 채운다

진정으로 가난한 자는 누구인가? 먹을 것이 부족하여 영양실조로 죽어가는 사람인가? 많이 소유하였음에도 불구하고 끊임없이 모아대는 사람인가? 아니면 통 하나에 의지하여 그곳에서 잠을 자는 철학자 디오게네스인가?

가난에는 육체적인 가난과 영적인 가난이 있다. 성경은 고아와 과부와 나그네를 도우라고 말하고 있으며, 부자로부터 억압을 받아 자기 스스로를 보호할 수 없는 자를 보호하라 하신다. 영적으로 가난하다는 것은 하나님 앞에서 자기 스스로를 높이는 자를 말한다. 그런 자에게 돌아오는 것은 질책과 영적 빈곤 뿐이다.

하지만 마음이 가난하다는 말은 심령이 겸손하다는 의미로 쓰인다. 이 말은 가난이 겸손을 촉진하고 영적 풍요를 누리게 만든다는 말이다. 두 가지의 경우를 본다. 아테네의 철학자 디오게네스는 나무 통 하나에서 먹고 자며, 세상의 욕망을 비웃듯 최소한의 삶을 택했다. 알렉산더 대왕이 그의 명성을 듣고 찾아와 "그대에게 무엇을 해줄까?"라고 묻자, 디오게네스는 "내가 지금 햇볕을 쬐고 있으니 비켜주시오"라고 답했다. 그의 말과 행동은 부와 권력을 향한 세속의 탐욕을 조롱했고, 많은 이들에게 자유와 자족의 상징이 되었다. 그러나 그의 철학에도 한계가 있었다. 세상을 거부함으로써 세속으로부터 벗어나려 했지만, 그 자유조차 자신이 옳다는 확신에 매여 있었다. 그의 가난은 세속을 향한 철학적 저항이었다. 그러나 신앙이 말하는 마음이 가난하다는 말은 하나님 앞에 자신을 낮추는 내면의 겸손이다.

이번에는 성경에 등장하는 가난한 과부를 보자. 그는 가진 것 별로 없지만 자기의 전부를 드리고 싶어하는 마음을 가지고 있었다. 진정으로 마음이 가난한 사람은 나의 전부를 드리고 싶어 하는 때뭍지 않은 마음이다. 연한 순과 같이 세상의 어떠한 때도 묻지 않은 청초하고도 아름다운 마음인 것이다. 목마른 사슴이 시냇물을 갈급함 같이 그들은 주를 찾기에 갈급한 자들이다. 예수님이 그러한 자들을 향하여 말씀하셨다. "심령이 가난한 자는 복이 있나니 천국이 그들의 것임이요"(마 5:3).

마음이 가난하다고 무조건 천국이 보장되는 것은 아니다. 인간이 공부를 하고 취직하고 돈을 버는 이유는 천국을 누리려는 마음에서 비롯된다. 그러나 천국은 돈이나 권력이나 지식이나 과학이나 도덕이나 어떠한 업적으로도 갈 수 있는 곳이 아니다. 진정으로 천국에 갈 수 있는 사람은, 현실에서 부딪히는 고난이 있을지라도 그것을 극복하고 신앙으로 다져지는 사람이며, 그런 이들에게 천국은 그들의 몫이 된다는 말씀이다. 그리고 이어서 나오는 말씀으로, 마음이 가난한 사람은 소금으로 살으라, 빛으로 살으라고 하신다.

　마음이 가난한 사람은 세상에 욕심이 없으니 초심을 잃지 말고 살아야 할 것이다. 사람이 초심을 잃으면 소금이 그 맛을 잃는 것 같으니 초심을 잃지 말고 끝까지 유지하라는 것이다. 빛으로 살라 하심은 빛의 위치를 잘 잡아서 밝히라는 것이다. 비록 작은 불빛일지라도 그 빛이 등경 위에 있으면 세상을 비추는 것이 된다. 이 두 가지 내용은 마음이 가난한 자의 마음이요 그러한 자들에게 하나님이 천국을 주신다는 것이다.

　내가 가장 소중하게 여기는 것은 무엇인가? 마음의 주머니에 담기만 하면 썩는다. 그리고 냄새가 난다. 내 마음의 주머니를 비워가며 세상을 향하여 소금으로 빛으로 살면 세상이 아름다워지고 그 주머니는 영원토록 마르지 않을 것이다.

사랑은 대가 없이, 그러나 헛되지 않게 흐른다
교회가 만드는 은혜의 순환 경제

"세상에 공짜는 없다." 이 말은 이제 하나의 신념처럼 사회에 각인되어 있다. 누군가 무언가를 베풀면 '왜?'를 먼저 묻고, 무상이라는 말에는 '숨은 조건'을 상상한다. 사람들은 점점 더 경계하고, 도움 앞에서도 머뭇거린다. 그런데 이상하게도, 교회에서는 그 경계가 무너지는 순간들을 자주 마주한다. 도움을 받으면서도 부담을 느끼지 않고, 주면서도 손익을 따지지 않는 경험이 가능한 곳, 그곳이 바로 교회다. 길을 걷다 보면 누구나 알 수 있다. 세상에서는 도움을 받는 순간 빚이 생긴다고 생각해 불편해하지만, 교회 안에서는 오히려 도움을 주고받는 것이 자연스럽다. '저 사람이 왜 나를 돕지?'라는 의심 대신, '아, 하나님의 사랑 때문이구나'라는 확신이 자리 잡는다.

성경은 말한다. "거저 받았으니 거저 주라"(마 10:8). 이는 단지 나눔을 권면하는 말이 아니다. 하나님 나라가 작동하는 방식 그 자체다. 우리는 이미 많은 것을 거저 받았다. 용서, 구원, 위로, 치유, 공동체, 기도… 그 어떤 것도 대가를 내지 않았지만 우리는 누리고 있다. 그러므로 거저 받은 것을 또 거저 주는 것은, 신앙인의 '덕'이 아니라 삶의 방식이다. 세상은 주고받기의 균형을 따지지만, 믿음의 사람은 받은 은혜가 크다는 사실을 알기에 그 은혜를 흘려보내는 것이 당연한 일처럼 된다. 이것은 선택이 아니라 정체성의 문제다. 은혜는 우리가 노력해서 얻은 수익이 아니라, 하나님께서 먼저 부어주신 선물이다. 그러므로 그 선물을 나누는 것은 선택적 기부가 아니라, 존재의 본질에서 흘러나오는 자연스러운 행위다.

교회 안의 나눔은 그것을 가장 잘 보여준다. 성도가 아프면 먼저 공감해 주고, 그를 위해 기도해 주고, 병원에 동행해 주기도 하며, 그의 가족을 위하여 반찬이나 음식을 준비해 그리스도의 사랑을 실천한다. 이 모든 행위에는 영수증도, 청구서도 없다. "저도 예전에 그렇게 도움 받았거든요." 이 말 한마디가 모든 관계를 따뜻하게 묶어낸다. 그 도움은 공짜가 아니다. 하지만 값이 붙지 않는 사랑이다. 돈으로 환산할 수 없는 가치, 바로 그리스도의 사랑이 교회 안에서는 가장 중요한 자산으로 흐른다. 교회에서 이루어지는 나눔은 서로의 필요를 채우는 동시에, '나는 혼자가 아니다'라는 마음을 심어주는 사회적 자본의 축적이다.

어떤 도움은 아주 작다. 쓰지 않는 가전제품을 가져다주는 것, 김장김치 몇 포기를 덜어주는 것, 갑자기 생긴 일 때문에 그 집 아이들을 돌보아 주는 것. 이 작은 실천들이 누군가에겐 하루를 버티게 하는 힘이 되고, 관계를 회복하는 마중물이 된다. 작은 친절이 큰 변화를 일으키는 것이다. 어린아이를 봐주는 손길 하나가 맞벌이 부부의 마음을 살리고, 김치 몇 포기가 낯선 도시에서의 향수병을 달래 준다. 바로 이 '작은 사랑의 파편'이 모여 교회의 경제를 움직이는 연료가 된다. 이런 파편들이 모여 한 사람의 인생을 지탱하고, 더 나아가 마을과 도시 전체를 살리는 힘이 된다.

더 놀라운 건, 이 나눔이 한 방향으로 끝나지 않는다는 점이다. 도움을 받은 사람은 언젠가 그 도움을 다시 흘려보낸다. 정확히 같은 방식은 아니더라도, 그 기억과 감동은 다음 사람에게 이어진다. 나눔은 돌고 도는 사랑의 경제다. 받은 은혜가 내 안에서만 머무를 때는 작아 보일지라도, 그것을 나누는 순간 그 영향력은 곱절로 불어난다. 교회의 경제는 바로 이 '확산의 법칙' 위에 세워진다. 교회 안의 순환은 마치 등불이 서로에게 불을 옮겨 주는 것과 같다. 내 작은 촛불이 다른 이의 어둠을 밝히고, 그 불빛이 또 다른 이에게 이어지며, 결국 공동체 전체가 환해지는 것이다.

한 형제가 청년 시절, 셀 리더의 차를 얻어 타며 교회에 다녔다. 매번 미안한 마음이 있었지만 리더는 "함께 가는 거니까요"라고만 말했다. 시간이 흘러 그 청년도 직장을 갖고 차를 샀다. 어느 날 예배 후 누군가를 불렀다. "형, 집 어디예요? 다음에는 제가 태워드릴게요." 그렇게 바퀴는 또 한 번 굴리긴다. 여기서 중요한 것은 차가 아니라, 함께 길을 걸어주고 함께 집으로 돌아가는 그 마음이다. 이 작은 경험은 시간이 흘러 또 다른 이들에게 동일한 은혜를 흘려보내는 씨앗이 된다. 사람의 마음은 빚으로 묶이지 않고, 은혜로 이어질 때 진정한 자유와 풍요를 맛보게 된다.

이처럼 교회 공동체는 보이지 않는 순환 경제를 가지고 있다.

세상은 '주고받기'를 시스템화했지만, 교회는 '받고 나누기'를 습관화했다. 그것은 빚지지 않기 위해서가 아니라, 받은 것을 멈추게 하지 않기 위해서다. 사랑은 갚지 않아도 되지만, 흘려보내야 살아난다. 사랑은 물과 같아서, 고이면 썩지만 흘러가면 맑아진다. 교회 안의 나눔은 마르지 않는 샘처럼 솟아올라, 필요한 이들에게 흘러 들어간다. 교회는 이 사랑의 물길을 막지 않고 흐르게 하여, 사회 곳곳의 메마른 땅을 적시는 생명의 강을 만들어 간다.

이 시스템은 효율적이지 않다. 도움은 때로 비효율적으로 오고, 속도는 느릴 때도 있다. 그러나 그 안에는 지속 가능성과 회복 탄력성이 있다. 시스템은 고장나면 중단되지만, 사랑은 고장나도 사람을 다시 일으킨다. 돈은 떨어지면 관계가 끊기지만, 사랑은 빈손에서도 흘러간다. 바로 이 점에서 교회의 나눔은 위기 상황에서 더욱 빛을 발한다. 경제가 흔들려도, 일자리를 잃어도, 사랑의 경제는 멈추지 않고 흘러가며 공동체를 지탱한다. 한국의 여러 교회들은 코로나 시기 무료 급식, 돌봄 봉사, 마스크 나눔을 통해 그 사실을 증명했다. 경제적 체계가 흔들릴 때도, 교회의 나눔은 멈추지 않고 공동체를 붙잡았다.

이것이 바로 하늘의 경제 시스템이다. 시장은 가격을 기준으로 교환되지만, 교회는 사랑을 기준으로 순환한다. 시장은 계약이 깨지면 관계가 무너지지만, 교회는 관계가 다쳐도 은혜로 다시 연결된다. 그리하여 이 나눔은 경제적 기능을 넘어서, 사람을 살리는 구조가 된다. 사람들은 종종 '경제'라는 단어를 숫자와 그래프에서만 찾지만, 사실 가장 깊은 경제는 사람과 사람 사이의 관계 속에 있다. 초대교회가 보여준 공동체적 삶은 바로 이 '보이지 않는 경제'의 모범이다. 오늘의 교회가 그 전통을 잇는다는 사실은, 우리 사회가 여전히 따뜻함을 잃지 않았음을 증명하는 신호이기도 하다.

도움을 받는 사람은 의무감을 느끼기보다 위로를 받고, 도움을 주는 사람은 대단한 일을 했다고 생각하기보다 자연스럽다고 여긴다. 이 낮고 조용한 나눔의 움직임이 모여, 교회는 '하나님의 사랑이 실현되는 공간'이 된다. 그리고 이 구조 안에서 살아보면 알게 된다. 정말 살아 있는 경제는 돈이 아니라, 사랑으로 움직인다는 것을. 사랑이 흐르는 곳에서는 가난한 자도 부유해지고, 가진 것이 많은 자도 베풀며 더 큰 기쁨을 누리게 된다. 이것이야말로 진정한 풍요의 정의다. 사랑의 순환이 끊어지지 않는 한, 교회는 세상에서 가장 따뜻하고 안정적인 '영적 시장'으로 존재하게 된다.

세상은 계속 말할 것이다. '공짜는 없다'고. 그러나 우리는 다르게 고백한다. '교회에는 있다. 그리고 그 공짜가 나를 살렸다.' 그러나 여기서 말하는 '공짜'는 값싸게 얻은 물건이 아니라, 하나님의 아들이 생명을 내어주심으로 주어진 은혜다. 이 은혜는 결코 헛되지 않고, 우리를 변화시키며, 나아가 사회 전체를 변화시키는 힘이 된다. 교회가 만드는 은혜의 순환 경제는 오늘도 누군가의 삶을 다시 일으켜 세우며, 세상을 따뜻하게 물들이고 있다. 그리고 이 흐름은 단지 개인의 삶을 살리는 데 그치지 않고, 더 나은 사회, 더 정의로운 세상을 향한 하나님의 길을 열어 간다.

주일은 '쉼'이 아니라 '재가동'이다
예배가 월요일을 살리는 방식

"일요일에 쉬었는데 월요일이 쉬워지지는 않아요." 직장인 모임에서 누군가 툭 던지듯 한 말이다. 우리는 모두 안다. 주말에 푹 쉬었다고 해서 월요일이 유순해지는 법은 없다는 걸. 어김없이 시작되는 회의, 마감, 피드백, 상사의 지적과 갑작스러운 일정 변경. 게다가 출근길 지하철 안에서는 벌써부터 일주일치 피로감이 몰려온다. 몸은 회사에 있지만 마음은 여전히 피로하다.

하지만 성도에겐 다른 리듬이 있다. '주일'이라는 리셋의 날이다. 주일은 단순한 종교적 의무의 날이 아니다. 성도는 한 주간의 피로와 감정의 찌꺼기를 모두 하나님 앞에 내려놓는다. 사람들은 산과 바다로 쉼을 찾아 떠나지만, 성도는 하나님 앞에 나아가 예배 안에서 참된 쉼을 누린다. 주일은 은혜의 쉼표이며, 다시 살아갈 용기를 얻는 날이다. 주일의 예배는 단순한 휴식이 아니라 '새로운 에너지

충전소'다. 육체는 피곤할지라도 영혼이 새 힘을 얻고, 그 힘이 다시 한 주의 삶을 견디게 만든다.

성경은 말한다. "수고하고 무거운 짐 진 자들아 다 내게로 오라 내가 너희를 쉬게 하리라"(마 11:28). 이 말씀은 단지 피곤한 이들을 위로하는 구절이 아니다. 이는 주일 예배의 본질을 정의하는 말씀이다. 예배는 우리가 하나님께 나아가는 시간인 동시에, 하나님이 우리를 다시 붙드시는 시간이다. 그 자리에서 하나님은 말씀하신다. "내가 안다. 내가 너와 함께 다시 시작하겠다." 이 짧한 말씀 속에는 삶의 무게를 내려놓을 수 있는 초대장이 들어 있다. 예배는 주중에 잃어버린 방향을 바로잡아 주고, 다시 달릴 힘을 공급하는 '영적 재가동 버튼'이다.

예배당에 앉아 있는 사람들은 각자의 짐을 들고 온다. 직장 상사의 말 한마디에 무너진 자존감, 가족 간의 갈등, 반복되는 실패와 마음속의 눌림. 그러나 찬양이 시작되고, 기도가 흐르며, 말씀이 전해지는 동안 무너졌던 마음이 다시 붙잡히기 시작한다. '맞아, 하나님이 나를 잊지 않으셨지.' 그 순간, 다시 일어설 힘이 생긴다. 눈물이 흘러내리지만, 그 눈물은 절망의 표시가 아니라 새 힘의 근원이다. 예배는 영혼의 상처를 소독하고, 다시 걸을 수 있는 발걸음을 허락한다.

예배의 위로는 눈물로만 끝나지 않는다. 그 위로는 월요일을 비티게 하는 힘이 된다. 주일에 들은 말씀 한 구절이 출근길의 마음을 붙들고, 찬양의 울림이 한 주의 리듬을 바꾼다. 기도 속에서 느낀 평안이 업무와 관계 속의 긴장을 누그러뜨리고, 예배 중에 받은 위로가 다시 일터의 자리로 돌아갈 용기가 된다. 예배는 단지 주일의 의식이 아니라, 월요일의 현실을 지탱하는 보이지 않는 근력이다. 주일에 받은 은혜가 마음의 방향을 바로 세우고, 그 방향이 일상의 무게 속에서도 흔들리지 않게 한다.

주일은 감정을 누르는 날이 아니다. 오히려 감정과 신앙이 다시 만나는 날이다. 주중에 쌓여 있던 불안과 슬픔, 분노가 예배 안에서 치유된다. 그것을 감싸는 하나님의 위로는 우리에게 말해준다. "위축되지 마. 네가 쓰러졌어도 여기서 끝나지 않아. 다시 일어나면 돼. 내가 너의 방패요 피할 바위가 되어줄게." 주일 예배는 눈에 보이지 않는 상담실이자 치유의 병동이다. 세상에서는 감추고 견뎌야 할 눈물이 교회 안에서는 흘러내려도 된다. 그 눈물을 함께 받아주는 공동체가 있기 때문이다.

그 공동체에서 예배 후 나누는 인사, 여러 모임에서의 기도, 식사 자리에서 오가는 말 한마디가 지치고 흔들리는 성도를 붙드는 '비공식적 은혜의 통로'가 된다. 교회는 단지 '말씀을 듣는 곳'이 아니라, '회복된 이들이 다시 살아나는 쉼터'이며, 동시에 '서로를 살리는 회복소'다. 현대 사회가 놓치고 있는 '함께 울고 함께 웃는 자리'가 바로 교회의 작은 모임 안에 존재한다. 직장에서의 경쟁으로 지친 마음이, 교회에서의 따뜻한 악수 한 번으로 다시 살아나는 것을 경험한다.

예배는 단순한 의식이 아니다. 그것은 정체성의 회복이다. 세상은 끊임없이 묻는다. "너, 그 정도밖에 안 돼?" 하지만 예배는 말한다. "너는 하나님의 자녀다. 그 사실은 결코 변하지 않는다." 주일의 말씀은 성도의 존재 가치를 다시 일깨우고, 삶의 혼란 속에서도 방향을 다시 잡게 한다. 바로 그 정체성의 회복이 월요일을 견디는 힘이 된다. 정체성을 확인한 사람은 더 이상 세상의 비교 속에서 흔들리지 않는다. 주일의 메시지는 우리에게 "너는 이미 충분하다"고 선포하며, 그 믿음이 새로운 주간의 출발점이 된다.

누군가는 주일을 '쉬는 날'이라고 말하지만, 성도는 안다. 주일은 쉬는 날이 아니라 하나님 안에서 '재가동되는 날'이라는 것을. 주일을 잘 지키는 사람은 그 주간이 덜 흔들린다. 방향이 바로 잡히면 파도는 문제가 되지 않는다. 나침반이 하나님을 가리키면, 월요일의 변수도 두렵지 않다. 주일은 몸을 눕히는 날이 아니라 영혼을 일으키는 날이다. 세상의 휴일이 잠시의 쉼을 준다면, 주일은 다시 살아갈 목적과 이유를 새겨 준다. 그래서 신앙인은 월요일 아침에도 당당히 발걸음을 옮긴다.

현대인은 너무 많이 보고, 너무 많이 비교하며 산다. 스마트폰은 아침부터 수십 개의 알림을 쏟아내고, 거리에는 나보다 잘나 보이는 사람들의 모습으로 가득하다. 그 속에서 자신을 잃고, 방향을 놓치고, 기운이 빠진다. 주일은 그것을 멈추고, 나를 다시 하나님께로 향하게 하는 은혜의 날이다. 주일의 예배는 정보의 홍수 속에서 길을 잃은 우리에게 '본래의 좌표'를 회복시켜 준다. 세상의 끝없는 경쟁과 비교가 아니라, 하나님 안에서의 평안과 정체성을 다시 확인하게 한다.

주일은 단지 '일주일 중의 하루'가 아니다. 삶 전체를 붙드는 구조다. 우리는 주일을 버티는 것이 아니라, 주일로부터 다시 살아난다. 그래서 성도는 말한다. "주일의 위로가 있기 때문에, 나는 월요일을 견딘다." 그 견딤은 무기력한 생존이 아니라, 믿음으로 '다시 시작'하는 담대한 재출발이다. 주일은 우리의 영혼을 정지 상태에서 깨워, 다시 일터로, 가정으로, 세상 속으로 나아가게 하는 재점화의 날이다. 주일 예배의 은혜가 우리를 새롭게 하고, 그 새로움이 월요일의 무게를 이길 수 있는 내적 힘이 된다. 이것이야말로 교회가 성도에게 주는 가장 실질적이고도 놀라운 축복이다.

혼자가 아닌 함께,
신앙은 연결의 힘이다

혼자서 하는 일은 쉽게 지치고 무너질 수 있다. 그러나 함께하는 사람은 위기 앞에서도 쉽게 쓰러지지 않는다. 빠르게 가는 것보다 멀리 가는 것이 더 중요할 때가 있다. 세상의 개인은 점점 더 고립되고 있지만, 교회 안의 신앙인은 함께 서는 법을 배운다. 함께 걷는 길은 더디게 느껴질 수 있지만, 결국 끝까지 도착하게 만든다. 이것이 혼자보다 함께가 나은 이유다. 신앙의 길은 단거리 경주가 아니라 장거리 마라톤이기에, 동행이 있을 때 완주가 가능하다.

현대인은 놀랍도록 많은 연결망 속에 살아가지만, 그 안에서 더 깊은 고립의 감정을 느낀다. 휴대전화는 늘 손에 있지만 따뜻하게 전화를 걸 상대는 적고, SNS에 친구는 많지만 마음을 털어놓을 사람은 드물다. 우리는 언제든 말할 수 있고, 언제든 연결될 수 있지만, 정작 필요한 순간엔 누구도 내 곁에 없다는 느낌에 사로잡힌다. 그래서 더 외롭고, 더 지치고, 더 고립된다. 끊임없이 알림이 울리지만 정작 내 마음을 울려주는 이는 없는 시대, 외로움은 더 커지고 신뢰는 점점 희미해진다. 겉으로는 연결되어 있어도, 속으로는 단절되어 있는 아이러니 속에 우리는 살고 있다.

이 고립은 단지 외로움이 아니다. 그것은 감정의 가난이고, 인간관계의 피로이며, 신뢰의 붕괴다. 바로 이 지점에서 교회가 등장한다. 교회는 고립된 개인을 다시 연결된 신앙인으로 회복시키는 은혜의 플랫폼이다. 교회는 '사람의 온도'를 회복시키는 곳이다. 세상의 차가운 관계 속에서 얼어붙은 마음을 다시 녹이고, 서로를 향해 손을 내밀게 한다. 교회는 단순히 모이는 공간이 아니라, 따뜻함이 회복되는 관계의 장이다.

신앙은 철저히 '함께'의 구조다. 혼자 기도하고 혼자 예배드릴 수는 있지만, 혼자 믿고 끝까지 가기는 어렵다. 사람은 넘어지도록 지어졌고, 신앙은 서로 붙들도록 설계되었다. 전도서 4장 9-10절은 말한다. "두 사람이 동행하면 좋으니, 혹시 그들이 넘어지면 하나가 그 동무를 붙들어 일으킨다." 이 말씀은 공동체적 신앙이 왜 필수인지 보여준다. 넘어질 수 있다는 전제를 받아들이고, 그 때 붙들어 줄 이가 곁에 있도록 사는 것, 그것이 신앙인의 지혜. 넘어짐을 두려워하기보다, 붙들어 줄 손을 준비하는 것이 지혜로운 신앙의 태도다. 신앙은 독불장군의 길이 아니라, 서로 의지하며 걷는 동행의 길이다.

교회는 정기적인 모임과 예배, 기도와 교제를 통해 서로를 붙드는 구조를 만든다. 이 구조는 단순한 일정표나 조직의 틀을 넘어, 사람과 사람을 이어 주는 관계의 생명선이다. 누군가 힘들 때는 공동체의 기도가 그를 붙들고, 지쳐 있는 이에게는 조용한 위로의 손길이 전해진다. 예배 후 나누는 짧은 인사와 안부의 말, 함께 드는 한 끼 식사와 작은 나눔이 고립된 마음을 다시 연결한다.

교회의 돌봄은 거창한 언어나 제도에서 나오지 않는다. 눈빛 하나, 손길 하나, 기도의 한마디가 무너진 신앙을 다시 세운다. 이렇게 교회 공동체는 말보다 행동으로, 이론보다 관계로 은혜를 증명한다. 가장 강력한 위로는 설명이 아니라 곁에 있어 주는 존재 자체에서 온다.

고립된 사람은 쉽게 무너진다. 의욕은 꺾이고, 자존감은 흔들리며, 결국 신앙조차 의심하게 된다. 반면, 연결된 사람은 쉽게 무너지지 않는다. 누군가 함께 기도해 주고, 말씀 한 구절을 나누고, 밥 한 끼를 함께할 때, 그 짧은 연결이 삶을 다시 끌어올리는 버팀목이 된다. 사람은 완벽해서가 아니라, 붙들어 주는 손이 있어서 버티는 존재다. 신앙도 마찬가지다. 혼자일 때는 약하지만, 함께할 때는 강하다. 공동체의 기도와 연대는 쓰러진 성도를 다시 세우는 가장 강력한 힘이다.

신앙인은 혼자 설 수 없을 뿐 아니라, 설 필요도 없다. 우리는 몸의 지체처럼 설계된 존재다. 신앙도 마찬가지다. 지체가 몸에서 떨어지면 기능을 잃듯, 성도는 공동체와의 연결 안에서만 믿음을 온전히 살아낼 수 있다. 손이 손답고, 발이 발답고, 눈이 눈답기 위해서는 몸 안에 있어야 한다. 신앙인도 공동체 안에서 제 역할을 발견할 때 비로소 살아 있는 신앙을 누린다. 혼자가 아닌 '우리'일 때, 신앙은 비로소 생명을 가진다.

교회는 그렇게 연결을 회복하는 곳이다. 성도 간에 나누는 안부와 위로의 언어는 고립된 마음을 녹이고, 다시 걸을 수 있는 힘을 제공한다. 교회 안에서 "괜찮아요?"라는 짧은 인사 한마디가, 세상에서 무너진 마음을 다시 세우는 은혜의 끈이 된다. 작은 인사가 생명을 살리는 다리가 된다.

고립은 가난을 부른다. 마음이 메마르고, 생각이 움츠러들며, 관계가 시들어간다. 그러나 연결은 풍요를 만든다. 말 없이도 위로가 되고, 함께 있다는 사실만으로도 용기가 생긴다. 교회는 성도를 연결된 존재로 살아가게 하는 '영적 생명선'이다.

우리는 혼자 믿지 않는다. 믿음은 함께 나눌 때 깊어지고, 붙들 때 강해진다. 신앙은 고독한 독주가 아니라, 하모니를 이루는 합창이다. 음 하나는 작지만 함께 모일 때 아름다운 곡이 되듯, 성도의 믿음은 연결 속에서 완성된다. 신앙은 독백이 아니라 합창이며, 함께 모일 때 그 아름다움이 완성된다.

보험은 계약이지만, 교회는 관계다
사람이 곧 안전망인 공동체의 힘

우리는 살아가며 수많은 불확실성에 대비한다. 질병, 사고, 실직, 상해, 갑작스러운 이사나 양육의 공백까지 그 모든 위험에 우리는 보험이라는 시스템을 통해 대처하려 한다. 보험은 오늘을 희생해 내일을 보장받는 구조이고, 청구서와 약관이 증명해 주는 현재형 '안심 계약'이다. 필요할 때 도움을 받을 수 있는 합리적인 안전망이다. 보험은 제도적 장치로서 반드시 필요하지만, 그것만으로는 인간의 불안을 온전히 잠재우지 못한다.

그런데 정작 위기 속에 사람이 정말 필요한 순간, 보험은 입증을 요구한다. "언제 다쳤나요?", "어디서 입원했나요?", "이건 약관에 포함되지 않습니다." 보장을 받기 위해 우리는 절차를 밟고, 서류를 제출하고, 심사를 기다려야 한다. 보험은 돈은 줄 수 있어도, 눈물을 닦아주지는 않는다. 보상금은 생활을 지탱해 줄 수는 있지만, 무너진 마음을 일으키는 데는 무력하다. 인간에게는 계산된 보상 이상으로, 곁에서 함께 울어 주는 동행이 필요하다. 삶의 무게를 버티게 하는 것은 돈이 아니라 곁에 서 있는 사람이다.

교회는 다르다. 보험이 위기를 나중에 보상하는 구조라면, 교회는 위기 속에 함께 들어와 지금 반응하는 구조다. 누군가 병원에 입원했다는 말 한마디에 기도가 올라가고, 병문안 명단이 돌며, 식사와 일정이 조율된다. "내가 가볼게요" "밥은 누가 챙겨주나요?" "그 집 아이는 교회학교에서 더 돌봐주자" 같은 말들이 전해지고, 사람들은 곧 손과 발이 된다. 보험은 위기를 계산하지만, 교회는 위기 속으로 발걸음을 들인다. 그리고 그 발걸음이 곧 위로와 회복의 시작이 된다. 교회의 발걸음은 서류 대신 사랑으로, 보상 대신 동행으로 움직인다.

함께 울어주는 사람, 기도 제목을 곧장 돌리는 리더, 음식을 조용히 챙겨주는 집사. 서류도, 계좌도 필요 없다. 필요가 생기면 곧 사랑이 움직인다. 사랑은 인감도장이 필요 없고, 공동체의 마음은 심사 없이 통과된다. 이것이 교회의 독특한 안전망이다. 필요가 생기는 순간, 이미 공동체는 움직이고 있다.

로마서 12장 15절은 말한다. "즐거워하는 자들과 함께 즐거워하고 우는 자들과 함께 울라" 교회는 바로 이 말씀을 살아내는 현장이다. 감정적 공감과 실질적 반응이 동시에 일어나는 공동체. 슬픈 이에게 필요한 것은 말보다 동행이고, 힘든 사람에게 가장 절실한 것은 정확한 보상이 아니라 지금 옆에 있어주는 누군가다. 교회는 그런 구조를 만든다. 교회의 반응은 느리거나 지연되지 않는다. 곁에서 함께 울어 주고, 함께 기뻐하는 바로 그 순간에 은혜가 전해진다. 이것이 교회가 가진 가장 큰 힘이다.

보험은 숫자지만, 교회는 사람이다. 보험은 보상하지만, 교회는 붙든다. 보험은 기계처럼 작동하지만, 교회는 유기체처럼 반응한다. 신앙 안에서의 관계는 살아 있고, 숨 쉬며, 때로는 불완전하지만 진심이다. 그리고 그 진심이 곧 안전망이 된다. 보험은 약관으로 움직이지만, 교회는 사랑으로 움직인다. 그리고 그 사랑이야말로 인간에게 가장 필요한 '보장'이다. 보험은 만기일이 있지만, 교회의 사랑은 끝나지 않는다.

세상의 안전망은 납입이 끊기면 무너지고, 자격이 없으면 배제된다. 그러나 교회는 누구든, 언제든, 필요가 생기면 조건 없이 품는다. 예배에 오랜만에 나온 성도에게 "잘 지내셨어요?" 한마디 건네는 것부터, 기도 제목 하나로 교회의 현장까지 오가는 실질적 반응까지 교회는 말보다 빠르다. 자격 심사도, 등급 조정도 없다. 필요가 곧 권리이고, 눈물이 곧 청구서다. 교회는 조건이 아니라 존재 자체로 받아들이는 공동체다.

그리고 그 반응은 돈으로 환산되지 않는다. 아픔을 함께 나누는 그리스도의 사랑, 외로움 옆에 함께 앉아주는 조용한 동행. 이 모든 것이 보험보다 깊고, 시스템보다 따뜻하며, 세상보다 오래 간다. 교회의 반응은 숫자로 계산되지 않지만, 인간의 삶에서는 가장 높은 가치를 가진다. 교회가 주는 보장은 '함께 있음'이라는 가장 근본적인 안전이다.

하나님의 사랑은 언제나 사람을 통해 흐른다. 교회는 그 통로다. 교회는 고통을 대리로 처리하지 않는다. 함께 겪고, 함께 울고, 함께 건너간다. 그래서 교회는 안전망이다. 서류 없이 작동하고,

조건 없이 반응하며, '사랑'이라는 유일한 연료로 매일 살아 있는 방식으로 작동하는 공동체다.

믿음으로 사고팔기
교인 간의 거래에 필요한 최소한의 양심

교회는 예배의 장소이기도 하지만, 동시에 사람들이 부딪히며 살아가는 일상의 공간이다. 주일마다 얼굴을 보고, 기도 제목을 나누며, 함께 웃고 울다 보면 자연스럽게 생활 속 거래와 경제적 연결이 발생한다. 이웃 성도에게 필요한 물건을 주선하고, 자영업을 하는 집사님에게 제품을 주문하고, 직장을 소개하거나 서비스를 추천받는 일은 교회 안에서 흔히 일어나는 일들이다. 교회는 단순히 영적 예배당을 넘어, 성도의 삶이 맞닿고 이어지는 생활의 징터이기도 하다.

문제는 이 거래가 신앙이라는 테두리 안에서 어떻게 작동하느냐다. 교인 간에 이루어지는 거래는 단순한 이익을 위한 계약이 아니라, 형제자매 간의 신뢰를 바탕으로 이루어지는 '약속'이다. 그것은 명시적인 계약 이전에 신앙 양심 앞에서 지켜야 할 책임이다.

따라서 교인 간의 거래는 세상의 시장보다 더 가볍게 여겨질 수 없고, 오히려 더 무겁게 다뤄져야 한다. 거래가 단순히 재화의 교환이 아니라 신앙의 무게를 담는 순간, 공동체는 더 단단해진다.

물론 이 말은 이익을 추구하지 말라는 뜻이 아니다. 성도라고 해서 손해를 감수하며 일하라는 것도 아니다. 다만 중요한 것은, 그 이익이 어떤 마음 위에 세워졌느냐는 질문이다. 더 받을 수도 있지만 정직한 가격을 제시하고, 불리한 정보는 숨기지 않으며, 상대방이 부담 없이 결정할 수 있도록 설명하고 배려하는 태도, 이 모든 것이 믿음으로 거래하는 자세요, 믿음은 곧 정직을 실천하는 것이다. 이익을 내되 그것이 진실 위에 세워졌는가, 바로 그 지점이 신앙인의 양심을 판가름한다. 거래는 단순히 돈을 주고받는 행위가 아니라, 신앙인의 인격을 드러내는 무대다.

히브리서 13장 16절은 말한다. "오직 선을 행함과 서로 나누어 주기를 잊지 말라 하나님은 이같은 제사를 기뻐하시느니라." 정직은 하나님께 드리는 제사와 같다. 누군가에게 정보를 건넬 때, 물건을 넘길 때, 소개를 연결할 때 그 모든 행위는 하나님 앞에서의 제사처럼 무겁고 향기롭다. 정직한 거래는 곧 신앙의 제사이며, 삶 속에서 드려지는 또 하나의 예배다. 교인 간의 거래는 단순한 경제 활동이 아니라, 하나님께 드려지는 '삶의 예배'가 될 수 있다.

현실은 때로 그렇지 않다. 믿음이라는 이름으로 가격을 더 받거나, 제품 상태를 미리 알리지 않거나, 이후 책임을 회피하면서도 같은 교회 다닌다는 이유로 상황을 마무리하려는 경우도 있다. 이러한 경험은 단순한 거래 실패가 아니다. 그것은 공동체에 대한 신뢰를 무너뜨리는 일이다. '같은 교회 다닌다'는 말이 신뢰의 보증이 아니라 회피의 수단으로 전락할 때, 교회는 더 큰 상처를 입는다. '같은 교회 다닌다'는 말이 변명이나 면죄부로 사용되는 순간, 신앙 공동체의 신뢰는 깊은 상처를 입는다.

이런 일들이 누적되면, 교회는 신뢰 공동체로서의 힘을 잃는다. 신앙인의 거래는 세상의 계약보다 더 신성해야 한다는 말은 도덕적 이상이 아니라, 공동체를 지키기 위한 최소한의 방어선이다. 그것은 사람과의 약속이기 이전에, 하나님 앞에서의 책임이기 때문이다. 우리가 교회 안에서 맺는 거래는 단순히 물건을 사고파는 일이 아니라, '하나님의 이름을 걸고 하는 약속'임을 잊지 말아야 한다. 거래의 본질은 돈이 아니라 약속이며, 그 약속은 곧 하나님의 이름을 담고 있다.

좋은 거래는 관계를 깊게 만들고, 신뢰를 쌓으며, 공동체를 더 건강하게 만든다. 사업을 소개하거나 사람을 연결하거나 물품을 건넬 때 정직을 기반으로 한다. 거래가 성사되지 않아도 "그래도 그 사람은 신실해"라는 인상을 남기게 된다. 거래를 통해 드러나는 성도의 인격은 예배만큼이나 설득력이 있다. 정직한 태도로 임한 거래는 결과가 어떻든 관계를 남기지만, 불성실하게 임한 거래는 아무리 돈이 오갔어도 상처만 남긴다. 좋은 거래는 이익이 아니라 사람을 남긴다.

그래서 교회 안의 거래는 단순한 상업 행위가 아니라, 신앙의 표현이다. 그 행위가 투명하고 정직할수록 하나님이 기뻐하신다. 우리의 거래는 크든 작든, 누구와 하든, 하나님이 지켜보신다는 인식을 잊지 않을 때 공동체는 더 단단해진다. 하나님의 시선 앞에서 정직하게 거래하는 사람은, 그 자체로 교회 안팎에서 가장 강력한 간증이 된다. 교회에서의 거래는 장사 그 이상이며, 신앙인의 정체성을 증명하는 순간이다.

"우리는 교회 다니니까요"라는 말 한마디에는 하나님의 이름이 함께 걸려 있다는 사실을 기억하자. 그 이름 앞에서 거래하는 신자는 최소한의 양심을 넘어, 믿음의 책임으로 말하고 행동해야 한다. 결국 교인 간의 거래를 지탱하는 기초는 계약서가 아니라, 믿음으로 세워진 양심이다. 그리고 그 양심이 살아 있을 때, 교회는 예배당 안에서뿐 아니라 삶의 모든 자리에서 진정한 공동체로 빛을 발하게 된다. 믿음의 양심 위에 세워진 거래만이 교회를 교회답게 하고, 공동체를 더 깊고 단단하게 만든다.

하나님 앞에 선 자각,
신앙의 내면 질서를 세우다

　세상은 말한다. "들키지만 않으면 괜찮다." 법망만 빠져나가면 되고, 적당히 넘어가면 누가 뭐라 하겠느냐고. 그래서 많은 사람들은 묻는다. "그게 뭐 어때서?" "다들 그렇게 해." "내가 이걸로 무슨 대단한 해를 끼쳤나?" 도덕적 해이는 그렇게 아주 평범하게 시작된다. 작은 타협에서 출발한 무감각이 시간이 지나면 양심 전체를 마비시킨다. 작은 균열이 결국 큰 무너짐으로 이어지는 것이다.

　그러나 성도는 다른 기준 위에 살아간다. 성도는 늘 '하니님 앞에서'라는 의식으로 살아가는 사람이다. 이 의식은 단순한 신념이 아니라, 삶의 나침반이자 윤리의 기준이다. 사람의 눈보다 하나님의 눈을 더 무겁게 여기는 태도, 그것이 바로 신앙인의 양심이다. 세상이 보지 않아도 하나님은 보고 계신다는 자각이, 성도의 도덕적 방파제가 된다. 이 의식 하나가 신앙인의 삶을 구별되게 한다.

잠언 16장 2절은 말한다. "사람의 행위가 자기 보기에는 모두 깨끗하여도 여호와는 심령을 감찰하시느니라." 사람은 자기 판단에는 언제나 옳다. 하지만 하나님은 겉보다 동기를, 행동보다 마음을 먼저 보신다. 신앙인이 두려워하는 것은 사람의 평판이 아니라 하나님의 시선이다. 평판은 상황에 따라 달라지지만, 하나님의 평가는 언제나 동일하다. 그 시선을 의식하는 마음이 성도의 내면 질서를 지탱한다. 눈에 보이는 기준이 아니라, 보이지 않는 하나님의 시선이 곧 삶의 기준이 되는 것이다.

한 청년이 있었다. 교회에서 재정을 맡고 있던 그는 공동체 행사비 영수증을 처리하는 과정에서 약간의 허점을 발견했다. 모르면 그냥 넘어갈 수 있고, 윗사람들도 굳이 확인하지 않을 정도로 미미한 금액이었다. 잠깐의 망설임이 있었지만 그는 정직하게 보고서를 수정하고 다시 제출했다. 이유를 묻자 그는 말했다. "어차피 사람은 모르겠지만, 하나님은 아시잖아요." 이 한마디는 신앙인의 정직성이 어디에서 나오는지를 보여준다. '하나님 앞에서'라는 자각은 사람이 보지 않을 때 더 정직하게 만드는 힘이다. 이것이 신앙인의 윤리가 제도적 감시보다 강력한 이유다. 감시가 없어도 정직할 수 있는 힘, 그것이 바로 신앙인의 힘이다.

세상은 언제나 '보이는 것'에 집중한다. 제도와 감시는 결국 겉으로 드러난 문제를 다룰 수밖에 없다. 그러나 신앙은 사람이 보지 않는 마음까지 책임지려는 태도를 만든다. 교회 안에서 함께 일하다 보면, 봉사나 재정이나 조직적 책임처럼 신뢰가 전제되어야 하는 영역이 많다. 그럴 때 진짜 실력을 보여주는 사람은 일을 잘하는 사람이 아니라 자기 마음을 잘 다스리는 사람이다. 그는

"이 정도는 괜찮겠지"라고 말하지 않는다. "하나님 앞에서 이건 아닌 것 같다"고 말하며 멈춘다. 신앙의 정직은 타협의 문턱에서 멈출 줄 아는 용기에서 드러난다. 이 용기는 세상의 기준이 아닌, 하나님의 기준을 붙든 데서 온다.

이런 태도가 공동체를 지킨다. 감시 없이도 신뢰가 가능하고, 관리 없이도 투명함이 유지된다. 신앙인에게 정직은 선택이 아니라 정체성이다. 그 정직은 사람에게 보이기 위해서가 아니라, 하나님 앞에서 예배하듯 살아가는 마음의 반응이다. 정직은 '선택 가능한 미덕'이 아니라, 신앙인의 존재 이유 그 자체다. 정직은 성도의 삶의 필수 조건이자 영적 호흡이다.

신앙인은 '법을 지키는 사람'이 아니라, 양심으로 사는 사람이다. 그 양심은 훈련된 내면에서 자란다. 기도의 자리, 말씀을 읽는 순간, 설교 중 들려온 한 문장, 회개 중 터져 나온 눈물 한 방울, 그 모든 시간이 '하나님 앞에서' 살아가는 사람을 만든다. 양심은 하루아침에 자라지 않는다. 예배와 말씀, 기도의 습관이 쌓여 양심의 근육을 단단하게 만든다. 양심은 습관 위에 세워지고, 그 습관은 신앙의 뿌리에서 자라난다.

도덕적 해이는 점점 기준을 흐린다. 처음에는 작은 타협이고, 나중에는 '내 몫 챙기기'가 되고, 결국 누군가의 믿음을 흔드는 실망으로 자라난다. 그런데도 대부분은 말한다. "나도 피해자야." "어쩔 수 없었어." 그러나 성도는 조용히 묻는다. "이 일 앞에서 하나님이 기뻐하실까?" 그 질문이 브레이크가 되고, 속도를 늦추게 하고, 마음을 붙든다. 양심의 질문 하나가 도덕적 해이의 경계선을 지키는 방파제가 된다. 그 한마디 질문이 공동체 전체를 지키는 울타리가 된다.

신앙인의 양심은 단지 바른 판단이 아니다. 그것은 하나님의 임재를 의식하며 살아온 사람만이 가질 수 있는 감각이다. 보이지 않는 하나님을 보고, 보이지 않는 질서를 붙들며, 보이지 않는 진실을 선택하는 감각. 그 감각이 우리 안에 있다면, 설령 실수가 있더라도 다시 돌아올 수 있다. 신앙인의 회복력은 '하나님 앞에 있다'는 자각에서 비롯된다. 넘어져도 돌아올 수 있는 힘은 바로 이 자각에서 나온다.

도덕적 해이를 줄이는 가장 확실한 방법은, 사람이 아니라 하나님 앞에서 사는 훈련이다. 그 훈련은 결과보다 동기를 점검하게 하고, 손해보다 중심을 지키게 하며, 이익보다 정직을 선택하게 만든다. 하나님 앞에 있다는 자각은 사람의 평가가 없어도, 보상이 없어도, 자신의 선택을 흔들림 없이 지켜가게 한다. 사람이 보지 않아도 하나님이 보신다는 사실을 아는 것, 그것이 도덕을 넘어서는 신앙인의 윤리다. 그 윤리가 있을 때 공동체는 무너지지 않고, 성도는 흔들리지 않는다.

직장 안에서, 재정 앞에서, 교회 봉사 속에서, 삶의 어느 자리에서든 신앙인은 묻는다. "지금 나는 하나님 앞에서 정직한가?" 이 질문은 윤리적 판단이 아니라 신앙의 본질이다. 그 질문을 품고 사는 사람은 유혹 앞에서도 단호할 수 있고, 세상의 분위기 앞에서도 흔들리지 않는다. 정직은 세상의 눈을 의식해서가 아니라, 하나님의 눈을 의식할 때 비로소 지켜진다. 정직은 눈의 수가 많을 때 생기는 것이 아니라, 하나님 한 분의 시선을 의식할 때 온전히 지켜진다.

신앙의 윤리는 사람에게 잘 보이기 위한 체면이 아니다. 그것은 내면 깊은 곳에서, 하나님 앞에 스스로 부끄럽지 않기 위한 훈련이다. 어떤 상황이든, 어떤 관중이 없더라도, 하나님은 보고 계신다는 확신이 신앙인의 중심을 지탱해 준다. 그리고 바로 그 자각이 도덕적 해이를 이기게 하는 가장 강력한 힘이다.

세상은 도덕을 외친다. 그러나 성도는 하나님 앞에서 산다. 그리고 바로 그 자리에서 세상이 알 수 없는 정직함이 자라고, 신뢰할 수 있는 삶이 세워진다. 이것이 신앙인의 내면 질서이며, 세상 속에서 빛나는 진짜 힘이다.

• 제4장 •

주일과 루틴
성실의 미덕

시간을 예배하는 사람
주일과 루틴이 만드는 성실의 미덕

하나님께서 인간에게 공평하게 주신 것이 있다면, 그중 하나는 바로 '시간'이다. 하루는 누구에게나 24시간, 일주일은 168시간이다. 출신도, 재산도, 재능도 다르지만, 시간만큼은 모든 사람에게 똑같이 주어진다. 그러나 그 시간을 어떻게 쓰느냐에 따라 인생은 전혀 다른 궤적을 그리게 된다. 시간은 동일하게 주어지지만, 그것을 사용하는 방식이 곧 인생의 차이를 만든다.

세상은 시간을 효율로 평가하지만, 성도는 시간을 하나님의 선물로 바라본다. 시간은 흘러가는 것이 아니라 맡겨진 것이고, 저절로 흘러가게 두는 것이 아니라 의식적으로 드려야 하는 자산이다. 에베소서 5장 16절은 말한다. "세월을 아끼라 때가 악하니라." 이 말씀은 단지 바쁜 일상에서 시간을 아껴 쓰라는 충고가 아니다. 시간 관리가 곧 믿음의 관리라는 사실을 알려주는 영적 지침이다. 시간은 단순한 '계획의 문제'가 아니라 곧 '신앙의 문제'다.

성도에게 주일은 시간 전체를 정렬하는 중심축이다. 예배는 일주일의 흐름을 하나님 앞에 세우는 루틴이며, 삶의 질서를 회복시키는 신앙의 앵커다. 주일이 흐트러지면 한 주간이 흔들리고, 주일이 온전히 세워지면 삶이 견고해진다. 하나님께 시간을 먼저 드리는 사람은, 그 이후의 시간도 하나님께 정렬하려는 마음을 갖게 된다. 주일은 일주일 중 하루가 아니라, 모든 날을 붙드는 기초석이다.

기도로 하루를 시작하는 습관도 마찬가지다. 그것은 시간을 아껴야 한다는 효율적 계산이 아니라, 시간의 첫 열매를 하나님께 드린다는 믿음의 고백이다. 눈을 뜨자마자 핸드폰을 확인하는 대신, 조용히 눈을 감고 주님의 이름을 부르는 그 몇 초가 하루의 리듬을 바꾸어 놓는다. 작은 시작이 큰 차이를 만든다. 그 몇 초의 기도가 하루를 새롭게 정돈한다.

한 성도는 말했다. "바쁜 날엔 기도가 사치처럼 느껴졌어요. 그런데 기도를 시작하자 하루가 정돈되기 시작했어요. 내가 시간의 주인이 아니라는 걸 깨달은 거죠." 그 고백 속에는 신앙의 루틴이 만들어 낸 내면의 중심력이 담겨 있다. 성도는 바쁠수록 기도하는 일에 집중한다. 기도는 시간을 빼앗는 일이 아니라, 시간을 다시 다스리는 힘이다

루틴은 사람을 지켜준다. 지치고 흔들리는 날에도, '내가 하던 대로' 살아갈 수 있도록 도와준다. 매일 말씀을 읽고, 짧은 기도를 드리고, 주일마다 예배 자리에 앉는 반복된 습관은 삶을 무너지지 않게 붙들어 주는 보이지 않는 기둥이 된다. 루틴은 지루한 형식이 아니라 무너짐을 막는 안전망이다.

성실이란 매일 대단한 일을 해내는 것이 아니라, 작은 일을 반복할 줄 아는 리듬이다. 성도에게 그 리듬은 곧 믿음의 루틴이다. 시간은 정직하다. 드린 대로 열매 맺고, 흘려보낸 대로 사라진다. 그리고 습관은 시간을 어떤 형태로 남길지를 결정하는 손이다. 시간은 거짓말을 하지 않는다. 우리가 무엇에 시간을 드렸는지가 곧 우리의 인생을 말해 준다.

하루를 기도로 시작하고, 주일을 예배로 세우며, 작은 습관을 반복하는 삶은 외면에서 보기에는 평범할지 몰라도, 내면에서는 단단하고 고요한 질서를 세워 간다. 평범함 속에서 진짜 성실의 힘이 길러진다. 꾸준한 반복은 눈에 띄지 않지만, 가장 강력한 힘을 만든다.

현대 사회는 그 질서를 자주 무너뜨린다. 정보는 쏟아지고, 자극은 끊임없으며, 모든 것은 '지금, 당장, 빨리'의 속도에 맞춰져 있다. 그 속에서 우리는 점점 '해야 할 일'보다 '눈앞에 보이는 것'에 휘둘리며 살아간다. 기도의 자리는 밀리고, 말씀 묵상의 루틴은 끊기고, 주일조차 '예배'보다 '휴식'이라는 이름으로 대체된다. 속도의 문화 속에서 성도의 삶은 쉽게 흔들린다. 그래서 더욱 루틴이 필요하다.

시간을 잘 쓴다는 것은, 할 일을 다 하는 것이 아니라 가장 중요한 일을 먼저 하는 것이다. 그리고 신앙인에게 가장 중요한 일은 하나님을 먼저 만나는 것이다. 중요한 일을 먼저 하지 못하면, 덜 중요한 일이 삶을 집어삼킨다. 시간의 우선순위를 바로 세우는 것이 곧 믿음을 바로 세우는 것이다.

기도가 하루의 구조를 만들고, 예배가 한 주의 중심을 세우며, 작은 믿음의 습관이 인생 전체를 설계한다. 때로는 루틴을 지키는 일이 지루하고 고단하게 느껴질 수도 있다. 말씀이 눈에 잘 들어오지 않을 때도 있고, 기도가 마음에 와닿지 않을 때도 있다. 그러나 놀랍게도 바로 그 반복이 사람을 만든다. 하나님은 우리의 습관 속에서 신앙의 뿌리를 깊게 내리게 하신다. 성실한 반복이 결국 신앙의 깊이를 결정한다. 꾸준히 반복된 습관이 결국 성도의 인격을 세운다.

루틴은 형식이 아니라 틀이고, 그 틀은 삶을 담아내는 그릇이다. 거룩한 틀은 거룩한 삶을 만들어 내고, 정돈된 시간은 평안한 영혼을 이끌어 낸다. 삶이 무너질 때, 우리를 다시 세우는 것도 결국 '거룩한 틀'이다. 틀이 있어야 내용이 흐른다. 거룩한 틀 안에서 삶은 거룩한 방향으로 자라난다.

삶은 결국 시간의 누적이다. 그리고 신앙이란, 그 시간을 어떻게 쓰느냐에 대한 고백의 총합이다. 시간은 곧 믿음이고, 믿음은 시간을 드리는 방식으로 드러난다. 오늘 하루의 기도가, 말씀 한 장의 묵상이, 주일을 구별하여 드린 그 한 시간이 삶 전체를 견고하게 만든다. 시간을 잘 다스리는 사람은 결국 자신을 잘 다스리는 사람이다. 자신을 다스릴 줄 아는 사람은 하나님의 뜻에 순종할 수 있는 사람이다. 시간을 다스리는 사람만이 인생을 다스릴 수 있다.

그리고 그렇게 살아가는 이의 하루는 단순한 흐름이 아니라, 매 순간을 예배처럼 살아내는 시간의 예술이 된다. 신앙인의 삶은 결국 '시간을 예배하는 삶'으로 완성된다. 시간을 예배하는 사람은 하루를 흘려보내지 않고, 하루를 하나님께 올려드린다.

주일, 단순한 휴식이 아니라 삶의 리셋이다
주일은 다시 연결되고, 다시 살아가는 날

성도에게 주일은 예배의 날이자, 삶 전체를 재정비하는 은혜의 시간이다. 세상은 주일을 '주말'의 연장으로 여기고 쇼핑이나 외식, 여가로 소비하지만, 믿는 자는 주일을 '다시 살아갈 방향을 정비하는 날'로 구별한다. 주일은 하나님이 우리에게 허락하신 회복의 루틴이다. 주일은 단순히 달력 위의 하루가 아니라, 성도의 영혼을 다시 숨 쉬게 하는 호흡이다.

"수고하고 무거운 짐 진 자들아 다 내게로 오라 내가 너희를 쉬게 하리라"(마 11:28). 예수님의 이 초청은 지금도 여전히 유효하다. 예배의 자리에 앉는다는 것은 단지 의무를 수행하는 것이 아니라, 그 초청에 응답해 쉼의 중심으로 들어가는 신앙적 선택이다. 주일 예배는 단순한 모임이 아니라, 지친 삶이 초청받아 새 힘을 얻는 자리다.

한 성도는 말했다. "주일 예배를 놓쳤던 주간은 이상하게 더 피곤하고 불안했어요. 말씀을 들으며 무너졌던 내 마음이 다시 세워지는 것이 느껴질 때, 진짜로 숨이 쉬어지는 것 같았죠." 이 고백 속에는 주일의 본질이 담겨 있다. 예배는 숨 고르기이고, 재정비이며, 삶의 중심을 다시 찾는 은혜의 루틴이다. 주일은 단순한 위로가 아니라, 삶을 다시 살아내게 하는 리셋 버튼이다.

'종교'라는 단어 religion은 라틴어 re(다시)와 ligare(묶다)에서 유래했다. 말 그대로 '다시 연결하다'는 의미다. 주일은 하나님과 다시 연결되고, 내 삶의 조각들을 다시 정돈하는 거룩한 연결의 시간이다. 흩어진 마음이 모이고, 끊어진 관계가 이어지고, 잃었던 방향이 회복되는 날이 주일이다.

지친 사람은 먼저 자신과의 연결이 끊기고, 이어서 하나님과도 멀어지며, 사람들과의 관계도 단절된다. 예배는 이 끊어진 흐름을 다시 이어준다. 하나님의 말씀은 흐트러진 삶의 구조를 세우고, 찬양은 메마른 감정을 되살리며, 기도는 꺼져가던 마음을 다시 들어 올리는 줄이 된다. 예배는 무너진 삶의 무대 위에서 조용히 다시 조명을 켜 주는 역할을 한다.

주일 예배는 단지 일정이 아니라, 삶 전체의 리듬을 바로잡는 중심축이다. 주일이 무너지면 한 주가 엉키고, 주일이 살아 있으면 나머지 여섯 날이 단단해진다. 주일을 세우는 것은 결국 한 주 전체를 세우는 일이다.

주일은 영적인 회복뿐 아니라 육적인 회복으로도 이어진다. 예배 후 마음이 정리되면 수면의 질이 달라지고, 월요일 아침의 발걸음도 가벼워진다. 한 성도는 고백했다. "주일 저녁 찬양을 들으며 기도하고 나면, 그날 밤은 유독 깊이 자요. 그리고 그 주간은 마음이 덜 흔들리는 느낌이에요." 신앙은 단지 믿음의 영역이 아니라, 몸의 루틴과 감정의 흐름, 삶의 방향을 통째로 재정비하는 구조다. 영혼이 회복되면 몸도 따라 회복되고, 몸이 가벼워지면 삶 전체의 질서가 새로워진다.

루틴은 우리를 보호한다. 주일이라는 일주일의 고정점이 있기에 삶은 완전히 흔들리지 않는다. 예배가 중심에 있는 사람은 세상의 소용돌이 속에서도 자신을 잃지 않는다. 삶이 요동칠 때도 예배라는 닻이 우리를 붙들어 준다.

예배의 자리에 앉아 있을 때, 말씀 한 구절이 마음을 울리고, 찬양 중에 문득 눈물이 흐르고, 기도 중에 "다시 시작하라"는 하나님의 속삭임이 들릴 때, 그 모든 순간이 한 주간을 다시 살아가게 만드는 리셋 버튼이 된다. 예배는 단순히 듣는 행위가 아니라, 하나님께서 직접 삶의 중심을 새롭게 세우시는 사건이다.

주일은 멈추는 날이 아니다. 다시 살아가기 위해 의도적으로 멈추는 날이다. 일의 성취보다 존재의 중심을 회복하는 날이고, 성과보다 정체성을 되새기는 날이다. 주일은 '무엇을 하느냐'보다 '나는 누구인가'를 묻는 날이다.

현대인은 속도에 중독되어 있다. '바쁘다'는 말이 인사처럼 흘러나오고, 쉼은 미뤄야 할 선택이 되며, 피로는 당연한 상태가 된다. 그러나 주일은 그 속도에서 잠시 내려오라고 초대한다. 멈춤은 패배가 아니라, 회복을 위한 선택임을 예배는 알려준다. 주일의 멈춤은 주중에 더 멀리 달리기 위한 준비다.

주일은 하나님이 우리에게 주신 거룩한 재부팅의 기회다. 그

날을 대충 보내면 다음 주간에 감당해야 할 짐은 더 무거워진다. 그러나 그날을 온전히 드릴 수 있다면, 삶은 한 템포 여유롭게, 더 힘차게 살아갈 수 있다. 주일을 지키는 사람은 흔들리지 않고, 주일을 놓친 사람은 쉽게 휘청인다.

주일은 단순한 휴식이 아니다. 삶의 흐름을 다시 정렬하는 신앙의 리셋이며, 예배라는 엔진을 돌려 다시 일어서는 시간이다. 이번 주일, 우리는 어떤 자세로 이 날을 맞이할 것인가? 단순한 쉼으로 흘려보낼 것인가, 아니면 하나님 앞에서 진짜 쉼을 누리며 내 삶을 다시 세울 것인가? 주일을 어떻게 대하느냐가 곧 한 주를 어떻게 살아내느냐를 결정한다.

주일은 지키는 일
나의 주도권을 이양하는 것이다

주일(안식일)의 주인은 과연 누구인가? 라는 질문을 던져본다. 나를 위하여 사는 것인가? 그게 아니라면 누구를 위하여 사는 것인가? 우리는 분명히 그에 대한 답을 내어야 한다.

예수님이 십자가에서 죽으셨다가 삼일 만에 부활하신 날을 기념하고 그 날을 주일로 삼아 예배드리고 있기 때문에 오늘날 우리는 안식일과 주일을 같은 개념으로 이해한다.

하나님이 세상과 인간을 엿새 동안 창조하시고, 일곱째 날에는 쉬라고 명령하셨다. 일곱째 날은 세상의 즐거움을 누리는 날이 아니라, 경건한 마음으로 하나님을 예배하며 거룩하게 보내야 하는 날이다. 주일의 주인은 인간이 아니라 하나님이시다.

하나님이 엿새 동안 일하시고 인간을 지으신 목적은, 일곱째 날에 인간의 예배를 받으시기 위함이었다. 그래서 십계명 가운데 네

번째 계명으로 "안식일을 기억하여 거룩히 지키라"고 명령하셨다.

유대인들은 안식일을 지키기 위하여 안식일에 일을 하지 않는다. 심지어 엘리베이터 버튼을 누르는 일까지 삼간다. 안식일에 싸우지 말아야 하기 때문에 적들로부터 공격을 받고 아무런 대응을 하지 않았던 때도 있었다. 안식일을 지키는 것이 중요하기 때문이다.

안식일에 산에 가서 나무를 하지 말고, 일하지 말라는 명령이 있다. 어떤 사람이 하나님을 시험하기 위하여 그 명령을 어겼을 때에 그 사람은 죽음을 면하지 못하였다. 그러나 부지중에 일을 하였을 경우에는 은혜로 용서해주신 것을 보게 된다.

예수님이 안식일에 병자를 고쳐주신 것은 잃은 양을 구원하시기 위한 의도이시다. 안식일을 지키라는 내용은 그 마음의 태도가 어디에 있는가의 본질에서 이해하는 것이다.

요즘은 주 5일제 근무를 많이 실행하고 있으니 많은 사람이 주말이 되면 산으로 들로 가서 캠핑을 하며 1박2일을 즐기기도 한다. 그러한 모습들을 보면 신앙생활을 하는 사람들은 가끔 유혹을 느끼기도 한다.

그러나 하나님은 주일을 통하여 영광 받으시기를 원하신다. 하나님이 인간을 만드신 목적은 인간으로 하여금 찬양을 받으시기 위함이다. 매일, 일주일 내내 찬양하는 삶이 되어야 하지만 특별히 하루를 정하여 거룩하게 드리라고 하셨으니 그날이 주일이 되는 것이다. 주일을 지키는 것은 성도의 의무이다. 지켜도 되고 지키지 않아도 되는 것이 아니라 반드시 지키라는 하나님의 명령이다.

과거에 신앙생활을 할 때에는 주일에 음식을 사먹는 일, 생필품을 사는 일들을 죄악시하였다. 그것이 맞다 그르다를 논하기보다는 안식일을 지키는 본질이 더 중요하다. 예배의 자리에 가는데 아무런 준비도 없이 부스스한 모습으로 헐레벌떡 달려가는 모습은 준비된 자의 모습이 아니다. 주일에 예배드리기 위하여 엿새 동안 열심히 일하고 토요일에는 주일을 준비하는 것이 성도의 올바른 태도이다. 깨끗한 옷을 준비하고, 헌금도 구분하여 기왕이면 깨끗한 것으로 준비하고 말씀을 생각하며 주일을 기다리는 자세가 주일을 맞이하는 성도의 자세이다. 또한 주일에 예배를 드리기 전에 겸손히 기도하는 모습, 찬양대나 교사나 어떠한 순서를 맡은 성도는 기도로 준비하며 하나님께 다가서는 모습이 참된 예배자의 모습이다.

주일을 지키는 것을 일정한 시간만 드리면 된다는 개념을 넘어서서 몸과 마음과 정성을 다하여 특별히 구분하여 예배를 드리는 것이다. 주일 예배의 자리로 들어갈 때에는 어떠한 계급도 필요하지 않다. 우리는 모두 하나님 앞에서 죄인이기 때문에 누구를 막론하고 하나님 앞에서 회개의 기도를 먼저 드리고 예배에 임하는 것이다.

주일을 지킨다는 것은 내 시간과 공간의 주도권을 나에게서 하나님께로 이양하는 것이다. 그러면 하나님이 나의 가정과 산업을 기경해 주신다. "그는 시냇가에 심은 나무가 철을 따라 열매를 맺으며 그 잎사귀가 마르지 아니함 같으니 그가 하는 모든 일이 다 형통하리로다"(시편 1:3).

꾸준함은 감정이 아니라 구조다, 믿음의 루틴이 인생을 세운다

많은 사람이 좋은 의도와 동기로 어떤 일을 시작한다. '이제는 말씀을 다시 읽어야지', '기도 시간을 회복해 봐야지', '매일 감사일기를 써야지' 시작은 진지하고 뜨겁지만 며칠이 지나면 어느새 흐지부지되고, 결국은 '작심삼일'로 끝나버린다. 결심은 화려했지만, 구조가 받쳐주지 못했기에 오래가지 못하는 것이다.

왜 그럴까? 의지가 약해서가 아니라, 대부분 감정에 기대어 출발했기 때문이다. 감정은 날마다 바뀌고, 의욕은 피로 앞에서 쉽게 무너진다. 기분이 좋을 땐 몰입되지만, 기분이 가라앉는 날엔 그 모든 결심이 무력해진다. 감정 위에 세운 계획은 감정이 흔들릴 때 함께 무너진다.

신앙인의 삶은 달라야 한다. 신앙인은 감정이 아닌 믿음의 구조 위에 꾸준함을 세우는 사람이다. 오늘 기분이 좋아야만 기도하고 말씀을 본다면, 내일은 결코 기도할 수 없다. 꾸준함은 감정이 좋을 때 나타나는 열정이 아니라, 감정과 무관하게 반복할 수 있는 루틴으로 설계된 습관의 결과다. 신앙인의 성실함은 순간의 불꽃이 아니라, 구조화된 반복에서 길러진다.

루틴은 정해진 시간, 익숙한 장소, 반복되는 행동을 통해 일상의 질서를 만들어 낸다. 오늘의 기도가 감동이 없어도, 자리를 지키는 사람은 결국 신앙의 뿌리를 깊게 내린다. 그 반복이 쌓여서 감정이 아니라 중심으로 사는 사람을 만든다. 꾸준함은 특별한 은사가 아니라, 단순한 반복의 힘에서 자란다. 꾸준히 반복하는 작은 습관이 결국 신앙인의 인생을 지탱한다.

한 성도가 고백했다. "새벽 기도를 처음 시작했을 땐 졸기 일쑤였어요. 말씀도 잘 안 들어왔고요. 그런데도 매일 나갔어요. 그러다 어느 날, 말씀 한 줄이 가슴에 박혔고, 그날 이후로 '그 자리에 있는 사람이 이기는 거구나'를 깨달았어요." 이 고백은 감정보다 구조가 어떻게 신앙을 지켜주는지를 보여준다. 자리를 지키는 것 자체가 곧 승리라는 사실을 일깨워 준다.

성경은 말한다. "모든 지킬 만한 것 중에 더욱 네 마음을 지키라 생명의 근원이 이에서 남이니라"(잠 4:23). 마음은 언제나 흔들린다. 감정도, 상황도, 일정도 날마다 달라진다. 그래서 신앙인은 감정보다 위에 있는 영적 리듬과 질서를 선택해야 한다. 흔들리는 마음을 지켜내는 유일한 방법은, 변하지 않는 루틴을 붙드는 것이다.

기도는 감동이 있을 때만 드리는 것이 아니다. 기도는 감동이 없을 때에도 드려야 한다. 말씀 묵상이 감정적으로 와닿지 않을 때에도, 그 자리에 앉아 꾸준히 펴고 읽는 사람은 결국 말씀에 붙들리는 사람이 된다. 하나님은 우리가 느끼는 날에만 역사하시지 않고, 우리가 지키는 날에도 일하신다. 신앙의 깊이는 감동의 순간보다 지켜낸 날들의 총합에서 드러난다.

루틴은 뿌리와 같다. 겉으로는 잘 보이지 않지만, 바람이 불 때 그 진가가 드러난다. 지치고 흔들리는 날에도 '평소처럼' 살아가는 사람은 무너지지 않는다. 그 사람이 감정을 이기고 계속 나아갈 수 있는 이유는, 감정이 아니라 믿음으로 짜인 구조 안에 있기 때문이다. 루틴이라는 뿌리가 깊을수록 폭풍 앞에서도 흔들리지 않는다.

누군가는 묻는다. "정말 매일 똑같이 기도하고 말씀을 읽는다고 삶이 바뀌나요?" 그 질문에 대한 답은 명확하다. 매일 똑같이 하지 않으면, 삶은 조금씩 흐트러진다. 문제를 만나기 전에 말씀 안에 있던 사람은 쉽게 넘어지지 않는다. 매일 기도하고 말씀을 읽으면 신경전달의 길이 뚫리게 되고, 세로토닌·도파민·옥시토신의 분비가 활성화된다.

루틴은 결과를 보장하진 않지만, 방향을 잃지 않게 해준다. 꾸준함은 특별한 능력이 아니라, 작은 반복으로 형성된 내적 질서다. 예배를 지키고, 기도의 시간을 놓치지 않고, 말씀을 펴는 하루의 습관이 쌓여 하나님 앞에 신실함으로 나아가는 틀을 만든다. 결국 신앙의 깊이는 하루하루의 작은 습관이 모여 만들어 낸다. 삶은 결국 습관의 집합이고, 신앙은 그 습관이 하나님께 향해 있는가로 드러난다.

한 집사님은 말했다. "말씀을 읽는 게 언제나 뜨겁진 않아요. 하지만 그 자리를 지키다 보면, 어느 날 말씀이 깊이 꽂히는 날이 있어요. 그래서 지금은 '매일 한다'는 사실 자체에 의미를 둬요." 이 고백은 루틴이 감정을 넘어서는 신앙의 구조임을 보여준다. 꾸준히 쌓인 하루의 작은 습관이 결국 인생 전체를 바꾸는 힘이 된다. 신앙의 진짜 변화는 감정의 불꽃이 아니라, 습관의 누적에서 온다.

감정에 따라 움직이는 사람은 자주 흔들린다. 오늘은 열정적이지만, 내일은 무기력하다. 하지만 감정이 아닌 구조로 사는 사람은 흔들려도 금방 돌아온다. 그 사람은 스스로를 믿을 수 있고, 남들도 그 사람을 신뢰할 수 있다. 꾸준함으로 사는 사람은 자신에게 신뢰를 주고, 공동체에도 믿음을 준다. 꾸준한 사람은 자신도 지탱하고 공동체도 세우는 기둥이 된다.

신앙의 성장은 감정이 아니다. 하루하루 반복하는 작고 단순한 실천의 축적이다. 하나님은 대단한 감정보다, 작은 순종을 반복하는 사람을 기뻐하신다. 꾸준함은 감정이 아니라, 믿음으로 짜여진 삶의 가장 단단한 구조가 된다. 하나님은 순간의 열정보다도, 꾸준한 신실함을 더 귀히 여기신다. 결국 신앙을 세우는 힘은 감정이 아니라, 믿음으로 설계된 구조다. 꾸준함은 신앙인의 가장 강력한 무기이며, 하나님이 기뻐하시는 삶의 방식이다.

지루함을 견딘 믿음은 강하다
매일의 루틴이 쌓는 신앙의 내공

"매일 그렇게 사세요?" 주일마다 예배를 드리고, 매일 말씀을 묵상하고, 기도하고, 소그룹 모임에 참여하며, 삶의 자투리 속에서도 찬양과 봉사, 섬김을 이어가는 성도의 삶을 보며, 누군가는 감탄하고 또 누군가는 질문한다. "그게 정말 가능해요? 안 지치세요?"

신앙인의 대답은 단순하다. "힘들지만, 그게 저를 지켜주니까요." 꾸준함은 결코 쉽지 않지만, 바로 그 꾸준함이 삶을 무너지지 않게 붙들어 준다.

많은 사람이 좋은 동기와 의도로 무언가를 시작한다. '이제는 기도를 다시 해봐야지', '말씀 통독을 해보자', '하루 한 장씩이라도 묵상해 보자.' 시작은 늘 진지하고 뜨겁다. 그러나 어느 순간 현실이라는 벽 앞에 서게 된다. 피곤한 날, 감정이 가라앉는 날, '오늘쯤은 쉬어도 되겠지'라는 유혹이 다가오는 순간이 있다. 결심은 뜨겁지만, 그 열기가 오래가려면 구조가 필요하다.

그때 필요한 것은 새로운 감동이 아니다. 끝까지 버티게 하는 믿음의 루틴이다. 신앙은 감정이 아니라 구조로 유지된다. 오늘 마음이 뜨겁지 않더라도 매일 같은 시간에 기도하고, 말씀을 펴고, 예배의 자리에 앉는 사람은 시간이 흐를수록 그 자리에 뿌리를 내린다. 신앙의 힘은 순간의 열정보다, 지루함을 견뎌낸 반복에서 나온다.

루틴은 감정을 이긴다. '내가 하고 싶을 때만 하는 것'은 루틴이 아니다. 하고 싶지 않은 날에도 하기로 정해져 있는 것, 그것이 루틴이다. 루틴은 우리의 기분에 신앙을 맡기지 않게 하고, 신앙이 감정 위에서 흔들리지 않도록 지탱한다.

빌립보서 1장 6절은 말한다. "너희 안에서 착한 일을 시작하신 이가 그리스도 예수의 날까지 이루실 줄을 우리는 확신하노라." 하나님은 일시적인 감정의 불꽃이 아니라, 일관된 순종의 루틴 속에서 일하신다. 믿음은 돈으로 살 수 없고, 열정만으로 유지되지 않는다. 믿음은 매일의 성실한 반복 속에서 자라난다. 작은 반복이 쌓여 신앙의 큰 내공을 만든다.

사람들은 종종 '지루하다'는 이유로 루틴을 꺼려한다. 그러나 지루함을 견뎌낸 반복이 결국 깊이가 된다. 루틴은 단조로움이 아니라, 의도를 담은 거룩한 습관이다. 매일 말씀을 읽고, 기도하며, 예배의 자리를 지키는 반복은 어떤 위기 앞에서도 흔들리지 않게 해 주는 보이지 않는 뿌리다. 루틴은 신앙인의 숨은 뿌리이며, 흔들림 속에서도 버티게 하는 보이지 않는 근육이다.

신앙은 반복이다. 반복은 형식이 아니라 내면을 훈련하는 영적 리듬이다. 기복이 심한 사람일수록 루틴이 약하다. 감정에 따라 신앙을 시작한 사람은 감정이 무너지는 순간 함께 무너진다. 그러나 작은 루틴을 지켜온 사람은 쓰러지더라도 금방 다시 일어선다. 꾸준히 반복하는 습관은 실패 후에도 신앙을 회복하게 하는 안전망이다.

기도로 하루를 시작하고 말씀으로 하루를 마감하며, 주일 예배를 삶의 고정점으로 세우고 공동체와의 교제를 정기적으로 이어가는 일상. 이 평범한 신앙의 반복이 사실은 가장 비범한 힘을 만들어낸다. 세상은 성과와 속도를 이야기하지만, 하나님은 성실과 지속을 기뻐하신다. 사람들은 드러나는 결과에 박수를 보내지만, 하나님은 드러나지 않는 루틴의 뿌리를 귀히 여기신다. 하나님은 화려한 순간보다 묵묵한 꾸준함을 더 깊이 기억하신다.

한 주에 한 번 예배하는 일, 하루에 한 번 말씀을 묵상하는 일, 누구도 박수치지 않는 그 일상이 영혼을 지키는 방패가 된다. 위기 앞에서 흔들리지 않고, 칭찬이 없어도 묵묵히 자리를 지키며, 감정이 사라진 순간에도 하나님을 붙드는 힘, 그것은 단지 신앙의 기질이 아니라, 신앙의 구조에서 나오는 내공이다. 보이지 않는 순간에도 지켜낸 습관이 신앙의 체력을 만든다.

신앙은 불꽃이 아니라 불씨다. 불씨는 바람이 불어도 쉽게 꺼지지 않는다. 그 불씨는 매일의 말씀, 매일의 기도, 매주일의 예배로 유지된다. 오늘도 예배의 자리를 지키고, 말씀의 페이지를 열고, 기도의 문을 여는 이들의 삶에는 보이지 않는 내공이 쌓이고 있다. 그 반복은 결코 헛되지 않다. 그 성실은 하나님 앞에서 반드시 기억된다. 하나님은 그 작은 성실 위에 큰 믿음을 세우신다.

그리고 그 반복 위에 하나님은 믿음의 사람을 세우신다. 신앙의 진짜 힘은 눈부신 감정이 아니라, 지루함을 견디며 쌓아 올린 꾸준한 루틴 속에서 드러난다. 오늘 하나를 지키지 못하면 내일은 두 개를 지키지 못하고, 오늘 하나를 인내함으로 지키면 내일은 더 많은 것을 지키리라. 이러한 실천이 성숙한 신앙인을 만든다.

게으른 신앙은 없다
하나님이 싫어하시는 '미루기의 영성'

"게으른 자여 개미에게 가서 그가 하는 것을 보고 지혜를 얻으라"(잠 6:6).

성경은 게으름을 단순한 성격이나 기질이 아니라, 지혜의 부재로 본다. 지혜란 총명함이 아니라, 제때 해야 할 일을 감당하는 삶의 리듬이기 때문이다. 오늘날 우리는 게으름을 '라이프스타일'로 포장하지만, 성경의 시선은 훨씬 단호하다. 게으름은 하나님이 주신 시간과 자원을 낭비하는 죄이며, 책임을 회피하려는 마음의 연약함에서 비롯된다. 게으름은 단순히 느린 것이 아니라, 하나님의 때를 외면하는 죄다.

게으름은 그저 '하지 않음'이 아니다. 그것은 '맡겨진 것을 외면함'이며, '해야 할 때 하지 않음', 그리고 '할 수 있음에도 하지 않음'이다. "게으른 자는 말하기를 사자가 밖에 있은즉 내가 나가면 거리에서 찢기겠다 하느니라"(잠 22:13). 이 말씀은 일하기 싫어하는 자의 변명이다. 사자는 일반적으로 마을에서 멀리 떨어진 곳에서 살고 있다. 그러나 게으른 자는 일할 시간에 나가지 않는 자신을 합리화하려는 생각으로 소설을 쓴다. 마치 사자가 밖에 있다고 핑계를 대며 일을 피하는 것과 같다. 게으른 자는 온갖 핑계를 대며 일하지 아니하므로 자신은 물론 공동체에 부작용을 끼친다.

게으름은 하나님과의 관계 속에서도 심각한 장애가 된다. 신앙이란 늘 '지금 여기서' 응답해야 하는 삶이기 때문이다. "언젠가 기도를 다시 시작해야지", "다음 주부터 말씀을 읽어야지", "조금만 바쁘지 않으면 봉사해 볼게요"라는 말은 모두 게으름의 언어다. 그리고 게으름은 예외 없이 신앙을 늙게 만든다. 기도가 미뤄지고, 예배가 습관화되며, 봉사가 의무가 될수록 우리는 점점 하나님과 멀어진다. 신앙은 본래 민감한 반응성인데, 게으름은 그 감도를 무디게 하고 영혼을 서서히 마비시킨다.

성경은 게으름의 결과가 단지 실패나 빈곤에 그치지 않는다고 말한다. "게으른 자는 가을에 밭 갈지 아니하나니 그러므로 거둘 때에는 구걸할지라도 얻지 못하리라"(잠 20:4). 밭을 갈지 않은 사람은 단지 '하지 않았을' 뿐이지만, 추수 때가 되면 남의 자비에 기대어야 하는 인생이 된다. 신앙도 마찬가지다. 기도하지 않고, 말씀을 가까이하지 않으며, 사명을 감당하지 않으면 결국 영혼은 메말라간다. 그리고 하나님 앞에 섰을 때, 우리는 아무것도 드릴 수 없는 빈손이 되고 만다. 게으름은 결국 영적 파산으로 이어진다.

게으름은 공동체 안에서도 치명적인 균열을 만든다. 직장은 몇몇 열심 있는 사람들만으로 유지되지 않는다. 모든 직원이 각자의 자리에서 몫을 감당할 때 공동체는 건강하게 굴러간다. 그런데 "나는 잘 몰라서요", "요즘 너무 바빠서요", "다른 분이 더 잘하시잖아요" 같은 말로 일을 미루는 사람들이 늘어나면, 그 공동체는 점점 무너진다. 게으름은 '소극적 악'이다. 아무 일도 하지 않는 것처럼 보이지만, 실은 하나님의 일을 방해하는 무형의 장애물이다. 게으른 손길 하나가 공동체 전체를 지치게 한다.

물론 요즘 같은 번아웃 시대에 쉼은 중요하다. 그러나 성경이 말하는 부지런함은 과로가 아니다. 해야 할 일을 미루지 않는 성실함, 맡겨진 책임 앞에 회피하지 않는 정직함을 말한다. 이것이 바로 '신앙적 부지런함'이다. 부지런함은 더 많은 일을 하라는 압박이 아니라, 하나님께서 내게 맡기신 오늘을 헛되이 보내지 않는 삶의 태도이다. 쉼과 게으름은 다르다. 쉼은 회복을 주지만, 게으름은 영혼을 녹슬게 한다. 그리고 그 태도는 하나님 앞에 드리는 일상의 예배가 된다.

신앙적 부지런함은 특별한 사명에서 시작되지 않는다. 매일 아침의 기도, 하루 한 장의 말씀 묵상, 작은 봉사와 축복의 말, 맡은 자리의 책임감 있는 감당, 필요한 곳에 나누는 물질과 시간 이 모든 작은 순종들이 하나님 나라의 열매로 자라난다. 히브리서 6장 10절은 말한다. "하나님은 불의하지 아니하사 너희 행위와 그의 이름을 위하여 나타낸 사랑으로 이미 성도를 섬긴 것과 이제도 섬기고 있는 것을 잊어버리지 아니하시느니라." 하나님은 우리가 얼마나 많은 일을 했는지가 아니라, 맡은 일을 어떻게 감당했는지를 기억하신다. 작은 부지런함이 쌓여 하나님의 기억 속에 남는 큰 순종이 된다.

　오늘날 무기력과 자기정당화가 익숙해진 시대에, 게으름은 스스로를 '쉼'으로 포장한다. 그러나 신앙이란 결국 '지금 여기서 내가 무엇을 하고 있는가'의 싸움이다. 직장에서 받는 급료는 당연하게 여기지만 맡은 일을 소홀히 한다면 그는 회사에 필요 없는 존재일 뿐이다. 자기에게 주어진 일을 부지런하고 성실하게 감당하는 자는 칭찬 받는 존재일 것이다.

　다시 강조한다. 성경은 게으름을 강하게 질책한다. 게으름은 단순한 느림이 아니라, 하나님이 주신 시간과 자원을 낭비하는 죄이다. 한 달란트를 받은 종은 아무것도 하지 않았기에 '악하고 게으른 종'이라는 혹독한 평가를 받았다(마 25:26). 게으름은 자기에게 주어진 책임에 대한 회피이며, 신앙적 열매를 맺는 일을 방해하는 장애물이다. 게으름은 단순한 나태가 아니라, 하나님의 기대를 거부하는 불순종이다.

　부지런함은 하나님으로부터 주어진 인생을 잘 가꾸어 가는 착한 신앙의 성품이요, 청지기의 자세이다. 부지런하고 성실한 삶은 재정을 보살피고 책임을 감당하는 일에서 시작하여, 공동체를 유익한 방향으로 이끈다. 신앙인의 부지런함의 최종 목적지는 하나님의 영광을 드러내는 것이다. 부지런한 삶은 결국 하나님을 영화롭게 하는 가장 실질적인 길이다.

　게으름은 마음의 문제이며, 결국 영적 우선순위의 붕괴다. 오늘 당신은 하나님께 받은 시간을 어떻게 쓰고 있는가? 작은 순종의 열매를 오늘도 맺고 있는가? 주어진 자리에서 기도하고, 사랑하며, 감당하고 있는가? 신앙은 결코 미룰 수 없다. 내일이라는 유예 속에서 신앙은 자라지 않는다. 지금, 여기, 내가 하나님 앞에 순종할 때, 그 삶은 게으름 없는 은혜로 세워진다. 신앙에는 미루기의 영성이 없다. 하나님은 오늘의 순종 위에 내일의 은혜를 세우신다. 직원도 회사도 마찬가지이다.

신뢰는 신앙인의 통장이다
보이지 않는 자산의 힘

　신앙인은 보이지 않는 것을 중요하게 여기는 사람이다. 믿음이란 본래 보이지 않는 것을 믿는 데서 출발하며, 그 믿음의 열매 또한 숫자나 외형으로 쉽게 환산되지 않는다. 그러나 눈에 보이지 않는다고 해서 그것이 무의미한 것은 아니다. 오히려 신앙인이 평생을 통해 쌓아야 할 진짜 자산은 신뢰, 성실, 예측 가능성이라는 이름의 무형 자산이다. 이는 통장에 찍히지 않지만, 인생을 단단하게 세워주는 기반이며, 하나님께서도 눈여겨보시는 가치이기 때문이다. 세상은 재산을 통장 잔고로 계산하지만, 하나님은 신뢰라는 무형의 잔고를 보신다.

　신뢰는 단번에 얻어지지 않는다. 그것은 작은 약속을 지키는 일에서 시작된다. "연락드리겠습니다"라고 말하고 실제로 연락하는 사람, "기도하겠습니다"라고 말하고 진심으로 기도하는 사람,

기분이나 상황에 따라 태도를 바꾸지 않고 맡은 일을 묵묵히 감당하는 사람. 이러한 이들의 이름 옆에는 '믿을 만한 사람'이라는 보이지 않는 타이틀이 붙는다. 이 무형 자산은 '하나님 앞에서 산다'는 내면의 의식에서 비롯되며, 그 의식이야말로 신뢰를 지켜내는 힘이 된다. 신뢰는 결국 그 사람을 무너지지 않는 인생의 기반 위에 세워진다.

성실은 겉으로 드러나지 않는 품성이다. 매일 반복되는 일상 속에서 꾸준히 자리를 지키는 태도는 흔히 '평범함'으로 여겨지지만, 하나님은 그 안에 담긴 충성과 무게를 기억하신다. 성실한 사람은 지루함을 견디고, 자기 책임을 끝까지 감당하며, '보이는 것'보다 '옳은 것'을 선택하는 데 익숙하다. 그래서 그의 하루는 작아 보일지라도, 오랜 시간이 지난 뒤에는 가장 단단한 인생의 줄기가 되어 있다. 성실은 화려하지 않지만 오래가는 힘이고, 말보다 느리지만 뿌리처럼 깊게 내려 흔들림을 막는다.

예측 가능성은 공동체 안에서 신뢰를 세우는 또 하나의 기둥이다. 감정에 따라 말과 행동이 요동치지 않고, 오늘 다르고 내일 다른 태도를 보이지 않으며, 맡은 역할을 일관되게 감당하는 사람은 그 자체로 공동체에 안정을 준다. 예측 가능한 사람은 공동체의 중심을 잡아주는 사람이다. 흔들림 없는 리듬을 가진 이의 존재는 때로 어떤 리더십보다 큰 힘을 발휘한다. 그는 단순히 신뢰를 넘어 '안정'이라는 자산을 공동체에 선물한다.

신앙인의 가치는 눈에 보이는 재물만이 아니라, 눈에 보이지 않는 자산을 얼마나 충실히 축적하느냐에 있다. 이러한 무형 자산은 성실함과 정확한 지식, 일관된 실천을 기반으로 형성된다.

하루아침에 얻어지는 것이 아니라, 오랜 시간 동안 정직한 태도와 지속적인 행동, 그리고 '하나님 앞에 있다'는 의식에서 비롯되는 결과다. 약속을 했으면 지키고, 기분 따라 행동하지 않으며, 맡은 일에 책임을 다하는 태도는 그것만으로도 신앙인의 자산이다. "지극히 작은 것에 충성된 자는 큰 것에도 충성된고"(눅 16:10) 라는 말씀은 그 삶을 향한 하나님의 평가다. 신앙인의 진짜 통장은 은행이 아니라, 하나님 앞에 쌓여 가는 충성의 기록이다.

이 무형 자산은 개인의 평판을 위한 것이 아니라, 하나님 나라의 사람으로 살아가기 위한 자격이며, 영적 성숙의 열매이기도 하다. 성경 속 인물들은 이 무형 자산의 중요성을 생생하게 보여준다. 다윗은 들판에서 양을 치는 작은 자리에서 성실함을 보였고, 요셉은 감옥 안에서도 신뢰받는 사람으로 준비되었다. 다니엘은 일관된 태도와 정결한 영성으로 제국의 중심에 섰다. 이들은 화려한 시작이나 유리한 조건 없이도, 무형 자산을 통해 하나님의 쓰임을 받았다. 하나님은 언제나 눈에 보이지 않는 충성을 눈여겨보신다.

이 신앙은 언제나 보이지 않는 것을 위한 훈련이다. 그리고 그 훈련은 오늘도 계속되고 있다. 상사의 눈에 보이지 않는다고 다른 일 하고, 하기 싫다고 다음으로 미루고, 어렵다고 쉬운 것만 찾아서 하며 자기 역할을 소홀히 하는 자는 회사에 무익한 존재일 뿐이다. 기도하겠다는 말에 실제 기도가 따르고, 맡은 역할에 끝까지 충성이 담기며, 누구도 보지 않는 자리에서도 같은 태도를 유지하는 삶. 바로 그것이 하나님의 눈에 드는 인생이다. 하나님은 언제나 그 '쌓여가는 것'을 기억하신다. 사람들의 눈에는 미련하게 보일 수 있지만, 무형 자산은 결국 그 사람의 이름을 설명해주는 유일한 언어가 된다. 세상은 스펙으로 사람을 평가하지만, 하나님은 신뢰와 성실이라는 보이지 않는 스펙으로 평가하신다.

오늘도 신앙인은 두 가지 질문 앞에 서게 된다. '나는 신뢰할 만한 사람인가?' '하나님 앞에서도 같은 사람인가?' 이 질문에 조용히 '예'라고 대답할 수 있다면, 그는 이미 풍요로운 사람이다. 통장에 찍히는 숫자가 줄어들지라도, 신뢰의 저축이 쌓여간다면 그 인생은 결코 무너지지 않는다. 하나님은 그런 사람을 통해 일하시며, 그런 인생을 통해 하나님 나라를 세워가신다.

"주께 하듯" 일하는 신앙인, 직장에서 버티는 힘의 원천

조직 안에는 유난히 오래 버티는 사람이 있다. 목소리를 높이지 않고 존재감을 드러내지 않지만, 이상하게도 '그 사람이 없으면 조직의 균형이 무너질 것 같다'는 인상을 주는 사람이다. 자기 자리를 묵묵히 지키고, 갈등 속에서도 감정을 자제하며, 맡은 일을 끝까지 해내는 이들 중에는 신앙인이 적지 않다. 외유내강이라는 말이 어울릴 정도로 조용하지만 강한 이들은, 어떻게 그토록 오래, 성실하게 그 자리에 머무를 수 있을까.

누군가는 말한다. 믿음이 깊으니 참을성이 많은 것 아니냐고. 혹은 신앙인 특유의 체념이나 현실 수용력이 높아서 그럴 거라고. 그러나 실상은 다르다. 신앙인이 직장에서 오래 버티는 이유는 단순한 인내심이나 상황 적응력 때문이 아니다. 그들은 일터를 하나님이 부르신 사명의 자리로 보기 때문에 버틴다. 세상은 직장을 소득의 장소로 정의하지만, 신앙인은 그곳을 부르심의 현장, 즉 하나님 앞에 선 삶의 한가운데로 본다.

골로새서 3장 23절은 이렇게 말한다. "무슨 일을 하든지 마음을 다하여 주께 하듯 하고 사람에게 하듯 하지 말라." 이 말씀은 신앙인의 일터를 바라보는 시선을 완전히 바꿔 놓는다. 상사의 눈치를 보기보다 하나님의 시선을 의식하고, 평가보다 태도를 중요하게 여긴다. 일이 주는 피로, 오해, 억울함, 비효율 속에서도 그들이 버틸 수 있는 까닭은 바로 이 믿음 때문이다. 하나님께서 모든 것을 보고 계신다는 확신이 태도의 일관성을 만들고, 성실함의 뿌리를 깊게 내리게 한다.

신앙인은 일을 통해 무엇을 얻을 수 있을지를 먼저 계산하지 않는다. 대신 그 일이 하나님께 속해 있는지를 먼저 묻는다. 그래서 보상이 적어도 낙심하지 않고, 평가가 낮아도 쉽게 흔들리지 않는다. 오히려 그들은 "하나님이 맡기신 자리라면 작아도 끝까지 감당하겠다"는 각오로 매일을 쌓아간다. 소명은 그들을 피곤하게 하지 않는다. 소명은 오히려 지탱하게 한다.

신앙인이 조직에서 주는 진짜 가치는 성과나 스펙이 아니다. 감정에 휘둘리지 않고, 정직한 보고를 하며, 맡은 일을 꾸준히 감당하는 사람. 이들이 주는 예측 가능성과 안정감은 무형의 자산으로 축적된다. 변화와 불확실성이 많은 조직에서 이러한 사람은 버팀목이 된다. 그는 말보다 행동이 먼저이고, 위기 속에서도 흔들림 없이 '늘 그랬던 사람'으로 존재한다. 결국 결정적인 순간에 신뢰는 이런 사람에게 돌아간다.

직장은 언제나 공정한 곳은 아니다. 성실한 사람이 반드시 인정받는 것도 아니며, 정직한 사람이 보상받는 구조는 더욱 아니다. 그

러나 신앙인은 그런 현실에서도 자신을 지켜낸다. 그들은 알고 있
다. 하나님은 다 아신다는 것을. 하나님이 판단하시고, 하나님이 갚
으신다는 것을 믿기에 억울함과 오해 앞에서도 자기를 증명하려 애
쓰지 않는다. 대신 더 정직하게, 더 깊이 기도하며, 감정을 하나님
앞에 쏟아놓는다. 그리고는 다음 날 아침, 다시 그 자리로 출근한다.

　직장 내에서 신앙인이 '버틴다'는 말은 단지 남아 있다는 뜻이
아니다. 그것은 흔들리지 않고 자리를 지킨다는 뜻이다. 감정이 아
닌 믿음으로, 사람의 평가가 아닌 하나님의 시선으로, 불합리함 앞
에서도 태도를 바꾸지 않는다는 선언이다. 소명의식이란 바로 이런
것이다. 일이 힘들어질수록 신앙은 더 깊어지고, 외면당할수록 태
도는 더 선명해진다. 신앙인은 버티는 것이 아니라, 그 자리를 믿음
으로 살아내는 것이다.

　"그 사람은 믿을 수 있다." 이 말은 조직에서 쉽게 얻을 수 있는
평판이 아니다. 그 말이 붙기까지는 수많은 회의, 수많은 반복, 수많
은 밤샘, 그리고 수많은 양보와 침묵이 필요하다. 그리고 종종 그 말
은 신앙인에게 돌아간다. 그 사람이 화려한 성과를 냈기 때문이 아
니라, 묵묵히 자기 자리를 지켜냈기 때문이다. 신뢰는 하루아침에
주어지지 않는다. 그러나 오랜 시간 똑같이 성실한 사람에게 반드
시 따라붙는 열매다.

　세상은 빠르게 평가하고, 효율적으로 판단하며, 이익에 따라 태도
를 바꾼다. 그러나 신앙인은 느려도 오래간다. 성과보다 성품을 남기
고, 속도보다 신뢰를 남긴다. 오늘도 신앙인은 묵묵히 출근하고, 흔들
리는 세상 한가운데에서 하나님 앞에서의 태도를 지킨다. 그리고 하
나님은 그런 사람을 기억하시고, 반드시 그 삶을 통해 일하신다.

위기 앞에 멈추지 않는 사람들
신앙인의 루틴은 왜 강한가

    인생에서 가장 당황스러운 순간은 예고 없이 닥친 위기다. 질병, 이별, 사고, 해고, 억울한 누명처럼 삶의 균형을 순식간에 무너뜨리는 일은 늘 갑작스럽게 찾아온다. 누구에게나 위기는 오지만, 그 순간을 맞는 태도는 사람마다 다르다. 어떤 이는 감정에 무너지고 중심을 잃지만, 어떤 이는 눈에 띄게 흔들리지 않는다. 외부 조건은 비슷해 보이지만, 반응은 전혀 다르다. 그 차이는 결국 평소에 삶을 어떻게 훈련했느냐에서 갈린다.

    사람은 위기 앞에서 이성보다 감정이 먼저 반응한다. 판단은 흐려지고, 감정은 앞서가며, 몸은 멈춰선다. 그런데 어떤 사람은 그런 순간에도 '어떻게든 해내는' 내면의 힘을 보여준다. 그 힘은 특별한 성격이나 낙천적인 기질 때문이 아니다. 그들이 평소에 만들어온 믿음의 루틴, 곧 훈련된 반복에서 비롯된다. 위기 때 사람은 평소 하던 대로 움직인다. 생각할 시간이 없을 때, 몸이 기억하는 대로 행동하게 된다. 위기는 결국 평소 훈련이 실전에서 드러나는 순간이다.

성경 속 바울은 그러한 루틴의 사람이었다. 그는 복음 전파를 위하여 자신의 안위를 돌보지 아니하고 끝까지 나가는 사람이었다. "유대인들에게 사십에서 하나 감한 매를 다섯 번 맞았으며 세 번 태장으로 맞고 한 번 돌로 맞고 세 번 파선하고 일주야를 깊은 바다에서 지냈으며… 아직도 날마다 내 속에 눌리는 일이 있으니 곧 모든 교회를 위하여 염려하는 것이라"(고후 11:24-28).

신앙은 감정이 아니다. 위로받을 때만 작동하는 정서적 반응이 아니라, 매일 훈련되는 내면의 리듬이다. 그리고 이 리듬은 위기의 순간, 신앙인의 내면을 자동처럼 움직이는 반사신경이 된다. 아침마다 말씀을 묵상하고, 하루 중 짧은 기도를 올리며, 정기적으로 예배에 참여하고, 믿음의 공동체와 연결된 사람은 그 루틴 덕분에 감정이 무너질 때도 믿음을 놓지 않는다. 평범해 보이는 일상이 반복되면, 그 반복이 위기 앞에서는 방패가 된다.

신앙의 루틴은 영적 습관 이상이다. 그것은 반복을 통해 신경망을 훈련시키고, 믿음의 자동 반응을 몸에 새기는 작업이다. 정해진 시간에 말씀을 펴고, 습관처럼 기도를 시작하며, 예배의 자리에 몸을 두는 모든 반복은 결국 '하나님을 향한 방향성'을 내 안에 구축한다. 그리고 이 구조는 위기가 왔을 때 나를 다시 그 방향으로 끌어올린다. 감정이 흔들리고 생각이 멈춰도, 루틴은 내 몸을 다시 기도의 자리로, 말씀의 자리로, 예배의 자리로 이끈다. 이것이 루틴이 만든 신앙의 회복력이다.

반대로, 신앙 루틴이 없는 사람은 위기 앞에서 갑자기 허공을 더듬게 된다. 평소엔 괜찮은 신자처럼 보였고, 말도 좋았고, 감동적인 간증도 했지만, 막상 일이 터지면 기도는 끊기고 예배는 멀어지며 말씀은 손에서 놓인다. 그것은 믿음이 약해서가 아니라, 믿음을 훈련하지 않았기 때문이다. 반복 없는 믿음은 인상적일 수 있지만, 위기 앞에서는 작동하지 않는다. 반면, 지루할 정도로 일관된 루틴은 위기 속에서 가장 안정적인 힘이 된다.

루틴은 감정을 이긴다. 오늘 피곤하더라도 정해진 시간에 말씀을 펴는 사람, 일이 많더라도 예배의 자리를 놓치지 않는 사람, 감정이 흔들릴수록 더 기도에 매달리는 사람. 그들의 삶은 사소해 보이지만, 위기 속에서 놀라운 회복력을 발휘한다. 루틴은 내가 약할 때 나를 대신해 움직이는 시스템이다. 스스로 무너질 때조차 루틴이 나를 지탱한다.

빌라델비아 교인들을 보라. 농사를 짓고 있었기 때문에 생활이 넉넉하지 못했으나 신앙생활을 위하여 주일을 지켰던 그들의 삶은 오늘 우리에게 신앙의 본이 된다. 황제숭배를 하는 상인들의 조직에 가입하면 장사도 하며 잘 살 수 있었지만, 그들은 신앙을 지켰다. 그러한 모습에 대하여 "네 앞에 열린 문을 두었으되 능히 닫을 사람이 없으리라 내가 네 행위를 아노니 네가 작은 능력을 가지고서도 내 말을 지키며 내 이름을 배반하지 아니하였도다"(계 3:8)라고 하셨다. 그의 신앙은 루틴이 되어서 세상과 타협하지 않은 것이다.

우리는 예고 없이 위기를 만난다. 그러나 예고 없이 닥치는 위기를 준비할 수 있는 유일한 방법은 매일의 루틴을 훈련하는 것이다. 말씀 한 장, 기도 한 문장, 예배 한 번이 위기 앞에서 내 영혼을 지켜주는 갑옷이 된다. 훈련은 감정을 넘어서고, 반복은 위기 속에서도 믿음을 작동하게 한다. 결국 믿음은 거대한 선언보다, 반복되는 루틴 속에서 더 단단해진다.

    삶은 언제나 예측불허다. 그러나 준비된 사람은 예측할 수 없는 순간에도 방향을 잃지 않는다. 그 준비는 거창한 결단이 아니라, 매일 반복되는 작고 조용한 습관이다. 루틴은 훈련된 사람을 만들고, 훈련된 사람은 결국 위기를 이긴다. 위기 앞에서 멈추지 않고 나아가는 사람은, 위기를 맞기 전에 이미 삶을 훈련해 온 사람이다. 신앙의 눈으로 경계를 바라보라.

· 제5장 ·

십일조의 경제학

돈이라는 우상에서 벗어나는 길, 십일조의 경제심리학

"돈은 내가 벌었지만, 내가 주인이 아닙니다."

십일조는 이 놀라운 고백에서 시작된다. 선택 사항이 아니라 신앙의 고백이며 훈련이다. 십일조는 돈이라는 이름의 보이지 않는 신에게서 벗어나는 연습이고, 움켜쥔 손을 펴는 훈련이며, 그 중심에는 '하나님이 주인이시다'는 고백이 있다. 십일조는 단순한 종교적 행위가 아니라, 내 삶의 소유권을 하나님께 다시 돌려드리는 실제적 선언이다.

우리가 돈을 좋아하는 이유는 분명하다. 돈은 단순히 물건을 사는 도구가 아니다. 그것은 안전의 상징이며, 미래를 통제할 수 있다는 환상을 준다. "이 정도면 안심이야", "예비비는 있어야 하지"라는 생각 속에는 불안을 잠재우고 싶은 마음이 깔려 있다. 그래서 돈을 잃는 순간, 사람은 단순한 손해가 아니라 존재의 불안을 경험한다. 돈은 곧 통제력의 상징이 되며, 우리는 그 통제력을 잃을까 두려워 움켜쥔다.

경제심리학은 이를 '손실회피 편향'이라 설명한다. 인간은 무엇인가를 얻을 때보다 잃을 때 훨씬 더 큰 감정적 충격을 받는다. 그래서 정기적이고 의무적인 지출, 특히 종교적 헌금은 심리적 저항이 클 수밖에 없다. 그러나 십일조는 바로 그 지점에서 작동한다. "그럼에도 불구하고 나는 돈의 노예가 되지 않겠다"는 고백이 실천으로 이어질 때, 비로소 그 힘이 나타난다. 십일조는 손실처럼 느껴지지만, 실상은 자유를 얻는 통로다.

하나님은 우리가 돈을 관리하는 방식 속에서 마음의 질서를 보신다. 물도 빛도 토양도 다 그분이 주신 것이고, 나의 생명과 노동도 예외가 아니다. 아담이 흙으로 빚어졌듯 내 존재 역시 하나님의 은혜 위에 있다. 내가 땀 흘려 번 수입조차 그분의 공급 없이는 불가능하다. 그러므로 십일조는 내 인생과 수입의 주인이 하나님이신 것을 고백하는 것으로서 그 중의 십분의 일을 하나님께 드리는 것이다. 이 믿음은 말이 아니라 실제 재정의 결단 속에서 증명된다.

돈이라는 실제를 내려놓는 데까지 나아가야 비로소 진짜 신뢰다. 십일조는 그 중 십분의 일을 구별하여 하나님께 드림으로써, 하나님이 삶의 기준이 되도록 질서를 세우는 훈련이다. 십일조는 소비보다 어렵고, 저축보다 힘들다. 인간은 본능적으로 '소유의 기쁨'에 집착하지만, 십일조는 소유의 기쁨이 아닌 '위탁의 자유'를 선물한다. 소유는 내가 쥐고 있어야 안심이지만, 위탁은 내가 쥐지 않아도 평안한 상태다. 그것이 하나님이 주시는 진정한 자유다.

많은 이들이 말한다. "형편이 나아지면 십일조도 하겠다." 그러나 이상하게도 수입이 늘어날수록 십일조는 더 어려워진다. 수입이 커질수록 통제욕이 커지고, 하나님의 자리는 작아지기 때문이다. 결국 십일조는 금액의 문제가 아니라 믿음의 우선순위 문제다. 돈이 많을수록 십일조는 더 깊은 신뢰를 요구한다.

심리학자들은 '불확실성 회피 성향'이 클수록 신앙이 약화된다고 말한다. 반대로 불확실성을 수용할 수 있는 사람은 삶의 변동에도 잘 적응한다. 십일조는 이 불확실성에 대한 훈련이다. 내가 통제할 수 없는 미래에도, 하나님의 공급을 신뢰하겠다는 선언이다. 감정의 무게 중심을 돈에서 하나님으로 옮기는 결단이 십일조다.

십일조를 드리는 사람은 단지 의무를 지키는 것이 아니다. 그는 자기 통장과 마음을 동시에 정리하는 것이다. 수입의 첫 항목을 하나님께 구별한다는 것은 삶의 우선순위를 하나님께 드리는 실제적 행위다. 돈을 정리한 사람만이 마음을 정리할 수 있다. 십일조는 단순한 헌금이 아니라, 하나님께 향한 '생활 구조의 실천'이다.

물론 처음에는 불안하다. "이번 달엔 카드값이 많은데…", "변수가 너무 많은데…" 그러나 하나님은 금액보다 중심을 보신다. 십일조는 '준비된 후에 드리는 것'이 아니라, '하나님이 먼저인 삶의 구조'를 만들어 가는 일이다. 믿음을 생활의 우선순위로 옮기는 훈련이다. 십일조는 형편의 결과가 아니라, 신앙의 시작점이다.

결국 십일조는 한 가지를 묻는다. "당신의 돈은 누구의 것입니까?" 이 질문에 "하나님의 것입니다"라고 대답할 수 있을 때, 우리는 돈에 통제당하는 존재에서 벗어나 돈을 다스리는 사람이 된다. 하나님이 주인 되시는 질서 속에 머무는 삶, 그 안에서 우리는 가장 깊은 자유와 평안을 경험한다. 십일조는 하나님이 주권자이심을 인정하는 거룩한 실천이자, 돈이라는 심리적 권력에서 벗어나는 해방의 통로다.

하나님이 아브라함에게 이삭을 번제로 드리라(창 22:2) 하신 것은, 그의 믿음이 어디에 닿아 있는지를 확인하신 사건이었다. 하나님께서 우리에게 십일조를 명하신 것도 마찬가지이다. 우리가 하나님의 명령에 순종하는지를 돌아보게 하시며, 순종을 통해 다음 길을 여신다. 십일조는 잃는 것이 아니라, 하나님의 채우심을 담는 그릇이다.

십일조, 남은 돈이 아니라 처음 돈에서 시작되는 믿음

　십일조는 단순한 헌금이 아니다. 그것은 마음의 구조와 믿음의 질서를 드러내는 행위다. 특히 '십일조를 어떻게 준비하느냐'는 질문은 곧, '무엇을 삶의 우선순위에 두고 있는가'를 반영한다. 어떤 사람은 수입을 모두 사용한 뒤 남은 돈으로 십일조를 드리고, 또 어떤 사람은 수입이 들어오자마자 가장 먼저 십일조를 떼어 놓는다. 두 사람 모두 십일조를 행하지만, 그 안에는 결정적인 중심의 차이가 존재한다.

　성경은 말한다. "네 처음 익은 열매를 드리라." 이는 시간의 순서가 아니라 마음의 중심을 가리킨다. 하나님은 우리의 남은 여유가 아니라, 가장 먼저 구별된 중심을 받기 원하신다. 십일조는 돈을 드리는 일이 아니라 마음을 드리는 일이며, 그 핵심은 '먼저'라는 자리에 있다. 십일조의 본질은 금액이 아니라 순서이며, 액수가 아니라 중심이다.

　십일조를 준비하는 사람은 재정을 다루는 방식부터 다르다. 예산을 세울 때 가장 먼저 하나님께 드릴 금액을 정하고, 생활 구조 속에 그것을 심어둔다. 월급이 들어오는 날 자동이체를 설정하거나, 별도의 계좌를 두어 헌금 항목을 관리하는 일은 단순한 기술이 아니라 신앙의 습관이자 질서다. 이 작은 준비가 삶 전체의 방향을 바꾸어 놓는다. 돈은 언제나 우선순위를 차지한 자리만큼 마음을 점유하기 때문이다.

　행동경제학에는 '선지출 효과(pre-commitment effect)'라는 개념이 있다. 미리 지출을 설정해두면 충동적 소비를 줄이고, 우선순위에 따라 돈을 사용할 수 있다는 이론이다. 십일조는 신앙의 선지출이다. 하나님께 먼저 드림으로써 돈이라는 감정적 권력에서 한 걸음 물러설 수 있는 믿음의 거리두기다. 십일조의 '먼저 떼어 놓는 행위'는 단순한 지출이 아니라, 신앙의 태도를 형성하는 구조다.

　사람은 돈을 쓰는 방식을 통해 내면의 가치를 드러낸다. 예산은 마음의 지도이며, 소비는 내가 누구를 믿는지를 보여주는 가장 정직한 언어다. 십일조가 '기타 지출'에 포함되는 사람은 하나님을 삶의 변두리에 둔다. 반면, 십일조를 가장 먼저 준비하는 사람은 하나님을 중심에 모신다. 믿음은 중심의 싸움이며, 십일조는 그 싸움을 매달 반복하며 훈련하는 도구다. 십일조를 가장 먼저 준비하는 사람은 돈보다 하나님을 삶의 기준에 두는 사람이다.

　이처럼 십일조는 '하나님께 내 재정의 통제권을 맡긴다'는 신앙의 고백이다. "내가 벌었지만, 주인은 내가 아닙니다"라는 고백이 행동으로 이어질 때, 우리는 비로소 돈이라는 지배적 시스템을 넘어설 수 있다. 십일조는 소유권의 이전이자, 신뢰의 계약서이며, 물질 앞에 무너지지 않기 위한 마음의 안전장치다. 이 고백을 삶에 새길 때, 지출 자체가 예배의 연장선이 된다.

십일조는 훈련이다. 처음에는 망설임이 따른다. "이번 달은 지출이 많은데…", "이번 한 번은 예외로…" 그러나 그 순간에도 우선순위를 지키는 사람은 하나님의 자리를 삶 안에 굳게 세운 사람이다. 십일조는 10%의 문제가 아니라, 100%가 누구의 것인지를 기억하게 하는 믿음의 구조다. 십일조는 '일부를 드린다'가 아니라 '전부의 주인이 하나님이심을 인정한다'는 고백이다.

청소년이 받은 용돈에서 십일조를 구별하고, 프리랜서가 불규칙한 수입 가운데 먼저 떼어 놓으며, 가정주부가 생활비 속에서 봉투를 미리 준비하는 실천. 이 모든 모습은 "하나님이 먼저"라는 가치 선택이다. 이들은 "돈이 생기면 드리겠다"가 아니라, "하나님께 드릴 것을 먼저 준비하겠다"는 사람이다. 이 준비성은 단순한 의무가 아니라, 삶을 설계하는 신앙의 태도다.

하나님은 '성공한 후의 여유'를 원하시는 것이 아니라, '먼저 구별된 마음'을 기뻐하신다. 십일조는 후순위의 실행이 아니라, 전면적 위탁의 선언이다. 삶의 첫머리에 하나님을 두는 사람은 돈을 다스릴 수 있고, 하나님의 공급 안에서 살아가는 법을 배운다. 십일조는 우리의 삶이 누구의 소유인지 매달 확인하게 하는 거룩한 루틴이다.

정리하자면, 십일조는 경제의 문제가 아니다. 그것은 중심의 문제이며, 준비의 문제다. 준비된 십일조는 일회성 헌금이 아니라 반복되는 예배이며, 마음의 순서를 하나님께 정렬시키는 루틴이다. 이 루틴은 결국 삶 전체의 구조를 바꾼다. 믿음은 감정이 아니라 준비된 습관에서 완성된다. 하나님께 드릴 것을 먼저 준비한 사람만이 돈에 끌려다니지 않고 믿음으로 살아갈 수 있다.

준비 없는 헌금은 순간의 감정일 수 있지만, 준비된 십일조는 삶을 통째로 드리는 고백이다. 그리고 그 고백이 계속될 때, 하나님은 삶 전체의 중심에 머무신다. 십일조는 '남은 것의 베품'이 아니라, '처음 것을 드리는 믿음'이며, 그 자리에서 하나님의 역사는 시작된다.

통장을 하나님께 보일 수 있는 삶, 그것이 믿음의 경영이다

당신은 매달 정확히 얼마를 벌고 있는가.

이 질문은 단순해 보이지만, 막상 답하려면 당황스러울 때가 많다. 고정급을 받는 직장인조차 세전·세후 급여, 복리후생, 상여금 등을 포함해 자신의 실제 수입을 명확히 파악하지 못하는 경우가 많다. 프리랜서, 자영업자, 콘텐츠 크리에이터처럼 다양한 수입원을 가진 사람이라면 더욱 그렇다. 문제는 바로 여기서 시작된다. 수입을 분명히 인식하지 못하면, 신앙도 구체화될 수 없다. 아무리 경건한 마음을 품고 있어도 드릴 몫이 모호하면 실천은 흐릿해지고, 순종은 감정에 의존하게 된다. 믿음은 마음으로 시작되지만, 숫자 위에서 증명된다.

하나님은 질서의 하나님이시다. 창세기 1장은 무질서한 혼돈 속에 빛과 공간, 계절과 시간을 세우시는 하나님의 창조 질서를 보여준다. 안식일은 시간을 위한 질서이고, 희년은 재산과 관계를 위한 질서다. 하나님은 예배의 시간도 정하시고, 헌금의 기준도 명확히 하셨다. 믿음은 뜨거움이 아니라 질서를 통해 삶에 뿌리내린다. 영적 뜨거움이 오래가려면, 생활의 질서라는 그릇에 담겨야 한다.

이스라엘 백성은 수입의 십분의 일을 레위인에게 드리고, 레위인은 다시 그 중 십분의 일을 제사장에게 드리는 순환 구조를 통해 공동체의 영적·물질적 균형을 유지했다. 누가 누구에게, 무엇을, 어떤 순서로, 어떤 목적을 위해 드리는지를 명확히 구분한 것이다. 이 구조의 핵심은 '수입에 대한 명확한 인식'이다. 무엇이 수입이고, 어디까지가 하나님의 몫인지를 구분할 줄 아는 사람만이 믿음을 실천 가능한 질서로 바꿀 수 있다. 경건은 단순한 마음의 열심이 아니라, 구분과 순서의 기술이기도 하다.

오늘날의 수입 구조는 과거보다 훨씬 복잡하다. 급여 외에도 프리랜서 보수, 유튜브·블로그 수익, 이자, 임대료, 현물 지급 등 다양한 형태로 돈이 들어온다. 그러나 수입이 다양해졌다고 해서 신앙까지 모호해져도 되는 것은 아니다. 하나님은 "십일조를 했는가?"보다 "삶 전체가 어떤 재정 구조로 움직이고 있는가?"를 보신다. 수입은 하나님의 은혜가 내 삶을 통과해 들어오는 흐름이며, 그 흐름을 인식하고 구분히는 것이 신앙인의 첫 책임이다. 들어오는 길을 모르면, 나눌 길도 잃는다.

록펠러는 매일 아침, 자리에 앉아 자신의 수입과 지출을 손으로 써 내려갔다. 그는 단지 세계적 갑부에 그치지 않았다. 그는 하나님 앞에서 '기록하는 사람'이었다. 이 습관은 단순한 경영 기술이 아니라, 청지기로서의 정직성과 경건의 루틴이었다. 그는 십일조를 평생 실천했을 뿐 아니라, 수입 구조를 다스림으로써 재정을 주도적으로 운영했고, 나눔과 헌신을 실제 삶 속에서 이어갈 수 있었다. 기록은 돈을 통제하는 기술이자, 마음을 단련하는 예배였다.

지금 우리는 얼마나 자신의 수입 구조를 인식하고 있는가.

통장에 돈이 들어오면 곧장 카드 결제로 빠져나가고, 얼마가 어디에 쓰였는지조차 기억하지 못한 채 한 달이 지나가곤 한다. 수입보다 지출에 더 익숙한 사람은 잔액만 확인하며 산다. 그러나 수입 구조를 정확히 인식하는 사람은 돈에 쫓기지 않고, 돈을 다스릴 수 있다. 그는 "하나님께 무엇을 드릴 수 있을까?"를 고민하기 전에, "하나님께서 나에게 무엇을 맡기셨는가?"를 먼저 묻는 사람이다. 잔액을 보는 삶에서, 위임을 묻는 삶으로 전환해야 한다.

하나님께 드릴 몫, 나눌 몫, 저축할 몫, 재투자할 몫을 구분하는 훈련은 단순한 가계부 관리가 아니다. 그것은 삶의 질서를 새롭게 세우는 신앙 훈련이다. 이는 "얼마를 드릴까"의 문제가 아니라, "하나님께서 나에게 무엇을 보내셨는가"를 인식하는 영적 민감함의 문제다. 수입을 다스릴 줄 아는 사람은 헌금의 타이밍도, 금액도, 목적도 분명해진다. 그의 돈은 무작위로 흘러가는 것이 아니라, 믿음의 설계에 따라 움직이는 도구가 된다. 돈이 흐르는 지도를 다시 그리면, 믿음의 길도 또렷해진다.

헌금은 내가 '하고 있다'고 말하는 방식이다
기부를 넘어서는 신앙인의 존재감

다리미를 빌리러 근처에 계시는 어머니 집에 간 일이 있었다. 그런데 다리미 바닥이 시꺼멓게 그을려 있었다. 왜 이렇게 되었느냐고 여쭈었더니, 어머니께서 "헌금 낼 돈에 물을 뿌려서 다리미로 다리다 보니 이렇게 되었다"고 하셨다. 지폐를 다린다고 그 금액의 가치가 달라지는 것은 아니지만, 하나님께 헌금하려는 마음의 태도는 달랐다. 어머니는 매주 헌금을 다림질 하면서 자신을 하나님께 드리고 계셨던 것이다.

세상은 기부를 남는 돈의 활용이라 여긴다. 여유가 있을 때, 혹은 죄책감을 덜기 위해 내는 것이 기부라면, 헌금은 전혀 다르다. 신앙인은 헌금을 '나 자신을 드리는 일'로 이해한다. 그 차이는 금액의 많고 적음이나 횟수 이전에 삶의 중심과 태도에서 갈라진다. 헌금은 재정이 아니라 정체성의 표현이며, 남김의 계산이 아니라 존재의 헌신이다.

예수님은 예루살렘 성전에서 두 렙돈을 드린 과부를 주목하셨다. 많은 이들이 큰돈을 넣었지만, 주님의 시선은 가장 작고 가난한 이에게 머물렀다. "이 과부는 자기의 모든 소유, 곧 생활비 전부를 넣었느니라." 그녀의 헌금은 액수가 아니라, 전인격의 헌신이었다. 하나님은 헌금의 양이 아니라, 그 안에 담긴 마음의 깊이를 보신다.

헌금은 하나님 나라 사역에 '내가 참여하고 있다'는 자기 인식의 루트다. 설교를 하지 않았어도, 전도에 나서지 않았어도, 주일마다 드리는 헌금에는 신앙인의 참여 의지가 담겨 있다. 성도의 헌신은 드러나지 않지만 복음 전파에 기여하고, 연약한 이들을 돕고, 교회 공동체의 선한 사역을 지탱한다. 헌금은 단순히 교회에 돈을 맡기는 일이 아니라, 하나님이 하시는 일에 내가 손을 얹는 일이다.

심리학자 앨버트 반두라는 자기 효능감을 "자신이 어떤 일을 해낼 수 있다는 내적 믿음"이라고 정의했다. 자기 효능감이 높은 사람은 삶의 주도성을 가지고 있으며, 어려움 앞에서도 쉽게 포기하지 않는다. 그리고 이 자기 효능감은 단지 실적에서 비롯되지 않는다. '내가 의미 있는 일에 참여하고 있다'는 감각에서 비롯된다. 내가 누군가를 돕고 있다는 실감, 어떤 일에 기여하고 있다는 확신은 삶의 강도를 바꾸는 중요한 요소다.

헌금은 그 감각을 회복하게 한다. 반복되는 루틴처럼 보일 수 있지만, 그 안에는 매주 하나님께 드리는 나의 참여 선언이 담겨 있다. "내가 드린 헌금으로 누군가는 회복되고, 또 다른 이는 생계를 이어가며, 또 다른 누군가는 복음을 듣게 된다"는 믿음은 영적 자기 효능감을 일으키는 실제적 도구다. 헌금은 신앙을 추상적인 개념에 머무르지 않게 하고, 손에 잡히는 구체적 실천으로 바꾸어준다.

그러나 헌금이 고정 지출처럼 여겨지면 그 의미는 흐려진다. 자동이체가 반복되면 '드렸다는 감각'마저 사라질 수 있다. 예배 중 헌금이 습관이 되고, 손이 무의식적으로 움직일 때 우리는 다시 질문해야 한다. "나는 이 헌금을 통해 하나님께 무엇을 고백하고 있는가?" 헌금은 영수증이 아니라 신앙 고백이며, 예산이 아니라 사명이다.

실제로 많은 성도는 헌금을 통해 자신이 교회의 일원이라는 사실을 체감한다. 내가 속한 교회, 내가 사랑하는 공동체, 내가 함께 짊어진 사역의 현장이 헌금이라는 행위를 통해 한층 더 실감된다. 교회 건축의 벽돌 하나, 선교사의 여비 한 줄, 가난한 이웃의 식탁 위에 놓인 빵 한 조각 속에도 성도의 헌금이 녹아 있다. 내가 드린 작은 돈이 그렇게 누군가의 삶을 지탱한다는 사실을 알 때, 신앙은 막연한 이상이 아니라 살아 있는 현실이 된다. 내가 드린 헌금이 구체적으로 쓰이는 장면을 볼 때, 믿음은 더 깊어지고 참여감은 더 선명해진다.

그러므로 헌금은 금액의 문제가 아니다. 누군가는 큰 금액을 기계적으로 드리지만, 또 누군가는 작은 금액을 전심으로 드린다. 하나님은 손이 아니라 마음을 보신다. 헌금의 크기는 돈이 아니라 태도이고, 공동체에 대한 책임감이며, 하나님 나라에 대한 열망이다. "나는 이 일에 함께하고 있습니다"라는 자기 선언, "나는 하나님 나라 공동체의 일원입니다"라는 조용한 외침, 그것이 바로 헌금이다.

십일조는 소득을 깨닫게 하고, 돈을 보는 눈을 바꾼다

"자기 수입이 얼마인지 아세요?"

이 질문에 정확히 답할 수 있는 사람은 생각보다 많지 않다. 돈을 벌고는 있지만, 내가 실제로 얼마를 벌고 어디에 쓰는지를 자각하지 못한 채 살아가는 경우가 많다. 그래서 십일조는 단순한 헌금이 아니다. 그것은 돈의 일부를 떼는 행위가 아니라, 내 삶 전체를 다시 들여다보는 영적 재무제표다.

십일조를 드리려면, 먼저 나의 소득을 점검해야 한다. 고정급여뿐 아니라 강의료, 거래 수익, 인세, 심지어는 "하나님이 주셨다고 느낀 의외의 수입"까지 포함해 전체 수입 구조를 자각해야 한다. 이 점검은 단순한 계산이 아니다. "나는 지금 나의 삶을 하나님 앞에서 투명하게 열어두고 있는가?"라는 더 본질적인 신앙의 질문이다.

수입이 고정된 직장인은 십일조를 계산하기 쉽다. 하지만 수입이 유동적인 사람들, 프리랜서, 자영업자, 크리에이터, 투자자 등에게 십일조는 단순 자동이체가 아니다. 수입이 들어올 때마다 그것이 반복 가능한 흐름인지, 정당한 수익인지, 하나님 앞에 떳떳한지 점검해야 한다. 십일조는 그래서 단순한 헌금이 아니라 '하나님 중심의 재정 훈련'이다. 매번 내 통장에 찍히는 숫자가 곧 내 삶의 주인이 누구인지를 드러내는 하나님의 질문이 된다.

성경은 말한다. "네 재물과 네 소산물의 처음 익은 열매로 여호와를 공경하라"(잠언 3:9). '처음 익은 것'이라는 표현은 중요하다. 하나님께 드리는 것은 남은 것이 아니라 가장 앞에 있는 것이다. 수입이 생겼을 때 제일 먼저 하나님의 몫을 구분해내는 삶, 그 삶은 곧 내가 누구를 주인으로 여기고 사는지를 보여주는 신앙의 리트머스다.

십일조는 단순히 '돈을 드리는 종교적 의식'이 아니다. 그것은 생활의 가장 앞자리에 하나님을 두겠다는 의지의 표현이다. "하나님, 제 삶의 주인은 당신이십니다"라는 고백이 매달 혹은 매번 수입과 함께 반복되는 것이다.

흥미로운 사실 하나. 십일조를 정직하게 드리는 사람일수록 가계 관리 능력이 뛰어나다. 헌금을 정확히 하려면 수입이 무엇인지부터 따져야 하고, 어디로 쓰였는지를 파악해야 하기 때문이다. 수입은 있는데 늘 쪼들리는 사람, 돈을 벌지만 늘 허덕이는 사람은 십중팔구 자신의 돈 흐름을 모르고 산다. 십일조는 그 흐름을 정돈하게 만든다. 삶의 통제력을 회복시키고, 재정에 거룩한 질서를 심는다.

어떤 이는 말한다. "십일조를 시작하면서 제 삶이 회계적으로 정결해졌어요." 그 고백은 단순하다. 수입의 흐름을 보며 하나님의 손길을 느꼈고, 욕망을 넘지 않기 위해 절제하게 되었으며, 쓸

모없는 낭비를 줄였다는 것이다. 결국 십일조는 돈을 드리는 것이 아니라 삶을 정리하는 루틴이다. 방향이 바뀌고, 기준이 생기고, 삶이 달라진다.

십일조를 드린다는 것은 '하나님의 질서 속에서 소비한다'는 의미다. 지갑을 열 때마다 신앙의 기준이 작동하고, 통장의 흐름 속에 하나님의 시선이 들어온다. 돈은 숫자가 아니라 영적 나침반이 되고, 그 나침반이 삶의 길을 바로잡아주는 역할을 한다.

더 나아가, 십일조는 공동체에 대한 책임감을 일깨운다. 내가 드린 헌금이 교회를 살리고, 누군가의 생계를 도우며, 복음을 전하는 데 쓰인다는 사실을 자각할 때, 나는 단순한 기부자가 아니다. 나는 하나님 나라 사역의 직접적인 참여자다. 내 수입이 세상에만 머무르지 않고 하나님 나라의 흐름으로 흘러간다는 믿음은 신앙인의 거룩한 자긍심이 된다.

그리고 무엇보다, 십일조는 돈에 끌려다니지 않도록 만드는 강력한 방어선이기도 하다. 우리는 종종 돈을 주인처럼 대한다. 쌓여야 안심되고, 줄면 불안하며, 더 많아야 만족한다. 그러나 십일조는 반복적으로 선언하게 한다. "이건 내 것이 아니라, 하나님의 것입니다." 이 고백의 반복이 내면의 질서를 회복시킨다. 돈이 아니라 하나님이 주인이라는 믿음이 마음속에 다시 자리를 잡는다.

때로 십일조는 우리에게 되묻는다. "이 수입을 정말 하나님께 드릴 수 있어?" 만약 머뭇거려진다면, 그 수입이 어디서 왔는지를 점검해야 한다. 부정하거나 정직하지 못한 수익이라면 하나님 앞에 드릴 수 없기 때문이다. 십일조는 단지 수입 일부를 떼는 일이 아니라, 수입 구조 전체를 정결하게 만드는 신앙의 현미경이다.

십일조는 결국 돈의 문제가 아니라 눈의 문제다. 돈을 바라보는 눈이 달라지면, 쓰는 방식이 달라지고, 삶의 우선순위가 달라진다. 십일조는 숫자를 다루는 계산이 아니라, 삶을 바라보는 시선을 새롭게 하는 훈련이다. 삶의 기준이 달라지고, 그 기준이 내 삶 전체를 다시 살린다. 그것이 십일조의 본질이다.

돈을 쥐는가, 아니면 다스리는가
신앙은 선택을 바꾼다

　매달 통장 잔액이 비어 있을 때 느끼는 불안, 카드 결제일이 다가올수록 복잡해지는 마음은 단순히 돈이 부족해서가 아니다. 돈을 벌고 있으면서도 그 흐름을 내가 조절하지 못하고 있다는 자각, 바로 그 순간 우리는 돈의 주인이 아니라 종이 되어 있다. 내가 쥐었다고 여긴 돈에 오히려 끌려 다니고 있다는 사실은 누구에게나 불편하고 고통스러운 진실이다.

　세상은 돈을 어떻게 모으고 불릴지를 끊임없이 가르친다. 자산을 늘리는 기술, 절세 전략, 투자 타이밍, 부동산 흐름 등 돈을 다루는 정보는 넘쳐난다. 그러나 성경은 이런 재테크 기술보다 훨씬 근본적인 것을 묻는다. "네가 그 돈을 다스릴 수 있느냐?" 하나님이 말씀하시는 돈의 문제는 소유보다 주도권에 있다. 돈을 얼마나 많이 가졌는가보다, 지금 그 돈이 누구의 통제 아래 있는가가 본질이다.

예수님은 마태복음 6장 24절에서 말씀하셨다. "너희가 하나님과 재물을 겸하여 섬기지 못하느니라." 이 말씀은 돈이 신앙생활의 걸림돌이 될 수 있다는 단순한 경고가 아니다. 돈은 잘못 다루면 인간의 섬김을 요구하는 '우상'이 된다. 돈은 단지 계산기의 숫자가 아니라 우리의 마음과 시간을 요구하고, 우선순위를 바꾸며, 삶의 방향마저 흔든다. 돈이 주인이 되는 순간, 삶의 질서는 무너지고 영혼은 피로해진다.

돈은 생각보다 강력한 권력이다. 안전과 자유, 자존감과 관계, 선택과 가능성이라는 이름으로 우리를 지배한다. 우리는 돈을 소유한다고 생각하지만, 실제로는 그 돈이 우리를 통제하는 경우가 많다. 어떤 사람은 더 많은 수입을 얻고도 여전히 불안해하고, 또 어떤 이는 소비로 자존감을 채우며, 누군가는 저축만이 유일한 위안이라 여긴다. 결국 그 모든 흐름 뒤에는 '돈이 나를 끌고 가고 있다'는 보이지 않는 힘이 숨어 있다.

성경은 우리에게 소유자가 아닌 청지기가 되라고 가르친다. 청지기는 주인이 맡긴 자원을 목적에 맞게, 질서 있게, 책임 있게 관리하는 사람이다. 돈을 다스린다는 것은 바로 이런 청지기의 태도를 갖는 것이다.

"이 돈은 어디에서 왔는가?" "이 돈은 누구를 위해 쓰여야 하는가?" "하나님이 기뻐하시는 사용 방식은 무엇인가?" 이 질문에 응답하며 돈을 다루는 사람이야말로 진정한 다스림을 실천하는 사람이다. 하나님은 돈을 다스릴 줄 아는 자에게 더 많은 것을 맡기신다.

이 다스림의 첫 훈련이 바로 '십일조'다. 십일조는 단순한 종교적 의무가 아니다. 그것은 수입이 생겼을 때 가장 먼저 하나님의 몫을 구분해내는 습관이며, 삶의 주도권이 내게 있지 않고 하나님께 있음을 인정하는 신앙 고백이다. 어떤 이는 십일조를 '손해'라 생각하지만, 신앙인은 그것이 손해가 아니라 '질서의 시작'임을 안다. 가장 먼저 드릴 것을 드릴 수 있는 사람만이 나머지를 온전히 관리할 수 있다. 구분된 10%가 결국 내 삶 전체의 방향을 다시 세우는 기준이 된다.

우리는 감정의 동물이다. 기분이 좋을 땐 충동적으로 소비하고, 기분이 가라앉을 땐 지름으로 해소하려 한다. 외로움은 배달 앱으로, 피로는 온라인 쇼핑으로 달래려 한다. 그러나 감정에 따라 움직이는 돈은 결코 우리를 자유롭게 하지 않는다. 만족은 짧고 후회는 길다. 돈은 감정이 아니라 질서 안에서 다뤄질 때 비로소 건강하게 작동한다.

다스림은 계획에서 시작된다. 기준 없는 지출, 목적 없는 소비, 무의식적인 결제 습관은 모두 돈의 주도권을 내주는 행위다. 그러나 신앙인은 지출의 순간에도 하나님을 먼저 떠올린다.

"이 지출이 주를 영화롭게 하는가?" "이 소비가 누군가를 살리는가?" "이 돈이 하나님 나라를 위해 흘러가고 있는가?" 이 질문이 돈의 흐름을 바꾸고, 삶의 구조를 다시 세운다.

돈을 다스리는 사람은 돈을 두려워하지 않는다. 적게 벌어도 불안하지 않고, 많이 벌어도 교만하지 않는다. 그에게 돈은 목적이 아니라 도구이며, 목표가 아니라 사명이다. 돈을 정직하게 관리하고 지혜롭게 사용하며 담대하게 흘려보낼 때, 돈은 하나님의 뜻을 이루는 도구가 된다. 그는 '얼마나 가졌는가'보다 '어떻게 썼는가'를 더 중요하게 여긴다.

돈을 움켜쥔 사람은 결국 움켜쥔 손 안에 갇힌다. 그러나 돈을 다스리는 사람은 열린 손으로 자유를 누린다. 돈이 내 삶을 흔들지 않게 하려면, 돈의 흐름을 따라가는 사람이 아니라 그 흐름을 결정하는 사람이 되어야 한다. 그 출발점은 분명하다. "이 돈의 첫 주인은 누구인가?" "이 돈은 누구의 뜻을 따라 움직이는가?" 라는 질문 앞에 정직하게 서는 것이다.

결국 돈은 도구다. 누구나 도구를 쥘 수 있지만, 도구를 다스릴 줄 아는 사람만이 그 도구로 세상을 섬기고, 이웃을 살리며, 하나님을 영화롭게 할 수 있다. 돈을 쥐는 데 머물지 않고, 다스릴 줄 아는 사람, 그가 바로 돈에 끌려다니는 종이 아니라 하나님 나라의 청지기다.

물이 포도주가 되는 은혜의 기적
삶이 비범해지고 새로워진다

가나의 결혼식장에서 큰 근심이 생겼다. 하객이 마실 포도주가 다 떨어진 것이다. 그때 예수의 어머니가 하인들을 예수께로 보내어 어떤 해결 방안을 찾으려 한다. 예수께서 세상에 오신 이래로 첫 기적을 일으키는 현장이다. 예수께서 하인들에게 "항아리에 물을 채우라" 하신다. 가득 채우니 "이제는 떠서 연회장에 갖다 주라" 하시매 연회장에 있던 사람들은 질 좋은 포도주를 마시게 된다.

인간의 상식으로는 이루어질 수 없는 일이다. 물이 변하여 포도주가 된 것이다. '어떻게 이런 일이 일어날 수 있을까?' 궁금하기만 하다.

하나님의 일이 그렇다. 인간의 3차원의 지식으로 하나님의 지혜를 헤아릴 수 없다. 성경은 수많은 기적들을 보여준다. 시퍼렇게 출렁이는 홍해를 가르시고 백성으로 하여금 그곳을 지나가게 하신 일, 요단강에서 일곱 번 목욕하니 문둥병이 나은 일, 보리떡 다섯개와 고기 두 마리를 축사하시어 오천 명을 먹이신 일, 앉은 뱅이를 일으키신 일, 눈먼 자의 눈을 뜨게 하신 일, 죽은 자를 살리신 일, 이 모든 것이 인간의 머리로는 이해할 수 없는 것들 뿐이다. 이것이 말씀으로 천지만물을 창조하신 하나님의 능력이다.

하나님이 하시는 일에는 불가능이란 없다. 포도주가 필요한 곳에 물을 포도주로 만드신 것처럼, 자녀에게 필요를 채우시기 위하여 하나님은 화학적·생태적·형질적인 변화나 시간과 환경을 통하여 역사하신다. 그러한 진행하심에 대하여 의문을 가질 필요도 없다. 어떻게? 라는 질문을 할 필요도 없다. 그것은 하나님의 능력이기 때문이다. 이것이 자녀에 대한 하나님의 사랑이다. 지금도 하나님의 역사는 하나님을 믿는 자녀의 삶 중심에서 진행 중이다.

세상살이에 바쁜 인생들아, 예수님이 행하시는 일들을 보라. 나의 지식으로는 이해되지 않으나 예수님은 일을 진행하고 계신다. 인생살이에 지쳐서 모든 것을 포기하며 살려는 자들아 능력의 하나님을 바라보라. 하나님이 하시는 일에는 능치 못함이 없다.

물을 포도주로 바꾼 기적은 절대자의 능력으로 천국을 바라보게 하는 표적이다. 인생살이에 지친 자들아, 나의 계산으로 세상을 살지 말고 절대지의 능력을 입고 살아가기를 권한다.

인생의 항아리 마다 썩어질 것들로 채우지 말고 하나님의 말씀을 듣고 믿음으로 채우는 자에게 생수가 넘쳐날 것이다.

흘러야 산다
고여 있지 말고, 흘려보내라

컵에 물을 떠놓고 가만히 두면 어떻게 될까? 처음엔 맑고 깨끗해 보인다. 그러나 시간이 조금만 지나도 서서히 탁해지고, 냄새가 나며, 결국 썩는다. 흐르지 않는 물은 생명을 살리는 힘을 잃고, 결국 생명을 해치게 된다. 돈도 그렇다. 모으기만 하고 흘려보내지 않으면, 그 돈은 결국 사람의 마음을 병들게 하고, 관계를 막히게 하며, 인생 전체를 무겁게 만든다.

통장에 숫자가 늘어도 마음은 가벼워지지 않는다. 오히려 돈이 흐르지 않고 머물러 있을수록 더 큰 불안이 스며든다. "혹시 갑자기 무슨 일이 생기면 어쩌지?", "내가 가진 걸 누가 빼앗으려 하진 않을까?", "지금도 부족한데, 이걸로 충분할 수 있을까?" 이런 질문은 돈이 많아서 생기는 것이 아니다. 흘러가지 못하는 돈은 결국 나를 붙들고 지배하기 시작한다. 마음을 조이고, 의심을 키우며, 더 움켜쥐고 싶어진다.

요셉은 이집트 총리로서 일곱 해 풍년 동안 곡식을 모았다. 하지만 그 곡식을 끝까지 쌓아두진 않았다. 흉년이 닥치자 그는 그것을 꺼내어 백성에게 나누었고, 그 덕분에 수많은 생명이 살아났다. 만약 요셉이 "혹시 흉년이 더 길어지면 어떡하지?" 하며 욕심을 부렸다면, 백성은 굶어 죽었을 것이다. 곡식은 흐를 때 생명을 살렸고, 멈추지 않았기에 부패하지 않았다.

돈도 마찬가지다. 필요한 때에 흘러가야 살아 있는 돈이다. 쓰이지 않는 재능이 녹슬듯, 멈춰 있는 돈은 결국 탐욕을 낳고 영혼을 무디게 한다. 우리는 흔히 "내가 돈을 가지고 있다"고 생각하지만, 어느 순간 돈이 나를 붙잡고 흔들기 시작한다. 그 순간 나는 돈의 주인이 아니라 돈의 종이 된다.

예수님은 말씀하셨다. "주라 그리하면 너희에게 줄 것이니 곧 후히 되어 누르고 흔들어 넘치도록 하여 너희에게 안겨 주리라"(눅 6:38). 이 말씀은 단순히 '주는 만큼 복 받는다'는 계산이 아니다. 하나님 나라의 재정 질서는 '흘려보내는 자'를 통해 움직이는 법이다. 내가 먼저 손을 열면, 하나님은 그 손을 통해 다시 흐르게 하신다. 멈추는 자리에는 축복이 머물지 않고, 흐르는 자리에서만 축복은 자라난다.

십일조는 그 흐름의 시작이다. 수입이 생겼을 때 가장 먼저 떼어놓는 이 작은 실천이 재정의 방향을 결정짓는다. '드릴 수 있는가?'는 곧 '흘려보낼 수 있는가?'라는 질문이다. 하나님께 드리는 돈은 내 곁에 머물지 않는다. 그 돈은 교회를 운영하고, 구제와 전도와 선교를 실천하는 통로가 된다.

놀랍게도 드리는 사람은 결핍을 경험하지 않는다. 오히려 드릴수록 공급을 더 선명하게 체험한다. 흘려보내는 손에는 하나님의 채움이 다시 흐른다. 드림은 손해가 아니라 신뢰의 표현이다. 내 손에 있는 자원을 하나님께 맡기며, 그분의 질서에 나를 맞추겠다는 믿음의 고백이다. 멈춰 있는 돈은 나를 조이지만, 흐르는 돈은 나를 자유롭게 한다.

이스라엘 백성이 광야에서 받았던 만나도 마찬가지다. 하루의 분량을 초과해 쌓아두면 벌레가 생기고 냄새가 났다. 하나님은 날마다 새롭게 공급하셨고, 그들은 날마다 믿음으로만 살아갈 수 있었다. 쌓아두고 안심하라는 것이 아니라, 흘려보내고 의지하라는 방식이었다. 이것은 단순한 생활 규칙이 아니라 하나님 나라의 공급 원칙을 보여주는 상징이었다.

흘려보낸다는 것은 단지 돈을 내놓는 것이 아니다. 그것은 하나님의 공급을 신뢰하고, 그 흐름에 참여하겠다는 선택이다. 흐르게 하면 그 손에 채워지는 은혜를 경험한다. 드리는 순간 마음은 가벼워지고, 재정의 목적은 분명해지며, 하나님이 일하실 자리를 비워드리게 된다. 흐름은 내 통제를 내려놓고, 하나님의 주권을 인정하는 데서 시작된다.

사람들은 종종 말한다. "형편이 나아지면 드릴게요." 그러나 실제로는 드리지 않기 때문에 형편이 나아지지 않는 경우가 많다. 흐르지 않는 돈은 삶을 조이지만, 드릴 때 비로소 하나님이 일하실 틈이 열린다. 신앙인은 그 틈을 믿고 먼저 드리는 사람이다.

우리는 누구나 돈이 많아지길 원한다. 그러나 돈이 많다고 해서 그것이 반드시 축복은 아니다. 많이 가졌으나 흐르게 하지 못하면, 그 돈은 독이 된다. 반대로 가진 것이 적어도 자유롭게 흘려보낼 수 있다면, 그 사람은 하나님 나라의 재정 흐름을 이해한 사람이다. 진짜 부자는 통장 잔액이 많은 사람이 아니라, 기쁨으로 나눌 줄 아는 사람이다.

흘러야 산다. 물도, 은혜도, 돈도 그렇다. 하나님은 고여 있는 곳에 복을 쌓지 않으신다. 하나님은 멈춰 있는 손이 아니라 흐르는 통로에 기름을 부으신다. 그 흐름 한가운데서 내 손이 하나님의 손이 되도록, 오늘도 다시 흘려보내야 한다.

· 제6장 ·

기도의 힘

부를 기대하는 자는
기도의 그릇을 먼저 준비하라

겨울날, 가족과 함께 남한강 길을 걸었다. 얼음이 살짝 언 강 위로 오리들이 무리를 지어 떠 있었다. 나는 그 고요한 장면을 바라보다가 문득 생각했다. 저 오리들은 누구의 것일까. 주인이 없는 철새지만, 그 순간 내 마음에는 하나님이 다스리시는 질서가 또렷이 느껴졌다.

자연은 그분의 손안에서 한 치의 어김도 없이 움직인다. 인간이 그 안에서 맡은 역할은 소유가 아니라 관리다. 하나님은 인간에게 말씀하셨다. "생육하고 번성하여 땅에 충만하라"(창 1:28). 이는 풍요를 금지한 명령이 아니라, 풍요를 다룰 책임을 부여한 명령이다.

하나님은 인간에게 재물 얻을 능력을 주셨다(신 8:18). 그러나 그 능력은 기술이나 수완이 아니라 재물을 감당할 마음의 구조, 곧 그릇이다. 지혜와 절제, 감사와 분별, 그리고 기도하는 영성이 그 그릇을 단단하게 만든다. 그릇이 준비되지 않은 부는 사람을 삼키지만, 기도로 빚어진 그릇은 복을 담는다.

하나님은 하늘에서 비를 내리시되, 그 비를 받을 그릇은 우리가 준비해야 한다. 축복은 모든 사람 위에 내리지만, 그릇이 준비된 자만이 그것을 담는다. 그러므로 부를 구하는 기도는 재물을 요구하는 시간이 아니라, 재물을 감당할 마음을 빚는 시간이어야 한다.

성경 속 사울은 왕이 되었지만 그릇을 준비하지 못했다. 처음에는 겸손했으나 권세가 주어지자 하나님께 묻지 않았다. 그는 왕좌를 얻었으나 마음의 질서를 잃었다. 반면 다윗은 들판에서 양을 치던 시절부터 하나님 앞에서 자신을 단련했다. 그의 부는 금이나 은이 아니라, 하나님을 향한 겸손과 감사의 구조였다.

'그릇을 준비한다'는 것은 나의 시간과 재능, 물질이 모두 하나님의 것임을 인정하는 태도다. 하나님은 욕심으로 닫힌 손에는 아무것도 담지 않으시지만, 감사로 열린 손에는 당신의 선물을 채우신다.

"너희는 먼저 그의 나라와 그의 의를 구하라 그리하면 이 모든 것을 너희에게 더하시리라"(마 6:33). 이 말씀은 단순한 위로가 아니라 부의 질서를 되돌리는 선언이다. 하나님을 먼저 구하는 사람은 이미 부의 방향을 바로 세운 사람이다. 그의 기도는 탐욕이 아니라 준비이며, 그 마음이 바로 복의 통로가 된다.

기도는 복을 요청하는 행위가 아니라, 복을 감당할 내면을 설계하는 과정이다. 기도의 자리에서 욕심이 정리되고, 감사가 자라며, 하나님의 뜻이 내 뜻보다 앞서게 된다. 그때 하나님은 그릇을 보시고 채우신다. 부를 기대하는 자는 먼저 그릇을 준비해야 한다. 준비된 마음에 임한 부는 자신을 위해 머물지 않고, 세상을 살리는 복으로 흘러간다.

기도는 욕심이 아니라
비전으로 드리는 것이다

1848년 1월 24일, 미국 캘리포니아의 한 강가에서 제임스 마셜이 반짝이는 금 조각 하나를 발견했다. 그 작은 조각은 곧 나라 전체를 흔들었다. 수십만 명이 가족을 두고 서부로 향했다. 그것이 '골드러시(Gold Rush)'였다. 사람들은 금을 캐며 부를 꿈꿨지만, 대부분은 가진 것을 잃고 빈손으로 돌아왔다. 인생의 전부를 금에 걸었지만, 무엇을 위해 살아야 하는가에 대한 비전이 없었기 때문이다.

욕심은 사람을 움직이게 하지만, 비전은 사람을 살린다. 욕심이 이익을 좇는다면, 비전은 방향을 세운다. 돈이 있는 곳에는 인파가 몰리지만, 사랑과 희생이 필요한 자리에는 사람이 적다. 욕심은 '나'를 향하고, 비전은 하나님이 바라보시는 곳을 향한다.

사도행전 3장에는 성전 미문 앞에서 구걸하던 사람이 등장한다. 그는 은과 금을 구했지만, 베드로와 요한은 그에게 다른 것을 주었다. "은과 금은 내게 없거니와 내게 있는 이것을 네게 주노니 나사렛 예수 그리스도의 이름으로 일어나 걸으라"(행 3:6).

예수의 제자들은 그를 동정의 시선이 아니라 하나님의 가능성으로 보았다. 하나님은 지금도 그런 시선을 통해 일하신다. 기도 역시 동일하다. 하나님은 우리가 금을 구할 때보다, 비전을 구할 때 더 깊이 응답하신다.

독일의 신앙가 조지 뮐러는 그 비전의 기도를 평생 실천한 사람이었다. 거리의 고아들을 위해 자신을 비우고, 오직 하나님께만 구했다. 때로는 끼니가 없었지만, 굶주림은 없었다. 하나님이 때마다 방법마다 채우셨기 때문이다. 뮐러의 고아원은 '기도의 실험실'이자 '하나님의 비전이 현실이 되는 자리'였다.

야베스의 기도도 비전의 기도였다. 이름부터 '고통'이었던 그는 상처를 넘어 하나님의 복을 구했다. 역대상 4장 10절에서 야베스가 기도한 "나의 지경을 넓히소서"라는 말은, 단순한 땅의 넓이가 아니라 하나님의 사명의 범위를 뜻했다. 그의 기도는 탐욕이 아니라 헌신이었고, 하나님은 그 기도를 들으셨다. 비전의 기도에는 하나님의 응답이 따르지만, 그 응답은 물질이 아니라 소명으로의 확장이다.

오늘 우리의 기도는 어떠한가. 더 넓은 아파트, 더 편한 일자리, 더 여유로운 노후를 구하지만, 그것이 나를 위한 안락함이라면 하나님은 침묵하신다. 하나님은 "너희를 위하여 보물을 땅에 쌓아 두지 말라"(마 6:19) 라고 말씀하셨다.

기도의 목적이 나의 성공에 머물면 응답은 늦어지지만, 그 기도가 하나님 나라의 확장을 위한 비전으로 바뀔 때 하나님은 길을 여신다.

비전으로 드리는 기도는 현실을 외면하는 환상이 아니다. 오히려 지금의 현실을 직시하되, 그 너머의 하나님의 뜻을 보는 눈이다. 욕심은 소유를 늘리고 불안을 남기지만, 비전은 나눔을 확장하고 평안을 남긴다. 하나님은 부를 금하지 않으신다. 다만 그 부를 통해 하나님의 일을 이루라고 부르신다.

그러므로 신앙인의 기도는 '무엇을 얻을까'가 아니라 '그것으로 무엇을 할까'여야 한다.

기도는 욕심을 올려놓는 자리가 아니라, 하나님의 뜻을 내 안에 새기는 자리다. 기도가 바뀌면 인생의 방향이 바뀌고, 방향이 바뀌면 인생의 결말이 달라진다. 하나님은 우리가 원하는 것을 모두 이루시는 분이 아니라, 우리 안에 당신의 비전을 이루시는 분이다. 금을 찾아 떠나는 사람은 금이 있는 곳까지만 가지만, 비전을 따라 걷는 사람은 하나님이 계신 곳까지 간다. 욕심은 인간의 한계를 드러내지만, 비전은 하나님의 가능성을 드러낸다.

기도는 통장도 진정시킨다
마음이 평안하면 지출도 줄어든다

"오늘은 꼭 뭔가를 사야겠어."

마음이 복잡한 날, 우리는 이유 없이 이 말을 내뱉는다. 꼭 필요한 것은 아니지만, 왠지 뭔가를 사야 마음이 풀릴 것 같고, 무엇인가를 사면 기분이 나아질 것 같은 착각이 든다. 쇼핑몰 앱을 열고, 장바구니를 채우고, 결제를 누르는 그 과정은 마치 감정의 해소처럼 느껴진다. 그러나 정작 마음은 여전히 복잡하고, 통장은 더 가벼워져 있을 뿐이다.

지출은 이성보다 감정에서 더 많이 시작된다. 외로울 때는 '나를 위한 선물'을 사고, 화가 날 땐 '이 정도는 내가 쓸 자격이 있지'라며 결제를 누른다. 스트레스를 받는 날에는 평소 망설이던 항목들도 '지금 아니면 안 될 것 같아서' 덜컥 구입한다. 그러나 감정이 앞선 지출은 결국 후회로 돌아온다. 카드 명세서를 펼쳐보면 그날의 감정 흔적이 고스란히 드러난다. 화난 날은 충동적 지출이, 외로운 날은 불필요한 소비가 기록되어 있다.

기도는 이 흐름을 멈추는 가장 실제적인 루틴이다. 기도는 상황을 당장 바꾸지는 않지만, 마음의 반응을 바꾼다. 기도하고 나면 "꼭 지금 아니어도 된다"는 생각이 스며들고, "이건 단지 기분 때문이야"라는 깨달음이 찾아온다. 기도는 불안하고 흔들리던 마음을 잠잠하게 하고, 다시 중심을 잡게 한다.

성경은 말한다. " 모든 지각에 뛰어난 하나님의 평강이 그리스도 예수 안에서 너희 마음과 생각을 지키시리라"(빌 4:7). 이 평강은 단순한 위로가 아니다. 감정과 판단, 두 영역을 동시에 붙들어주는 하나님의 질서다. 마음의 소용돌이를 진정시키고, 판단을 바로 세우는 힘이 거기에 있다. 기도는 단순한 위안이 아니라, 소비를 결정하는 감정의 회로를 새롭게 짜는 훈련이다.

사람은 마음이 흔들릴수록 지갑을 쉽게 연다. 분노는 "이 정도는 써도 돼"라는 당위를 만들고, 초조함은 "지금 아니면 기회를 놓쳐"라는 압박을 만든다. 외로움은 '나를 위한 보상'을 필요로 하고, 무기력은 '새로운 자극'을 소비로 찾아내려 한다. 마음이 요동칠 때 돈은 손에서 가장 쉽게 빠져나간다.

그러니 하나님의 평강을 품은 사람은 과소비의 유혹을 이긴다. 기도는 단지 입술을 움직이는 행위가 아니라, 내면의 허기를 재정의하는 시간이다. 기도하면서 우리는 깨닫는다. "지금 필요한 건 물건이 아니라 위로였구나." "내가 채우려던 건 장바구니가 아니라 마음이었구나." 그 깨달음이 지출을 멈추게 하고, 충동을 제어한다. 기도는 공허를 소비로 덮지 않고, 하나님과의 교제로 채우게 만든다.

기도는 충만함의 루틴이다. 하나님께 엎드린 사람은 소유로 자신을 증명하려 하지 않는다. 이미 채워졌다는 자각은 더 가지려는 욕망을 이기게 만든다. 기도는 가난을 없애는 도구가 아니라, 이미 받은 것에 만족하게 만드는 도구다. 기도가 쌓일수록 만족의 기준은 소유가 아니라 은혜로 옮겨가고, 마음은 점점 단순해진다.

많은 이들이 말한다. "기도한다고 돈이 생기나요?" 기도는 통장을 채워주진 않는다. 그러나 기도는 통장이 텅 비지 않도록 불필요한 지출을 줄여준다. 기도는 '꼭 필요하지 않은 소비'를 걸러내고, '꼭 지금 하지 않아도 되는 결제'를 멈추게 한다. 기도는 재정을 불리는 수단이 아니라, 재정을 지켜주는 울타리다.

기도하지 않으면 감정이 기준이 되고, 감정이 기준이 되면 지출은 요동친다. 그러나 기도는 감정을 다스리고, 감정은 지출을 결정한다. 기도는 마음을 붙들고, 그 마음이 재정을 붙든다. 그래서 기도는 단순한 신앙 행위가 아니라, 소비 습관을 다스리는 실제적 경제 훈련이 된다.

기도하는 사람은 덜 쓰는 사람이 아니다. 기도하는 사람은 잘 쓰는 사람이다. 충동이 아닌 필요를 기준 삼고, 감정이 아닌 사명을 중심에 두고 소비한다. 기도는 내가 가진 돈의 액수를 바꾸지는 않지만, 돈을 대하는 태도를 완전히 바꾸어준다.

기도가 깊은 사람은 단순해진다. 무엇이 꼭 필요한지, 무엇을 미뤄도 되는 것인지 구분한다. 과한 소비를 줄이고, 허세의 지출을 덜어내며, 만족을 중심에 둔다. 그 절제는 억지로 눌러 참는 자제력이 아니라, 기도 속에서 얻은 평안에서 비롯된 자유와 여유다.

우리는 흔히 '얼마나 벌었는가'를 고민하지만, 신앙은 '어떻게 쓰고 있는가'를 묻는다. 기도는 이 질문을 매일 내게 던지게 한다. "너는 지금 기분 때문에 쓰고 있는가, 아니면 사명 때문에 쓰고 있는가?" "너는 불안을 지출로 풀려 하는가, 아니면 하나님께 맡기고 있는가?"

기도는 내 삶을 다시 정리하게 한다. 기도는 내 통장을 붙든다. 기도는 나의 소비 습관을 고치고, 지출의 리듬을 조절하며, 만족의 기준을 다시 세운다. 기도는 단순히 영혼을 진정시키는 일이 아니라, 통장까지 진정시키는 실제적 습관이다. 기도는 마음을 지키고, 그 마음이 지출을 지킨다. 기도는 더 많이 벌기 위한 전략이 아니라, 더 평안하게 살기 위한 방식이다. 그리고 그 평안은 우리의 재정을 가장 안전하게 만든다.

불안이 결제를 재촉할 때
충동의 손끝을 멈추게 하는 기도의 힘

야근을 마치고 돌아온 밤, 텅 빈 마음을 안고 휴대폰을 켠다. 쇼핑몰 앱을 열고 스크롤을 내리다 세일 배너를 누르고, 인기 상품을 하나씩 살펴본다. 딱히 필요한 물건은 아니지만, 뭔가 하나 결제하면 기분이 조금 나아질 것 같고, 택배가 오는 상상을 하니 지금 이 감정이 해결될 것처럼 느껴진다. 몇 번의 터치로 결제가 완료되고, 알림이 뜨는 순간 묘한 안정감이 찾아온다. 그러나 며칠 뒤 도착한 택배 상자를 열면서 드는 생각은 늘 같다. "내가 왜 이걸 샀을까?"

이것이 바로 불안에서 비롯된 소비다. 우리는 흔히 충동구매가 계획 없이 일어나는 행동이라 생각하지만, 그 안에는 분명한 정서적 원인이 있다. 막연한 초조감과 설명할 수 없는 허전함은 '지금 당장 무엇인가를 해야 한다'는 강박으로 이어지고, 그 강박은 생각보다 빨리 손가락을 움직여 '구매하기' 버튼을 누르게 만든다. 소비는 문제를 해결하지 않는다. 그 순간의 감정을 잠시 덮어줄 뿐이며, 결제 후 돌아오는 것은 후회와 여전히 남아 있는 불안이다. 이것은 단순한 습관이 아니라, 불안을 결제로 다스리려는 뇌의 왜곡된 학습 구조다.

불안은 가만히 있지 못하게 만든다. 손을 움직이게 하고, 시간을 못 견디게 만들며, 나를 어디론가 끌고 간다. 그리고 소비는 그 에너지의 가장 쉬운 출구다. 몇 번의 클릭으로 물건은 오고, 감정은 잠시 분산된다. 그러나 바뀌는 건 기분이 아니라 텅 빈 잔고이고, 마음은 여전히 불안하다. 특히 이런 소비가 반복되면, 뇌 안에 '불편함 → 결제 → 일시적 해소'라는 경로가 형성되면서, 쓸수록 더 불안해지는 악순환이 만들어진다. 결국 돈은 쓰였는데 문제는 여전히 남고, 불안은 오히려 강화된다. 지출은 늘어나지만, 평안은 결코 채워지지 않는다.

신앙인은 이 지점에서 멈추는 법을 배운다. 감정의 충동이 밀려올 때, 믿는 사람은 지갑을 열기보다 먼저 무릎을 꿇는다. 기도는 감정을 외면하거나 억누르는 행위가 아니다. 오히려 그 감정을 하나님 앞에 정직하게 고백하는 시간이며, 불안의 정체를 꺼내어 다시 보는 시간이다. "하나님, 지금 저는 흔들리고 있습니다. 조급하고, 불안하고, 무엇인가를 해야 할 것만 같습니다." 이 기도가 시작될 때, 감정은 더 이상 통제할 수 없는 괴물이 아니라 하나님 앞에 올려진 한 조각의 인간성으로 회복된다.

기도는 마음을 진정시키고, 소비의 동기를 재해석하게 한다. 기도하면서 우리는 깨닫는다. 내가 진짜 원했던 건 물건이 아니라 위로였고, 구매가 아니라 누군가의 품에 안기는 감각이었다는 것을. 감정의 소용돌이 속에서 기도는 시야를 넓히고, 우선순위를 재정렬하며, 기다릴 수 있는 여유를 준다. 기도는 즉각적인 해결책 대신 신뢰를 선택하게 하고, 손끝이 아닌 하나님의 시선으로 문제를 바라보게 한다.

기도는 통장의 숫자를 바꾸진 않는다. 그러나 기도는 그 숫자에 대한 나의 태도를 바꾼다. 기도는 충동을 미루게 하고, 소비를 보류하게 하며, 지금 이것이 정말 필요한 것인지 한 번 더 묻게 한다. 기도는 결제 버튼을 누르기 전 숨을 고르게 하며, '이것은 감정인가, 사명인가?'라는 질문을 내 마음에 심는다. 감정에서 결정하지 않고 평안에서 선택하게 만드는 힘, 그것이 바로 기도의 실제적인 효과다.

믿음은 불안의 상태에서 소비를 절제하게 하는 방패다. 믿음은 '지금 이걸 안 사도 괜찮다', '지금 해결되지 않아도 하나님이 보고 계신다'는 내면의 울타리를 세운다. 그래서 기도하는 사람은 충동에서 한 걸음 물러설 수 있고, 불안한 감정이 이끄는 대로 흘러가지 않는다. "내 영혼아 네가 어찌하여 낙심하며 어찌하여 내 속에서 불안해 하는가 너는 하나님께 소망을 두라 그가 나타나 도우심으로 말미암아 내가 여전히 찬송하리로다"(시 42:5). 마음을 지킬 수 있는 사람만이 지갑도 지킬 수 있다. 마음의 질서가 세워질 때 돈의 흐름도 새로워진다.

신앙은 단순히 절약이나 검소함을 말하지 않는다. 신앙은 소비의 목적을 바꾼다. 감정을 해소하기 위한 소비가 아니라, 하나님 나라를 향한 사용으로 바뀔 때, 돈은 더 이상 위안의 수단이 아니라 섬김의 도구가 된다. 기도를 루틴으로 삼은 사람은 더 많이 벌기보다, 더 정확히 흘려보내는 법을 배운다. 소비가 줄어드는 것이 아니라, 소비가 정화되고 다듬어지는 것이다.

 소비는 마음의 방향을 드러낸다. 마음이 흔들릴수록 지출은 급해지고, 감정이 정돈될수록 소비도 질서를 갖는다. 그러므로 지출을 다스리고 싶다면 먼저 감정을 들여다보고, 그 감정을 하나님께 가져가 풀어야 한다. 그때 비로소 소비의 패턴이 바뀌고, 돈을 쓰는 방식뿐 아니라 마음을 돌보는 방식까지 새로워진다.

 결제를 누르기 전에, 눈을 감자. "하나님, 지금 이 마음을 당신께 드립니다." 그렇게 기도하고 나면 알게 된다. 지금 정말 필요한 건 물건이 아니라, 하나님께로부터 오는 위로와 평안이라는 것을. 그리고 그 깨달음이 손끝을 멈추게 하고, 지갑을 지켜주며, 마음을 다시 자유롭게 한다.

기도는 마음의 리모컨이다
감정 소비를 멈추는 믿음의 기술

고단한 하루를 마친 직장인, 어느 때처럼 휴대폰을 켠다. 무심코 뜬 광고를 보고, "이번에는 안 넘어간다" 다짐하지만, 마음이 얕은 그는 결국 마음의 지퍼를 열고 물건을 산다. 이때 지출은 돈을 쓰는 일이 아니라 감정을 다루는 방식으로 변한다. 그러나 이런 소비는 문제를 해결하지 못한다. 오히려 더 깊은 공허를 남긴다. 이 악순환은 단순한 경제의 문제가 아니라, 감정을 다스리는 방식의 문제다. 그렇다면 이 굴레를 끊을 방법은 없을까?

이 지점에서 '기도'와 '묵상'이 등장한다. 둘 다 감정 조절에 효과가 있지만, 결정적인 차이가 있다. 묵상이 '나'를 중심에 두고 감정을 관찰하는 일이라면, 기도는 '하나님' 앞에서 나를 재배치하는 일이다. 감정을 내 안에서 분석하는 것이 아니라, 바깥에 계신 분께 고백하는 것이다. 묵상은 내 감정을 정리하는 행위라면, 기도는 그 감정을 하나님께 맡기며 방향을 새롭게 잡는 행위다.

기도는 단순히 입술의 움직임이 아니다. 그것은 영혼의 호흡이다. 속이 복잡할 때 "왜 이러지?"라고 묻는 대신 "주님, 제 마음이 어지럽습니다"라고 고백하는 순간, 감정은 통제 불가능한 파도가 아니라 해석 가능한 흐름으로 바뀐다. 기도의 순간, 감정은 나를 지배하는 힘이 아니라 하나님 앞에 해석되는 언어가 된다.

이러한 기도는 지출 습관에도 실질적인 영향을 준다. 소비의 상당 부분은 마음을 다스리지 못한 결과다. 우울해서, 스트레스 받아서, 공허해서. 이 감정들을 기도로 걸러내면 불필요한 소비는 줄고, 삶의 리듬은 회복된다.

기도는 감정의 속도를 늦춘다. 일시적 위안 대신 본질적 회복을 바라보게 한다. 지금 당장 기분을 풀기 위해 무엇인가를 사는 대신, 그 감정을 하나님 앞에 비춰 보게 만든다. 이것은 단순한 절제가 아니라 해석을 통한 절제다. 지금의 지출이 정말 필요한지, 아니면 허무를 덮으려는 감정인지 구분할 수 있게 된다. 기도는 결제를 늦추는 힘이 아니라, 지출의 의미를 다시 묻는 힘이다.

그때 중요한 변화가 일어난다. 소비의 '속도'가 느려지는 것이다. 감정 소비는 빠르다. 클릭 한 번이면 끝이다. 그러나 기도는 시간을 요구하고, 묵상은 침묵을 요구한다. 그 '느림'이 충동을 걸러낸다. 마치 템포가 늦춰진 재즈처럼, 기도는 삶의 박자를 바꾼다. 즉각적 결제의 손끝에 '잠시 멈춤' 버튼을 누르게 하는 것이 바로 기도다.

기도는 지출의 '방향'도 바꾼다. 믿는 자에게 돈은 나를 위한 도구가 아니라 사명을 위한 자원이다. 기도하는 사람은 "어떻게 아낄까"보다 "어떻게 쓸까"를 고민하고, "어디에 투자할까"보다

"무엇에 헌신할까"를 먼저 묻는다. 그렇게 기도는 지출의 기준을 욕망에서 가치로 옮긴다. 돈의 사용처가 달라질 때, 삶의 무게 중심도 함께 이동한다.

묵상은 자율신경계를 안정시키고 감정을 정리하는 데 탁월하다. 그러나 거기서 멈춘다. 기도는 그 이후로 나아간다. 관계 속에서 자신을 재배치하고, 감정의 무게를 하나님께 맡기며, 삶의 목적을 다시 설정한다. 이것은 단순한 평안이 아니라 방향성과 의지의 회복이다. 기도는 단순히 마음을 가라앉히는 기술이 아니라, 삶 전체를 다시 설계하는 힘이다.

그래서 기도는 곧 삶의 재설계다. "이 지출은 정말 필요한가?"라는 질문을 던지게 하고, "하나님이 기뻐하실 방향인가?"라는 두 번째 질문을 일으킨다. 기도는 지출의 주체를 '기분'에서 '믿음'으로 옮긴다. 여기에서 크리스천의 진가가 나타난다. 인생의 주인이 하나님이라는 의식이 지출의 정당성과 부당함을 결정짓게 한다. "우리가 살아도 주를 위하여 살고 죽어도 주를 위하여 죽나니 그러므로 사나 죽으나 우리가 주의 것이로다"(로마서 14:8).

기도는 감정을 억누르지 않는다. 오히려 감정을 가장 안전하게 다루는 통로를 제공한다. 감정의 격랑을 혼자 감당하지 않아도 되는 것이야말로 기도의 경제학이다. 평안을 얻는다는 것은 단순히 기분이 좋아지는 것이 아니라, 판단의 기준이 분명해지고, 선택의 맥락이 정리되며, 삶의 중심이 견고해지는 것이요, 하나님의 기준 아래서 살아가는 것이다.

결국 진짜 부자는 누구일까? 많이 가진 사람일까, 아니면 감정이 흔들릴 때마다 지갑을 열지 않아도 되는 사람일까? 기도는 후

자를 선택하게 한다. 불안을 소비로 달래지 않고, 고요한 신뢰로 통과하는 법을 가르친다.

    그렇게 삶을 정돈한 사람은 단순히 절약하는 사람이 아니라, 삶을 디자인하는 사람이다. 돈의 흐름은 마음의 구조를 따라간다. 마음이 정리되면 소비도 정리되고, 마음이 단단해지면 재정도 단단해진다. 그래서 우리는 이렇게 말할 수 있다. 기도는 감정의 리모컨이며, 재정의 나침반이고, 삶 전체를 세팅하는 가장 강력한 버튼이다.

기도는 마음의 브레이크, 감정을 멈추게 하는 힘

누군가의 말 한마디에 가슴이 철렁 내려앉는다. 아무 뜻 없는 표정 하나에 수십 가지 해석을 붙이고, 하루치 감정 에너지를 다 써버린다. '왜 이렇게 예민할까' 싶지만, 내 마음은 이미 파도처럼 출렁이고 있다. 아무것도 하지 않아도 피곤한 날, 우리는 감정에 지고 있는 것이다.

사람은 감정의 동물이다. 기쁨, 슬픔, 분노, 불안이 수시로 오가며, 그 감정은 말투와 표정, 지출과 관계, 심지어 신앙까지 흔든다. 그럴 때 필요한 것은 감정을 없애는 것이 아니라, 그 속도를 늦추고 방향을 바로잡는 '브레이크'다. 자동차가 브레이크 없이 달릴 수 없듯, 인생도 감정에 제동을 거는 장치가 필요하다. 그 브레이크가 바로 기도다.

기도는 감정의 폭주를 멈추고, 분노의 엔진을 끄며, 불안이라는

급가속 상태에서 나를 세운다. 슬픔이라는 터널 속에서는 조용히 라이트를 켜게 한다. 기도는 단순한 진정이 아니라, 감정이 삶을 통제하지 못하도록 제동을 거는 일이다.

　성경의 히스기야 왕은 그 브레이크를 제대로 밟을 줄 알았다. 예루살렘이 아시리아 대군에 포위되었을 때, 그는 왕으로서 즉각 결정을 내릴 수도 있었다. 적장에게 화해를 요청하거나, 맞불을 놓거나, 항복을 택할 수도 있었을 것이다. 그러나 그는 그렇게 하지 않았다. 그는 적장의 편지를 성전으로 가져가 펼쳐 놓고, 조용히 기도했다. 히스기야는 감정으로 반응하지 않고, 기도를 선택했다. 하나님은 그의 기도를 들으시고, 싸움 없이 전쟁을 끝내 주셨다. 그의 이야기는 감정보다 기도가 먼저일 때 삶이 어떻게 달라지는지를 보여준다.

　감정은 피할 수 없다. 그러나 기도는 그 감정을 흘려보낼 수 있는 안전한 수로다. 슬픔은 고백이 되고, 분노는 하나님께 던져진 질문이 되며, 불안은 위탁으로 바뀐다. 기도는 감정을 억누르지 않고, 하나님 앞에 해석 가능한 언어로 바꾸는 행위다.

　기도 없이 반응하는 사람은 감정에 쉽게 휘둘린다. 화가 난 채로 문자를 보내고, 서운한 마음을 품은 채 말끝을 흐리며, 불안을 덜기 위해 어떠한 일을 벌이기도 한다. 그러나 기도하는 사람은 먼저 묻는다. "주님, 이 감정은 어디서 온 걸까요?", "이 분노는 정당한 걸까요, 아니면 상처에서 비롯된 걸까요?" 기도는 반응을 잠시 멈추게 하고, 판단을 유예하며, 내면의 속도를 늦추는 여백을 준다.

　이 느림이 중요하다. 감정은 빠르다. 생각보다 먼저 달려가 행동을 이끈다. 그러나 기도는 시간을 벌어준다. "왜 이렇게 화가 날까?"라는 질문을 꺼낼 수 있는 여유, "지금 말해도 될까?"를 한 번 더 생각할 수 있는 침묵. 그 짧은 몇 초가 마음을 바꾸고, 마음이 바뀌면 인생이 달라진다.

기도는 반복될수록 우리 안에서 자동화된다. 하루 한 번의 기도로 성격이 변하지는 않는다. 그러나 하루에 여러 번, 감정이 출렁일 때마다 한숨 대신 기도를 택하는 사람은 점점 달라진다. 어느새 반응보다 묵상이 앞서고, 흥분보다 숨 고르기가 익숙해지며, 외침보다 고백이 편안해진다. 기도의 훈련은 습관이 되고, 습관은 성품이 되며, 성품은 결국 인생을 바꾼다.

심리학에서는 이를 '메타인지 감정 조절'이라 부른다. 자신의 감정을 자각하고 관찰하며 적절히 다루는 능력이다. 신앙의 언어로 바꾸자면, 기도는 감정을 자각하고 훈련하는 영적 장치다. 이 훈련을 거듭할수록 사람은 부드러워지고, 깊어지며, 견고해진다.

무엇보다 기도는 감정을 숨기지 않고 드러내는 훈련이다. "주님, 지금 화가 납니다." "억울하고 답답합니다." "불안해서 잠이 오지 않습니다." 이 모든 말이 기도의 언어가 된다. 하나님 앞에서는 포장도, 체면도 필요 없다. 기도는 감정을 가장 정직하게 바라보는 시간이다. 정직한 고백이 쌓일 때, 마음은 점점 단단해지고 평안은 깊어진다.

이런 정직한 기도는 점차 내면의 중심을 세워 간다. 처음에는 감정을 멈추는 브레이크였지만, 나중에는 방향을 트는 핸들이 되고, 목적지를 다시 설정하는 나침반이 된다. 기도는 감정 조절을 넘어 인격을 조형하는 도구가 된다.

이제 우리 자신에게 물어보자. 감정이 밀려올 때, 나는 무엇을 하는가? 누군가의 말에 상처받았을 때, 억울하고 속이 끓을 때, 마음이 폭발할 듯할 때 그 감정을 행동으로 터뜨리는가, 아니면 잠시 멈춰 기도의 방으로 들어가는가?

    기도는 감정의 브레이크다. 속도를 늦추고, 충돌을 막고, 방향을 틀게 한다. 그리고 반복되는 기도 속에서 사람은 놀라울 만큼 평온해진다. 감정은 여전히 살아 있지만, 감정에 끌려가지 않는 사람이 된다. 진짜 성숙은 감정이 사라지는 것이 아니라, 감정을 다스릴 수 있게 되는 것이다.

누가 보지 않아도, 하나님 앞에 사는 사람
나를 다스리는 삶의 비밀

무인 점포에서는 종종 이런 장면이 연출된다. 물건을 든 손님이 계산대를 스쳐 지나가며 잠시 멈칫하더니, 계산하지 않고 그대로 나간다. "누가 보는 것도 아닌데 뭐." 그 순간 인간의 본성이 고개를 든다. 사람은 감시자의 유무에 따라 달라진다. 혼자 있을 때 더 쉽게 무너진다. 아무도 없을 때, 진짜가 드러난다.

그러나 신앙인은 다르다. 하나님이 나를 보고 계신다는 의식은 그 무너짐의 틈을 막아주는 브레이크다. 마음속 깊은 곳에서 울리는 질문 하나가 사람을 붙든다. "하나님이 이걸 어떻게 보실까?" 이 물음은 내면에 작동하는 조용한 제동장치다.

신앙인의 삶에는 코람 데오(Coram Deo), 즉 '하나님 앞에서'라는 감각이 깔려 있다. 이는 누군가의 감시 아래 있다는 불안감이 아니라, 사랑의 시선 아래 서 있다는 확신이다. 도덕의 수준을 넘어 영혼의 방향을 세우는 나침반이다. 삶의 크고 작은 결정 하나까지 하나님을 의식하는 사람은 소비조차 함부로 하지 않는다. 마음의 기준이 달라지기 때문이다.

사람은 원래 유혹에 약하다. 외롭거나 허전하거나 감정이 흔들릴 때 우리는 본능적으로 행동으로 반응한다. 쇼핑도 그 반응 중 하나다. "누가 뭐라 하겠어." "어차피 내가 번 돈인데." "스트레스를 이렇게라도 풀어야지." 이런 생각으로 물건을 구입하고 나서야 후회가 밀려온다. 자기조절의 실패는 곧 자기비하로 이어진다.

그러나 하나님 앞에 사는 사람은 거기서 한 걸음 더 멈춘다. 아무도 보지 않는 줄 알았지만, 하나님은 보고 계신다. 감시자가 아니라 보호자로서, 정죄가 아니라 질서로서, 그 시선은 사랑의 언어로 다가온다. 마치 아이가 부모의 눈을 의식하며 위험한 행동을 멈추듯, 하나님의 시선은 우리의 충동을 부드럽게 제지한다. 그 시선은 단속이 아니라 지켜주심이며, 억압이 아니라 돌보심이다.

"지금 내가 이것으로 허전함을 채우려 하는구나." "이건 욕망이 아니라 허영이네." 이런 자각이 찾아오면 손은 멈추고 마음은 정리된다. 신앙은 그래서 순간을 다스리는 훈련이기도 하다.

실제로 심리학 실험도 이를 뒷받침한다. 커피머신 옆에 눈 그림 하나를 붙였더니 자율 계산률이 높아졌고, 복도 벽에도 눈 그림 이미지를 붙이자 쓰레기 투기가 줄었다. '누군가 보고 있다'는 감각만으로도 도덕적 행동이 강화된다. 그러나 신앙의 시선 감각은 더 깊다. 도덕을 넘어 동기와 중심까지 정돈한다. 하나님은 외면의 행동만이 아니라 내면의 의도까지도 아시는 분이기 때문이다.

그래서 진정한 신앙은 사람이 없을 때 드러난다. 아무도 보지 않을 때, 핸드폰을 들고 무엇을 검색할지를 고민할 때, 지갑을 열기 직전, 누군가를 험담하고 싶은 충동이 올라올 때, 그 모든 순간에 하나님은 조용히 묻고 계신다. "지금 네 안의 동기는 무엇이니?" 이 질문에 귀 기울일 수 있는 사람은 감정에 휘둘리지 않는다.

기도를 통해 이 질문에 반응하는 사람은 자신을 억누르지 않는다. 오히려 자신을 자각한다. 자각이 반복되면 삶은 조심스러워지면서도 동시에 더 자유로워진다. 불필요한 소비는 줄고, 말의 군더더기가 사라지며, 판단은 신중해진다. 하나님 앞에 사는 사람은 결국 자기 자신을 지키는 사람이다.

그렇게 형성된 삶은 절제와 균형을 갖춘다. 재정은 수입의 크기보다 태도에서 드러난다. 돈을 쓸 때 '하나님이 보신다'는 감각을 지닌 사람은 충동보다 목적을 따르고, 욕망보다 가치를 선택한다. 그의 지출은 단정하고, 그의 삶은 절제 속에서 빛난다. "여호와여 주께서 나를 살펴 보셨으므로 나를 아시나이다. 주께서 내가 앉고 일어섬을 아시고 멀리서도 나의 생각을 밝히 아시오며, 나의 모든 길과 내가 눕는 것을 살펴 보셨으므로 나의 모든 행위를 익히 아시오니"(시 139:1-3).

결국 우리는 스스로에게 물어야 한다. 당신은 혼자일 때 어떤 사람인가? 사람이 없는 곳에서도 지켜지는 품위, 누가 보지 않아도 흐트러지지 않는 기준, 그것이 하나님이 보고 계심을 아는 사람의 내면이다.

그 시선은 무겁지 않다. 나를 들여다보되 정죄하지 않고, 지켜보되 외면하지 않는다. 그렇기에 나는 오늘도 조용히 그 시선 앞에서 나를 다스린다.

지출이 멈추면 삶도 멈출까?
소비 중심 사회에서 신앙 중심으로

토요일 오후, 백화점에는 사람이 붐빈다. 새벽배송 택배는 끊이지 않고, SNS에는 끝없이 새 물건이 올라온다. '신상', '한정 수량', '지금만 할인'이라는 말에 마음은 들뜨고, 억눌렸던 감정은 소비라는 이름으로 풀려나간다. 어느새 우리는 '살 때 기분이 풀리는 구조'에 익숙해져 있다.

이제 물건을 산다는 것은 단지 필요한 것을 채우는 일이 아니라, 감정을 조절하고 존재를 확인받는 수단이 되었다. 소비는 더 이상 단순한 도구가 아니라 일상의 위로가 되었고, 만족은 목적이 아니라 반복이 되었다. 지출은 생활의 일부가 아니라, 마음을 달래는 의식처럼 자리 잡았다.

이런 시대 속에서 성경은 전혀 다른 목소리를 들려준다. "가산이 적어도 여호와를 경외하는 것이 크게 부하고 번뇌하는 것보다 나으니라"(잠언 15:16). 돈이 많다고 편안한 것은 아니며, 오히려 많은 소유 안에 고통이 숨어 있을 수 있다는 뜻이다.

솔로몬은 그 사실을 몸소 경험한 인물이다. 그는 최고의 지혜를 가졌고, 최고의 부를 누렸고, 누구보다 많은 것을 소유했지만 결국 이렇게 고백한다. "헛되고 헛되니 모든 것이 헛되도다"(전 1:2). 소유는 삶을 의미 있게 만들지 못했고, 풍요는 영혼을 채우지 못했다. 그의 경험은 우리에게 분명한 질문을 던진다. '많이 가진다고 진짜 행복할까?'

그렇다면 우리는 스스로에게 물어야 한다. 나는 언제 가장 많이 지출하는가? 정말 필요해서인가, 아니면 기분 때문인가? 속상하거나 외로울 때, 혹은 허전할 때 우리는 물건을 사서 감정을 덮는다. "이 정도는 나를 위한 선물이야"라고 말하지만, 그 뒤에 남는 공허는 생각보다 깊고 오래간다.

돈을 써야만 충만해지는 삶은 언제나 결핍을 전제로 한다. 지출이 멈추면 나도 멈출 것 같고, 쇼핑을 하지 않으면 무언가를 놓친 기분이 든다. 그렇게 우리는 점점 '물건'을 사는 존재가 아니라, '감정'을 사는 존재가 되어간다. 소비가 멈추면 삶이 텅 비어 보이는 이유는, 이미 마음이 소비에 중독되어 있기 때문이다.

신앙은 이 고리를 끊는다. 믿음은 '지금보다 더 많이 가져야 행복하다'는 명제를 뒤집는다. '하나님 안에 있다면 지금도 충분하다.' 가진 것이 적더라도 만족을 배운 사람은 진짜 부자이며, 감사를 아는 사람은 결핍 속에서도 기쁨을 안다.

하나님 중심의 삶은 눈에 보이는 물건보다, 보이지 않는 내면을 먼저 살핀다. '지금 이 소비는 정말 필요한가?', '이건 내 감정을 덮으려는 충동은 아닌가?'라는 질문을 던지는 순간, 삶의 방향은 미묘하지만 분명히 달라진다. 쇼핑 대신 말씀 앞으로, 소비의 자리에서 기도의 자리로 시선을 옮기는 그 작은 움직임이 삶 전체를 바꾼다.

소비가 주는 기쁨은 강렬하지만 짧다. 만족은 그 순간을 넘기지 못하고 곧바로 다음 욕구를 만든다. 그러나 하나님 안에서 누리는 평안은 천천히 스며들지만 오래 지속된다. 마치 햇살처럼 서서히 퍼지면서도, 쉽게 사라지지 않는 따뜻함이 있다.

믿음은 절제를 강요하지 않는다. 오히려 진짜 충만함이 무엇인지 가르쳐준다. 세상은 더 많이 써야 한다고 말하지만, 신앙은 지금도 충분히 누릴 수 있다고 말한다. 돈을 쓰는 것이 나를 살리는 것이 아니라, 하나님 안에 머무는 것이 나를 살린다. 소유가 아니라 관계, 소비가 아니라 신뢰가 우리를 붙든다.

그러니 이제 우리는 이렇게 고백할 수 있어야 한다. "지금 내게 있는 것만으로도 나는 충분하다. 하나님이 오늘도 나를 지키셨으니 나는 복되다."

덜 가져도 감사할 수 있는 사람이야말로 진짜 부자다. 더 갖지 않아도 자유로운 사람이야말로 진짜 평안하다. 당신은 언제 행복한가? 무언가를 샀을 때인가, 아니면 아무것도 사지 않아도 감사가 나올 때인가? 이 질문에 대한 대답이 곧 당신 삶의 방향을 결정한다. 그리고 그 방향이 소비 중심이 아니라 신앙 중심일 때, 삶은 비로소 멈추지 않고 온전히 흘러간다.

신앙은 덜 쓰는 삶이 아니라, 잘 쓰는 삶이다
돈으로 채우지 않아도 괜찮은 마음

오늘도 어딘가에서는 '이 정도는 나를 위한 투자예요'라는 말이 반복된다. 건강한 소비라며 나를 위로하고, 취향과 정체성이라며 자부심을 포장하지만, 그 지출이 진짜 만족으로 이어지는 경우는 드물다. 점점 더 많이 소비하지 않으면 공허한 구조 안에 갇힌다. 살수록 허전하고, 채울수록 비워지는 이 모순을 끊어내지 못한 채 살아간다.

이런 시대에 신앙은 어떤 길을 제시하는가? 소비를 철저히 끊고, 아예 돈을 쓰지 않는 것이 신앙의 증표일까? 신앙은 소비를 부정하지 않는다. 문제는 '돈을 쓰느냐 마느냐'가 아니라 '어디에, 어떻게 쓰느냐'에 있다.

무조건적인 절약을 신앙이라 말할 수는 없다. 신앙인은 지출하지 않아도 되는 곳에서는 허리띠를 졸라매지만, 필요하고 가치 있는 곳에는 오히려 아낌없이 풀어낸다. 절약은 목적이 아니라 잘 쓰기 위한 준비이며, 신앙의 소비는 덜 쓰는 사람이 아니라 잘 쓰는 사람을 만든다.

자기를 주인으로 여기는 사람은 흔히 자신의 입과 몸에는 아낌없이 쓰면서도, 헌금이나 나눔 앞에서는 주저한다. 타인을 위한 지출에는 늘 계산이 따라붙고, 베풂 앞에서는 아까움이 남는다. 이는 '내가 번 것은 내 것'이라 여기는 마음 때문이다. 그러나 신앙은 소유의 개념을 바꾼다. 가진 것이 내 것이 아니라 하나님이 맡기신 것이라 여기는 순간, 지출의 기준도 달라진다.

그렇게 관점이 바뀌면 삶의 방식도 달라진다. 하나님이 주신 것을 '맡긴 것'으로 여기는 사람은 지출의 기준이 달라지고, 돈의 흐름 또한 달라진다. 소유자에서 청지기로 정체성이 바뀌면, 돈의 방향이 바뀐다. 신앙은 '돈을 쓰지 않는 삶'이 아니라, '돈을 올바로 쓰는 삶'이다. 기분을 달래기 위한 소비가 아니라 목적을 따르는 소비, 자신을 위한 지출이 아니라 이웃과 사명을 향한 지출. 그것이 신앙이 이끄는 재정의 질서다.

신앙 공동체 안에서 누리는 유대감은 어떤 소비로도 대체할 수 없다. 함께 밥을 먹고, 기도를 나누며, 삶의 짐을 나누는 관계는 소비라는 개념으로는 설명할 수 없는 차원의 충만함을 준다. 그 안에선 비교할 필요도, 과시할 이유도 없다. 필요한 만큼만 쓰며 살아갈 수 있는 자유, 그것이 신앙이 주는 삶의 여유다.

돈이 없어서 못 쓰는 게 아니라, 굳이 더 쓰지 않아도 괜찮은 마음. 신앙은 절약의 기술이 아니라 가치 구조를 재편하는 영적 전환이다. 돈을 줄이는 것이 아니라, 더 이상 돈으로 자신을 채우려 하지 않아도 되는 상태. 이것이 신앙이 만드는 새로운 소비 구조다.

비교하지 않기 때문에 허세가 사라지고, 사명을 따르기 때문에 낭비를 끊을 수 있으며, 삶의 주인이 하나님이기에 집착도 자연스레 내려놓게 된다.

그래서 신앙은 소비를 줄이는 것이 아니라, 소비로 충족시키려는 삶에서 벗어나게 만든다. 자존감은 더 이상 물건이나 브랜드, 경험의 크기로 결정되지 않는다. 오히려 소유하지 않아도 괜찮고, 드러내지 않아도 당당하며, 비교하지 않아도 평안한 마음 그것이 신앙이 주는 내면의 충만이다.

소비하지 않아도 불안하지 않고, 지출을 줄여도 초라하지 않으며, 덜 가진 것이 곧 부족이 아니라는 자각이 생길 때, 우리는 돈이 아니라 가치로 사는 사람이 된다. 신앙은 사람을 단순히 검소하게 만드는 것이 아니다. 사람을 정직하게 하고, 단순하게 하고, 가볍게 만든다.

쓸 수 있지만 굳이 쓰지 않고, 살 수 있지만 사지 않아도 괜찮고, 받을 수 있지만 다른 사람에게 양보할 수 있는 힘, 그 힘은 억지 절제가 아니라 '내 삶은 하나님의 것'이라는 믿음에서 나오는 여유다.

더 이상 소비로 증명하지 않아도 되고, 지출로 보상받지 않아도 되며, 돈으로 존재감을 채우지 않아도 되는 사람, 그가 바로 신앙으로 삶을 재편한 사람이다. 그리고 그 사람은 세상 누구보다 풍성하게 산다. 자유롭게 나누고, 조용히 베풀며, 더 갖기보다 더 잘 쓰기를 선택한다.

그 삶은 절약이 아니라 지혜이며, 그 지출은 절제가 아니라 사랑이다.

하나님의 시간에 접속하기
기도는 세상의 속도에서 빠져나오는 탈출구

오늘 하루, 우리는 몇 번이나 '급하다'는 말을 내뱉었을까. 알림은 끊임없이 울리고, 할 일 목록은 끝이 없다. 시간을 쪼개고 또 쪼개도 늘 뭔가에 늦는 기분이다. 하루가 끝나도 마음은 멈추지 않고, 몸은 침대에 누워도 머리는 계속 돌아간다.

현대 사회는 속도를 미덕처럼 여긴다. 빠르게 판단하고, 빨리 실행하며, 더 빠르게 성장하라고 요구한다. 천천히 걷는 사람은 시대에 뒤처진 것처럼 보이고, 멈추는 사람은 실패자로 간주된다. 그래서 쉼은 불안으로, 멈춤은 두려움으로 바뀌었다. 우리는 속도를 유지하지 못하면 낙오할 것 같은 두려움 속에 살아간다.

세상은 '크로노스(Chronos)'의 시간에 우리를 가둔다. 크로노스는 초침처럼 일정하게 흘러가는 인간의 시간이다. 멈추지 않고 흐르며, 언제나 부족하게 느껴진다. 그러나 신앙인은 기도를 통해

'카이로스(Kairos)', 즉 하나님의 시간으로 들어간다.

카이로스는 단순히 천천히 흐르는 시간이 아니다. 그것은 하나님의 주권이 개입된 순간이며, 은혜가 흐르는 시간이며, 인생의 궤도를 재조정하는 하나님의 타이밍이다. 기도는 내 삶을 세상의 시계에서 하나님의 시계로 옮겨놓는 출입구다.

기도는 세상의 속도에서 우리를 잠시 분리시킨다. 눈을 감고 숨을 고르는 몇 분 동안, 우리는 속도를 늦추는 것이 아니라 방향을 재조명한다. 기도는 '멈춤'이지만, 그 멈춤은 단순한 정지가 아니다. 그것은 재출발을 위한 조율이며, 분주함에서 진실로 향하는 전환점이다.

기도 없이 달리는 삶은 언젠가 벽에 부딪힌다. 바쁘게 움직이고 있지만 어디로 가는지 모른다면, 그 질주는 결국 위태롭다. 하나님 없는 속도는 고립을 낳고, 멈출 줄 모르는 삶은 결국 추락한다. 속도는 우리를 앞서가게 할 수는 있지만, 방향이 잘못되면 더 빨리 길을 잃게 한다.

반면 기도는 성령의 도움 안에서 매일의 리셋이 되고, 영혼의 브레이크가 된다. 기도는 우리를 하나님의 시간에 접속시키고, 하나님의 방법에 동기화시키는 영적 플랫폼이다. 그래서 기도는 속도를 늦추는 일이 아니라 방향을 바로잡는 일이다.

신앙인은 멈추는 법을 안다. 기도를 통해 자신을 멈추고, 하나님이 정하신 리듬과 방향에 자신을 다시 맞춘다. 멈춤은 패배가 아니라, 다시 시작할 힘을 얻는 준비다.

기도는 묵상과 비슷해 보이지만 본질이 다르다. 묵상은 자기 자신을 들여다보는 시간이라면, 기도는 하나님을 마주하는 시간이다. 묵상이 고요한 독백이라면, 기도는 신뢰의 대화이며, 피로한 존재가 하나님의 뜻 안에 자신을 의탁하는 시간이다.

기도하는 사람은 세상의 리듬에서 한 걸음 물러난다. 다른 사람이 얼마나 앞서 가는지를 따지기보다, 하나님이 지금 어디에 계신지를 먼저 묻는다. 지금 이 순간이 하나님의 시간 안에 있다는 자각이 생기면, 조급함은 가라앉고 마음은 고요해진다.

하지만 기도는 현실로부터 도피하는 수단이 아니다. 기도는 세상 속으로 다시 걸어 들어갈 수 있는 힘을 공급한다. 기도하는 사람은 숨는 이가 아니라, 더 깊이 호흡하고 더 정확히 바라보며 더 분명히 나아가는 사람이다. 기도는 잠시 세상의 무게에서 벗어나, 다시 그 무게를 감당할 수 있는 힘을 주는 쉼표다.

기도는 인간이 하나님의 시선으로 현재를 다시 해석하는 시간이다. 삶의 무게가 너무 무겁게 느껴질 때, 속도가 나를 삼킬 듯 몰아칠 때, 기도는 우리 안에 조용히 말한다.

'지금 멈춰야 할 시간이다.'
'지금은 속도가 아니라 방향을 바라볼 때다.'
'네가 걱정하는 그 모든 일은 이미 하나님의 손 안에 있다.'

기도는 세상의 속도에서 빠져나오는 탈출구다. 그 길은 익숙하지 않을 수 있지만, 그 끝에는 하나님의 시간이 펼쳐진다. 그 시간은 은혜의 시간이고, 회복의 시간이며, 새로운 출발의 시간이다. 기도할 때 우리는 조급해지지 않고, 비교하지 않으며, 하나님의 리듬에 맞춰 자신을 다시 세운다. 그렇게 하루를 하나님께 넘기고, 속도를 잠시 내려놓고, 삶의 방향을 다시 점검하는 일, 바로 그것이 기도의 힘이며, 신앙인의 용기다.

세상의 안목보다 강한 눈, 하나님의 시선으로 보는 삶

'요즘은 이게 대세다.' '지금 구입하지 않으면 손해다.' 사람들은 하루에도 수십 번씩 지출의 자극을 받는다. 온라인 쇼핑몰의 추천 알고리즘, 유튜브 감성 광고, 주식, 부동산 투기까지. 소비와 지출은 어느새 경쟁이 되었다. 더 갖고 싶어서가 아니라, 안 가지면 마음이 불안한 시대다. 모두가 가진 그것을 갖지 않으면 뒤처지는 것 같고, 함께 즐기지 않으면 소외된 기분이 든다.

그러나 이 격랑 같은 흐름 속에서도 묵묵히 중심을 지키는 사람들이 있다. 타인의 소비에 쉽게 흔들리지 않고, 남의 삶을 베끼기보다 자신의 호흡대로 살아가는 이들이다. 그들에게는 하나의 공통점이 있다. 바로 하나님의 시선을 더 의식하며 산다는 점이다.

기도하는 사람은 외부의 자극보다 내면의 감각에 더 민감하다. 하나님 앞에 머무는 시간은 감정을 다스리고, 욕망을 조율하며, 선택을 분별하는 능력을 준다. 그래서 세상이 아무리 '지금 사야 한다'고 소리쳐도, 그는 먼저 이렇게 묻는다. '이것은 정말 필요한가, 아니면 욕망인가?', '하나님은 이 선택을 기뻐하실까?'

이러한 자문은 단순한 인내심이나 의지에서 나오지 않는다. 말씀과 기도 안에서 형성된 '영혼의 내성' 때문이다. 자극은 강하고, 비교는 집요하며, 충동은 날카롭지만, 기도는 그 모든 자극 위에 '하나님의 뜻'이라는 필터를 놓는다.

신앙인은 자신이 하나님의 자녀라는 정체성 안에서 살아간다. 누구보다 존귀한 존재이기에, 스스로를 얕은 비교의 장에 내던지지 않는다. 사람들의 시선보다 하나님의 시선을 더 의식하고, 세상의 흐름보다 말씀의 방향에 귀 기울인다. 그러니 자연스럽게 유행이나 광고에 덜 흔들린다.

그들은 '내가 원하는 것'과 '하나님이 원하시는 것'을 구별할 줄 안다. 이것은 세상의 교육이나 훈련으로 길러지는 것이 아니다. 말씀을 묵상하고, 삶의 사소한 순간까지 기도로 분별하는 삶을 통해 길러진 내적 근력이다.

예를 들어, 모두가 새 휴대폰을 사는 흐름 속에서도 어떤 사람은 구형 휴대폰을 계속 사용한다. 단지 절약 때문이 아니다. 지금도 충분히 유용하다고 느끼고, 더 중요한 것에 지출하는 것이 맞다고 판단하기 때문이다. 그는 하나님의 뜻을 묻고, 자신의 우선순위를 돌아보며, 단순하고도 깊은 삶을 선택한다.

기도하는 사람은 자극에 반응하지 않고, 분별로 응답한다. 충동적인 소비를 억제하는 것이 아니라, 자신의 삶에 꼭 맞는 선택을 할 수 있는 힘을 갖는다. 그는 유행을 따라가기보다, 자신의 리듬대로 살아간다. 결국 그 사람은 속도의 사람이 아니라 방향의 사람이 된다.

세상은 말한다. '이것은 다 갖고 있어야 해요.' '이것은 당신 삶을 바꿔줄 거예요.' 그러나 신앙인은 이렇게 묻는다. '이것이 진짜 내게 유익한가?', '하나님이 기뻐하실 선택인가?', '나는 이미 하나님 안에서 만족하고 있는가?'

"모든 지킬 만한 것 중에 더욱 네 마음을 지키라 생명의 근원이 이에서 남이니라"(잠 4:23). 이 마음가짐 하나가 삶의 패턴을 바꾼다. 기도는 평안을 위한 위안이 아니라, 선택의 기준을 다시 세우는 루틴이다.

우리는 지금도 끊임없이 외부 자극 속에 살아간다. 그러나 모든 자극을 걸러내는 내면의 필터가 있다면, 세상은 덜 복잡하고, 덜 불안하며, 더 명료하게 보인다. 기도는 그 필터를 단단하게 세워 주는 훈련이다.

신앙은 우리를 자극에서 분리시키는 힘이다. 하나님의 시선을 의식하며 살아가는 사람은 유행에 뒤처지는 것이 아니라, 진짜 중심을 붙잡고 살아가는 사람이다. 그는 절제가 아니라 자족의 사람이다. 비교 대신 감사, 충동 대신 분별, 소비 대신 중심을 선택한다.

그리고 그 모든 삶의 방식 뒤에는 한 가지 믿음이 있다. '하나님 안에서 나는 이미 충분하다.'

광야에 물을, 사막에 강을 내리라

근처에서 사업을 하는 사람이 말을 걸어온 일이 있다. "목사님은 좋겠습니다." "무엇이 좋다는 말씀인가요?" "부자(富者)이니 좋겠습니다." 나는 웃으며 말했다. "맞지요 저는 부자(父子)가 맞습니다." 상대가 어리둥절한 표정을 짓자, 이렇게 덧붙였다. "우리 아버지가 우주에서 가장 부자이시니까요. 그래서 저도 부자입니다."

사실 나는 젊을 때부터 또래보다 조금 더 부지런히 살았고, 하나님께로부터 많은 은혜를 입었다. 큰 기업을 세운 것은 아니지만, 감사하게도 눈에 보이는 결실이 남았다. 그러니 그분이 나를 부러워했을 수도 있겠다. 그러나 내가 받은 복은 단지 노력의 결과만은 아니다. 사람들은 종종 '열심히 일해서 성공한 사람'으로 생각하지만, 그 이면에 일하신 하나님의 손길은 보지 못한다.

부끄럽지만, 나의 작은 이야기를 하나 전하고 싶다. 젊은 날 유통업을 하며 낮에는 매장에서 물건을 팔고, 일이 끝난 뒤에는 직원들이 2.5톤 트럭에 가득 실어둔 상품을 싣고 타지역으로 납품을 다녔다. 물건을 내리고 집에 돌아오면 자정을 훌쩍 넘기기 일쑤였다. 왕복 네 시간 넘는 거리를 몇 년 동안 매주 오갔으니 몸이 고단하지 않을 수 없었다.

그럼에도 불구하고 나는 전주에서 뜻을 함께한 지인들과 청소년 사역을 이어갔다. 시(詩)를 전공한 덕에 '시로 쓰는 Q.T.'를 진행했고, 성경 통독 교재를 만들어 '디모데316' 성경 통독 운동을 펼쳤으며, 해외 교회 개척에도 힘을 보탰다. 모든 것은 하나님의 은혜였다. 일할 마음을 주신 것도, 그 일을 감당할 힘을 주신 것도, 언제나 하나님이셨다.

그 후 나는 충주 기업도시에 땅을 구입하게 되었다. 충주에 대해 아는 것이 거의 없었지만, 한 지인을 통해 땅을 소개받고 그곳에 건물을 짓게 되었다. 건물이 완공되자 하나님께서 내 마음에 신학 공부의 뜻을 주셨고, 결국 목사 안수를 받아 지금은 그 건물에서 목회를 이어가고 있다. 돌아보면 모든 과정이 하나님의 인도하심이었다. 내가 하나님의 일을 맡으니 하나님께서는 더 큰 일을 맡기셨고, 감당할 힘까지 채워주셨다.

하나님은 나에게 많은 은혜를 베푸셨다. 목회의 기간 동안에 큰 딸은 매주 주말마다 서울에서 내려오고, 포항에서 학교 다니던 아들은 군 생활로 산업체 근무를 충주에서 하게 되어 온 가족이 매주 한 자리에 모여 예배를 드리게 된 것이다. 개척교회였기에 두 아이는 찬양팀에서 피아노와 드럼을 맡았고, 때로는 기타로 함께 예배를 섬겼다. 또래 청년들이 술과 담배로 시간을 흘려보낼 때, 내 자녀들은 십일조 생활을 지키며 성령 안에서 꿈을 키워갔다. 그것을 바라볼 때마다 마음속에서 고백이 흘러나온다. 이보다 더 큰 복이 어디 있겠는가. 이것이야말로 진짜 부요함이요, 하나님이 주신 행복이다. 하나님을 믿고 그분의 길을 따르면, 결국 하나님께서 그 길을 인도하신다는 것을 나는 삶으로 경험했다.

나의 인생을 나의 힘으로 살려고 하면 그 길이 쉽게 열리지 않는 것을 경험할 것이다. 어쩌면 죽을 때까지 이루지 못하고 하늘만 바라보다가 인생을 마칠지도 모른다. 누가복음 5:1-11을 읽어 보라. 밤이 새도록 고기잡이를 하였으나 한 마리도 잡지 못했던 시몬에게 예수님이 말씀하셨다. "깊은 데로 가서 그물을 내려 고기를 잡으라." 시몬은 어부였고 예수님은 목수였지만, 시몬이 그 말씀에 순종하자 배 두 척이 잠길 만큼 많은 고기를 잡았다. 인생도 이와 같다. 나의 방법과 능력이 아니라, 하나님의 방법과 능력에 맡기고 살아간다면, 하나님이 나의 길을 인도하여 주신다. 이것이 진정한 하늘의 경제학이다.

성경 이사야서를 보면, 바벨론의 포로로 끌려갔던 이스라엘 백성에게 하나님이 약속하셨다. "너희는 이전 일을 기억하지 말며 옛날 일을 생각하지 말라. 보라 내가 새 일을 행하리니 이제 나타낼 것이라 너희가 그것을 알지 못하겠느냐 반드시 내가 광야에 길을 사막에 강을 내리니"(사 43:18-19). 한 번 살아가는 인생에 실패가 없어야 한다. 앞·뒤·좌·우 사방이 막혀있지만 하늘을 향한 문은 열려있다.

하나님을 바라보라, 그러면 우리 인생의 광야에 물을, 사막에 강을 내신다.

· 제7장 ·

크리스천 CEO들

누구를 위해 회사를 경영하는가
크리스천 리더의 일과 신앙

'무엇을 위해 이 일을 하십니까?'

이 질문에 선뜻 대답할 수 있는 CEO는 많지 않다. 더 높은 매출, 더 빠른 성장, 더 큰 투자 유치가 곧 '성공'이라 여겨지는 시대다. 그러나 믿음을 지닌 리더에게 일은 단지 생계의 수단이나 성공의 도구가 아니라, 하나님께 부르심 받은 소명의 자리다. 일터는 하나님의 뜻이 드러나는 공간이며, 매일의 결정과 관계 속에서 하나님의 영광을 실현하는 현장이 된다.

믿음의 리더는 일을 통해 무엇을 이루었느냐보다, 그 일을 누구를 위해 했느냐를 더 중요하게 여긴다. 그는 매출과 지분율, 외형적 성장을 추구하기보다, 하나님께 순종하고 이웃을 섬기는 방식으로 경영하려 한다. 따라서 이 질문은 단순한 자기 성찰이 아니라 신앙 고백이자, 경영의 방향을 결정짓는 실천적 기준이 된다. 회사의 존재 이유를 묻는 질문은 단순한 경영 철학의 차원을 넘어, 신앙의 뿌리를 드러내는 질문이다.

성경은 일에 대해 결코 침묵하지 않는다. 잠언 31장에 등장하는 현숙한 여인은 마치 유능한 기업가처럼 묘사된다. 땅을 사고 장사를 하며 가정을 부지런히 돌보고, 일꾼을 관리하며, 미래를 준비하는 모습은 오늘날의 전문경영인과 다를 바 없다. 그러나 성경은 이 모든 능력 위에 한 문장을 남긴다. "고운 것도 거짓되고 아름다운 것도 헛되나 오직 여호와를 경외하는 여자는 칭찬을 받을 것이라"(잠 31:30).

일을 잘하는 것보다 더 중요한 것은 하나님을 경외하는 마음으로 일하는 태도다. 유능함이 결과를 만들지만, 경외함은 중심을 세운다. 경영은 기술인 동시에 마음의 문제다. 기술만으로는 일시적인 성과를 만들 수 있지만, 마음이 무너지면 그 성과는 오래가지 못한다. 반대로 마음이 바로 서 있으면 실패조차도 배움과 성숙의 밑거름이 된다. 결국 기업의 성공은 숫자 이전에 영적 뿌리에 달려 있다는 사실을 잊지 말아야 한다.

오늘날의 경영 환경은 복잡하고 예측할 수 없다. 자금 압박, 인재 유출, 치열한 경쟁 속에서 많은 리더들이 방향을 잃는다. 처음에는 믿음을 중심에 두고 회사를 시작했지만, 어느새 성과와 속도, 비교와 자존심이 중심을 차지하게 된다. 그렇게 하나님의 영광을 위한 경영은 '좋았던 출발'로만 남고 만다. 많은 CEO가 처음에는 '소명'을 이야기하다가도, 시간이 흐르면서 어느새 '성과'만을 주장하게 된다. 그때 잃어버린 것은 단순한 방향이 아니라, 존재 이유 자체다.

그래서 믿음의 CEO는 고백한다. "기도 없이는 회사를 경영할 수 없습니다."

기도는 단지 마음의 위안을 위한 행위가 아니라, 하나님의 뜻 앞에 나의 중심을 다시 세우는 시간이다. 어떤 결정을 내려야 할지, 누구를 세워야 할지, 무엇을 멈춰야 할지를 묻는 그 시간이야말로 경영의 전략 회의다. 무릎 위에서 조직의 미래가 세워지고, 말씀 앞에서 진짜 선택이 이루어진다. 기도는 비용이 들지 않는 가장 강력한 경영 도구이며, 동시에 CEO가 결코 위임할 수 없는 영적 의무다. 수많은 보고서가 오가는 회의실보다 더 중요한 회의는 하나님 앞에 홀로 무릎 꿇는 그 순간에 열린다.

어떤 CEO는 이렇게 고백한다. "수많은 유혹과 압박 속에서도 매일 아침 말씀 앞에 앉아야만 중심을 지킬 수 있습니다. 내가 회사를 운영하는 것이 아니라, 하나님께서 이 회사를 어떻게 사용하실지를 기다리는 과정입니다." 이 고백은 단순한 종교적 수사가 아니라 기업 경영의 실제 원칙이자 생존 전략이 된다. 그에게 성경은 영적 교과서일 뿐만 아니라, 매일의 의사결정을 이끄는 경영 지침서다.

믿음의 경영은 느릴 수 있다. 그러나 깊고 단단하다. 불확실한 시대에도 흔들리지 않는 기업의 중심은 최신 기술이나 전략이 아니라 가치에 대한 확신이다. 그 확신은 하루아침에 만들어지지 않는다. 하나님 앞에 무릎 꿇는 그 사람, 매일의 질문을 포기하지 않는 그 CEO에게만 주어지는 영적 중심이다. 빠른 성장 곡선이 아니라, 꾸준히 지켜낸 가치가 기업을 영원히 빛나게 한다.

믿음의 리더는 조직을 '하나님의 선한 일에 동참하는 장'으로 이해한다. 직원은 인적 자원이 아니라, 하나님이 맡기신 한 사람의 영혼이며, 소비자는 단순한 타깃이 아니라 이웃이다. 수익은 수단일 뿐이며, 성장은 영향력의 확대이지 자아의 확장이 되어서는 안 된다. 회사가 커질수록 더 많은 책임이 뒤따른다는 것을 잊지 않는 것, 이것이 크리스천 CEO가 지켜야 할 원칙이다. 회사는 단순히 이익을 쌓는 기관이 아니라, 하나님의 뜻을 담는 그릇이어야 한다.

그래서 다시 묻는다. 당신은 누구를 위해 일하고 있는가?

당신의 사업은 당신의 성공을 위한 것인가, 아니면 하나님의 영광을 위한 것인가?

당신의 조직은 더 많은 돈을 벌기 위한 장인가, 아니면 더 많은 생명을 살리는 그릇인가?

이 질문은 단순한 도덕적 훈계가 아니라, 경영의 본질을 가르는 기준이다. 이 질문이 매일의 의사결정 가운데 살아 있다면, 그 일터는 이미 예배의 자리가 된다. 크리스천 CEO는 하나님께서 경영의 주인이심을 인정하는 사람이자, 오늘도 회사라는 작은 세계 속에서 하나님 나라를 먼저 구하는 사람이다.

그가 진짜 성공한 사람이다.

신앙이 리더에게 요구하는 것, 작은 것에도 정직함

"그 정도는 괜찮잖아."

공공기관에서 에어컨을 필요 이상으로 세게 틀어놓는 일, 공중 화장실에서 화장지를 과도하게 많이 사용하는 일, 나의 것이 아니라 회사의 것이니 낭비해도 된다고 여기는 생각, 내 돈이 아니니 마구 퍼주며 선심 쓰는 일, 리더의 이익을 위하여 통계를 조작하는 일 등은 우리 주변에서 쉽게 발생할 수 있는 것들이다.

그러나 신앙은 리더에게 이렇게 묻는다. "하나님 앞에서도 괜찮은 일인가?" 작은 습관이 큰 인생을 만들고, 작은 반복은 전체 구조를 닮는다. 마치 수학에서 말하는 프랙탈 구조처럼, 조그마한 단위가 전체의 패턴을 반영하듯, 리더의 작고 반복되는 행위는 조직 전체의 윤리와 신뢰를 결정짓는다.

한 사람의 사소한 거짓은 팀 전체에 '정직은 지킬 필요 없다'는 신호가 되고, 작은 회피는 '책임은 피할 수 있다'는 허용으로 번진다. 결국 리더의 기준은 조직의 기준이 된다. 리더의 눈빛 하나, 말투 하나, 태도 하나가 결국 공동체의 문화가 되고, 그 문화는 다시 후배와 동료의 행동으로 이어진다.

성경은 이 진실을 반복해서 강조한다. 여리고 전투에서 하나님께 바쳐야 할 전리품 일부를 숨긴 아간의 죄는 단 한 사람의 행동이었지만, 그 결과는 이스라엘 전체의 전쟁 패배로 이어졌다. 아나니아와 삽비라도 마찬가지였다. 재산 일부를 숨긴 채 전부인 것처럼 헌금한 그들의 행동은, 세상 기준으로는 영리했을지 몰라도 하나님께는 위선이었다. 그들은 즉사라는 무거운 심판을 받았다. 사람들이 사소하다 여긴 행동을, 하나님은 결코 가볍게 보지 않으신다. 작은 죄를 가볍게 여기는 순간, 그 죄는 눈덩이처럼 불어나 공동체 전체를 삼킨다.

신앙은 왜 리더에게 작은 부정조차 허락하지 않는가? 이유는 명확하다. 리더의 작은 타협이 조직 전체의 큰 타락을 낳기 때문이다. 지도자의 작은 불순종이 교회의 신뢰를 무너뜨릴 수 있고, 기업의 작은 위선이 사회 전체의 불신으로 번져 나간다.

세상은 정직하지 않음을 '유연성'으로 포장하고, 투명하지 않음을 '눈치와 실리'로 바꾼다. 그러나 신앙은 그 흐름 앞에서 멈추게 한다. "다들 그렇게 해"라는 말 앞에서, 신앙은 다시 묻는다. "하나님 앞에서도 괜찮은가?"

신앙은 선과 악을 흐리게 보지 않는다. 도덕은 타협하지만, 믿음은 분별한다. 기도하는 사람은 감시가 없어도 분별하며, 누가 보지 않아도 하나님이 보고 계심을 의식한다. 그래서 작은 선택

하나가 달라진다. 사람이 보지 않을 때 내리는 결정이야말로 그 사람의 진짜 믿음을 드러낸다.

신앙은 취할 줄 아는 감각보다, 버릴 줄 아는 감각을 더 중시한다. 어떤 이에게는 기회처럼 보이는 것이, 믿는 이에게는 시험일 수 있다. 다른 이들은 아무렇지 않게 손에 쥐는 것을, 신앙인은 내려놓는다. 세상은 취하는 사람을 똑똑하다 말하지만, 신앙은 버릴 줄 아는 사람이 더 멀리 간다고 말한다. 이것은 포기의 미학이 아니라, 더 큰 것을 향한 준비의 지혜다.

믿음은 크고 특별한 자리에서 시작되지 않는다. 그것은 작은 정직에서 시작된다. 영수증 한 장, 공금 처리의 디테일, 아무도 모를 거라 여긴 숫자 하나. 하나님은 그 자리에서 우리의 태도를 보신다. 그리고 그 자리에서 하나님을 의식한 사람은 결국 큰 신뢰의 그릇으로 준비된다. 작은 정직은 단순한 습관이 아니라, 하나님께서 맡기실 큰 일을 감당할 준비 과정이다.

예수께서는 말씀하셨다. "지극히 작은 것에 충성된 자는 큰 것에도 충성되고, 작은 것에 불의한 자는 큰 것에도 불의하다." 작은 부정은 결코 작지 않다. 작은 타협은 큰 붕괴의 문을 열고, 작은 거짓은 오래된 신뢰를 무너뜨린다. 작은 충성은 큰 사명을 열고, 작은 불의는 큰 비극을 불러온다.

당신은 리더다. 누군가는 당신을 보고 있고, 또 누군가는 당신을 따라 할 것이다. 당신의 작고 정직한 선택은 누군가에게 정직해질 용기를 주고, 당신의 조용한 절제는 공동체 전체의 윤리 기준을 바꿀 수 있다. 리더의 책임은 단순한 역할을 넘어, 보이지 않는 순간에도 하나님의 영광을 드러내는 자리다.

하나님 앞에서 '작은 것'은 결코 작지 않다. 작아 보이는 정직은 하늘의 기록에는 가장 큰 순종으로 남고, 조용한 포기는 천국에서는 찬란한 증거가 된다. 작은 순간의 믿음이 결국 인생 전체의 방향을 결정한다는 사실을 기억해야 한다.

신앙은 오늘도 묻는다.

지금 당신이 마주한 그 작은 부정, 정말 괜찮은가?

지금 당신의 손에 쥐려는 그것, 하나님이 기뻐하실까?

지금 당신은 무엇을 취하고, 무엇을 버리고 있는가?

'황금'보다, '소금'보다, '지금'이 중요하다. 순간의 작은 정직이 황금보다 값지고, 눈에 보이지 않는 작은 믿음이 소금보다 오래 남는다. 그리고 그 지금의 선택이, 당신을 진짜 리더로 만든다.

경영의 순간, 믿음은 당신의 기준인가
신앙은 사생활이 아니라, 의사결정의 잣대

많은 사람들은 신앙을 개인적인 일로 여긴다. 교회에 갈지 말지, 성경을 펼칠지 말지, 기도할지 말지 모두 사적인 선택이라고 생각한다. 그러나 진정한 신앙은 사적인 고백에 머물지 않는다. 신앙은 주일 예배에만 적용되는 것이 아니라, 일과 중 회의실에서도 작동해야 한다.

크리스천 리더에게 신앙은 삶의 장식이 아니라 기준이다. 회사의 방향을 정할 때, 중요한 결정을 앞둘 때, 사람을 뽑고 내보낼 때마다 그는 묻는다. "이 결정은 하나님 보시기에 옳은가? 내가 믿는 바에 어긋나지는 않는가?" 결국 신앙은 특별한 순간에만 작동하는 장치가 아니라, 일상과 경영의 모든 순간을 비추는 하나님의 렌즈다.

계획, 조직, 지휘, 조정, 통제까지 그 모든 경영 과정이 신앙에 반영이 된다. 크리스천 리더는 선택의 순간마다 하나님의 뜻을 먼저 묻고, 그 뜻이 분명해질 때까지 성급히 움직이지 않는다. 겉으로는 지연처럼 보일 수 있으나, 사실은 기도의 시간이며 성숙의 과정이다.

'경영 철학'과 '삶의 철학'은 결코 분리될 수 없다. 결국 누구에게나 중요한 질문은 "어떻게 살 것인가"이기 때문이다. 회사에서의 결정이 세상에서는 통용될 수 있어도, 하나님 앞에서 떳떳하지 못하다면 신앙은 삶에서 분리된 것이다. 경영은 단순한 이익 창출이 아니라, 믿음이 실제로 드러나는 무대다.

시편 37장 5,6절은 말한다. "네 길을 여호와께 맡기라 그를 의지하면 그가 이루시고, 네 의를 빛 같이 나타내시며 네 공의를 정오의 빛 같이 하시리로다." 이 말씀은 단순한 암송 구절이 아니라, 믿는 자의 의사결정을 지배하는 명령이다.

크리스천 리더는 손해를 감수하더라도 하나님 보시기에 옳은 선택을 한다. 이익이 커 보여도 정직하지 못하다면 포기할 줄 알고, 실리적으로 손해처럼 보여도 하나님의 뜻이라면 기꺼이 순종할 줄 안다. 이익보다 신뢰를 택하는 사람은 당장은 손해 같아 보여도, 결국 더 큰 신뢰라는 자산을 얻게 된다.

한 대표는 이렇게 말했다. "저는 이익보다 중요한 것이 이 결정이 하나님을 기쁘시게 하는지 여부입니다. 제가 무엇을 결정하느냐보다, 그 결정이 어떤 신앙의 고백이 되는지가 더 중요합니다." 그 고백 속에는 하나님 앞에서 흔들리지 않는 중심이 있다. 경영의 분수령은 언제나 숫자가 아니라 믿음의 기준에서 갈린다.

이러한 태도는 조직 안에 깊은 신뢰를 만든다. 직원들은 '숫자'보다 '사람'을 보는 리더의 눈을 느끼고, 계약 상대방은 단순한 '조건'이 아니라 '정직한 관계'로 회사를 바라본다. 기업의 자산은 건물이나 기술보다 신뢰이며, 그 신뢰는 바로 리더의 믿음에서 흘러나온다.

또 다른 리더는 말했다. "잘못한 직원을 무조건 내치는 것이 아니라, 이 사람을 회복시킬 수 있을지 먼저 기도합니다. 공동체는 철저함만으로 굴러가지 않습니다. 믿음의 원칙은 때로 회복의 기회를 포함합니다." 회복을 선택하는 용기가 공동체를 지탱하고, 용서의 결단이 곧 신앙의 힘이 된다.

세상은 빠른 결정과 날카로운 판단을 요구한다. 그러나 믿음의 리더는 속도를 늦춘다. 명철을 의지하기보다 하나님을 의지하고, 자신의 판단보다 하나님의 뜻을 묻는다. 세상의 경영이 속도를 경쟁한다면, 믿음의 경영은 방향을 분별한다.

기도는 그의 전략 회의가 되고, 말씀은 그의 실행 지침이 된다. 이러한 결정 방식은 비효율적으로 보일 수 있으나, 결과적으로 더 단단한 방향성과 건강한 조직을 만든다. 속도는 순간의 이익을 만들지만, 믿음은 세대의 역사를 만든다.

세상의 기준은 법과 성과다. 그러나 신앙의 기준은 진실과 신뢰다. 법을 지키는 것은 당연하다. 그러나 크리스천 리더는 그것보다 더 높은 기준, 곧 하나님의 마음을 묻는다. 합법적이라도 정직하지 않다면 멈추고, 손해처럼 보여도 하나님의 기쁨이라면 선택하는 것, 그것이 신앙의 길이다.

누군가는 말한다. "믿음대로 살면 망할 수도 있다." 실제로 그렇게 말하는 리더들도 있고, 세상적으로 틀린 말이 아닐 수도 있다. 그러나 성경은 분명히 말한다. "여호와께서 온전한 자의 날을 아시나니 그들의 기업은 영원하리로다 그들은 환난 때에 부끄러움을 당하지 아니하며 기근의 날에도 풍족할 것이나"(시 37:18-19). 믿음은 계산으로는 증명되지 않지만, 역사의 긴 시간 속에서 반드시 열매를 드러낸다.

신앙은 단기 성과의 논리가 아니라, 영원의 질서로 움직인다. 빠른 길이 아니라 옳은 길을 택하게 하고, 눈에 보이는 성공보다 마음에 남는 평안을 준다. 리더십의 궁극적 결산은 주식시장이 아니라 하나님의 심판대 앞에서 이루어진다.

경영의 현장에서 믿음을 지킨다는 것은 생각보다 더 많은 용기와 인내를 요구한다. 그러나 그 신앙은 결국 리더의 중심을 붙들어주고, 조직 전체를 건강하게 만든다. 신앙을 경영의 도구로 이용하는 것이 아니라, 경영 자체를 신앙의 고백으로 삼는 것, 그것이 크리스천 리더의 길이다.

하나님의 뜻을 묻는 리더, 가장 정확한 빛을 낸다
속도보다 방향, 하나님의 뜻

하나님의 뜻을 묻는 리더십은 네모도 아니고 세모도 아니다. 빨간색도 아니고 파란색도 아니다. 그것은 어떤 색깔로도, 어떤 형태로도 쉽게 규정되지 않는다. 겉으로 드러나는 화려함보다 보이지 않는 깊이를 담고 있으며, 특정한 프레임에 갇히지 않고 오히려 그 틀을 넘어 하나님을 기준으로 선다.

기도와 말씀에 근거한 분별력, 효율을 따르되 본질을 놓치지 않는 중심성, 빠르지 않아도 결국 가장 정확한 결정을 내리는 신중함, 이것이 바로 하나님의 뜻을 묻는 리더십의 빛깔이다. 그것은 화려하지 않지만 오래 기억되고, 조용하지만 강한 울림을 남긴다.

그런 리더는 독단적이지 않다. "내가 보기엔 맞다"는 결론을 내리기 전에 먼저 하나님 앞에 서서 묻는다. 이 결정이 정말 하나님의 뜻과 맞는가? 내가 옳다고 여기는 것이 과연 하나님도 옳다

하실 일인가? 그 물음이 먼저 선다. 그 질문이 리더의 겸손을 드러내고, 공동체를 바른 길로 이끄는 첫 걸음이 된다.

잠언 3장 5절은 이렇게 말한다. "너는 마음을 다하여 여호와를 신뢰하고 네 명철을 의지하지 말라." 이 말씀은 그 리더의 매일을 이끄는 나침반이다. 그는 지식이나 계산보다 하나님의 뜻을 기준으로 판단한다. 숫자의 논리와 효율의 계산은 중요하지만, 그것이 진리의 기준이 될 수는 없음을 알기 때문이다.

하나님의 뜻을 묻는 리더십은 효율성을 무시하지 않지만, 결코 그것에 휘둘리지 않는다. 조직의 방향을 정할 때, 그는 먼저 사람을 살피고, 관계를 고려하며, 공동체 전체의 평안을 헤아린다. 이익과 성장보다 더 중요한 것이 하나님 보시기에 옳은 길임을 잊지 않는다. 그래서 그 길은 더딘 것 같아도 결국 흔들림 없는 신뢰를 남긴다.

그래서 그런 리더십은 때로 느리게 보인다. 결정을 내리기 전 한 번 더 묻고, 주변의 목소리를 듣고, 말씀 앞에 머무르기 때문이다. 그러나 그 느림은 단순한 우유부단이 아니라, 하나님 앞에 중심을 세우기 위한 고요한 용기다. 속도를 우선하지 않기에 답답해 보일 수 있지만, 시간이 지나면 그 신중함이 가장 정확한 길이었음을 증명한다.

아모스 5장 24절은 말한다. "오직 정의를 물 같이, 공의를 마르지 않는 강 같이 흐르게 할지어다." 하나님의 뜻을 묻는 리더는 이 말씀처럼 정의와 공의를 흐르게 하는 자다. 그는 때로 조직 안에서 답답해 보일 수 있지만, 그 속의 깊은 질서와 방향성은 시간이 지날수록 신뢰로 쌓인다. 그가 남기는 흔적은 속도가 아니라 공의이며, 그가 세우는 기준은 실적이 아니라 정의다.

그는 조용하지만 흔들리지 않고, 겉으로 드러내지 않아도 중심이 있다. 회의 중에도, 결정의 순간에도 그의 태도는 안정감을 주고, 조직 전체의 공기를 다르게 만든다. 그의 존재만으로도 평안과 신뢰가 흘러가며, 이는 말로 얻을 수 없는 리더의 힘이다.

그 리더가 보여주는 신중함은 나약함이 아니라 단단함이며, 느린 결정은 계산 부족이 아니라 하나님 앞에서의 절제다. 그는 말보다 행동으로 신뢰를 얻고, 속도보다 일관성으로 공동체를 이끈다. 그의 걸음은 느려 보이지만, 방향은 흔들리지 않고, 결국 더 멀리 간다.

그런 리더십은 조직 안에 안정된 문화와 건강한 분위기를 만든다. 사람들은 '말 잘하는 리더'보다 '믿고 따를 수 있는 리더'를 원한다. 하나님의 뜻을 묻는 리더는 말보다 중심이 있고, 원칙보다 실천이 앞선다. 그는 조직의 분위기를 바꾸고, 공동체의 영혼에 흔적을 남긴다.

하나님 앞에서의 리더십은 매일의 결정 속에서 피어나고, 사람들과의 관계 속에서 향기를 남긴다. 작은 선택 하나에도 하나님을 의식하기에, 그의 삶 전체가 리더십의 증거가 된다.

그 리더는 완벽하지 않다. 그러나 실수했을 때 책임지고 돌아설 줄 알고, 잘못된 선택에서 겸손히 회개할 줄 안다. 그는 지위를 권력이 아닌 소명으로 여긴다. 이 겸손과 회개의 태도가 그를 더 강하게 만들고, 리더십을 권력에서 소명으로 승화시킨다.

그런 리더의 모습은 결국 조직 안에서 하나의 색이 된다. 명확하지 않은 듯하지만 가장 분명하고, 강하게 말하지 않아도 존재감이 있으며, 화려하지 않지만 오래 기억된다. 그 색은 빛을 흩뜨리지 않고 모아내어, 사람들에게 방향과 안정감을 동시에 준다.

　사람들은 그런 리더를 따른다. 그의 말보다 태도를 보고, 결과보다 방향을 기억한다. 하나님 앞에서의 리더십은 그렇게 경영의 현장에서 드러나며, 어느 날 문득 꽃처럼 피어나 사람들을 머물게 한다. 그 꽃은 화려하지 않지만 향기로 오래 남고, 그 향기는 사람들을 다시금 하나님의 뜻으로 이끈다.

　그 색은 세상 기준으로는 분류할 수 없지만, 사람들의 마음에는 분명히 보인다. 믿을 수 있고, 맡길 수 있으며, 함께하고 싶게 만드는 색. 그것이 바로 하나님의 뜻을 묻는 리더가 내는 빛이다.

그럴지라도 원칙을 지킨다
손해를 택한 리더, 신앙의 원칙을 지키다

세상은 말한다. "그 정도는 관행인데, 왜 당신만 착한 척 합니까?" 규정을 넘는 건 시류 속의 민첩함이고, 관행은 관계 속의 암묵적 약속이며, 타협은 결과를 위한 유연함이라는 식이다. 그러나 믿음의 사람은 질문을 달리 던진다. "이 선택은 하나님 앞에서 옳은가?" "내가 지키는 이 원칙이 정말 그분의 뜻에 부합하는가?" 세상이 묻는 기준이 편의라면, 신앙이 묻는 기준은 진리다.

성경에는 이런 질문 앞에서 손해를 감수하면서도 끝까지 믿음의 원칙을 지킨 인물들이 있다. 다니엘은 기도를 멈추라는 왕의 칙령 앞에서도 무릎 꿇지 않았다. 사자굴의 위험을 알면서도 예루살렘을 향해 기도하는 일을 멈추지 않았다. 결국 사자굴은 그의 믿음을 증명하는 무대가 되었고, 하나님은 그 정직함 위에 기적을 행하셨다. 사람들은 다니엘을 시기했지만, 역사는 그를 증명하였다.

요셉도 그러했다. 보디발 아내의 유혹을 거절하며 그는 말했다. "어찌 내가 이 큰 악을 행하여 하나님께 죄를 지으리이까?" 타협하면 얻을 수 있는 편안함 대신, 그는 억울한 감옥행을 택했다. 그러나 그 감옥은 애굽의 총리라는 길로 이어졌고, 민족을 살리는 통로가 되었다. 순간의 손해가 역사의 축복으로 바뀐 것이다.

이들의 이야기는 단지 고대의 미덕이 아니다. 오늘날 기업 현장과 리더십 자리에서도 동일하게 반복된다. 믿음을 지킨 결단은 시대를 넘어 같은 울림을 남긴다.

한 크리스천 사업가는 해외 진출을 준비하던 중 현지 당국자로부터 '관행적인 사례비'를 요청받았다. 주변에서는 "다들 그렇게 한다"며 묵인했지만, 그는 거절했다. "하나님 앞에 떳떳하지 않은 거래는 하지 않겠습니다." 그로 인해 일정이 늦어지고 계약이 무산될 위기도 있었지만, 결국 그의 기업은 '정직한 회사'라는 인정을 받았고 장기적이고 투명한 파트너십의 문이 열렸다. 그의 선택은 단기적 손해처럼 보였으나, 결국 신뢰라는 무형의 자산을 남겼다.

또 다른 대표는 대형 프로젝트 입찰에서 경쟁사들이 과장된 실적을 제출할 때, 사실 그대로의 자료만을 내놓았다. 내부에서는 우려가 나왔다. "너무 솔직하면 밀릴 수 있어요." 그러나 그는 이렇게 답했다. "우리는 숫지기 아니라 신뢰를 팔고 있습니다." 결과는 놀라웠다. 고객사는 그 기업을 선정하며 "당신들의 자료엔 과장이 없었다. 함께 가고 싶다"는 이유를 밝혔다. 정직이야말로 가장 강력한 경쟁력임을 보여준 순간이었다.

어느 중소기업 대표는 주일에 예정된 대형 바이어와의 미팅을 거절했다. "그 시간은 하나님과의 약속입니다." 그는 고객을 잃을 각오도 했다. 그러나 며칠 뒤, 그 고객은 다시 연락해왔다. "신념 있는 사람이라면 사업도 정직하게 할 거라는 믿음이 생겼습니다." 계약은 성사되었고, 관계는 더 깊어졌다. 그는 하나님과의 시간을 타협하지 않고 믿음을 지켰으며, 그 믿음이 다시 기회를 불러왔다.

이처럼 손해처럼 보이는 선택이 결국 신뢰와 기회로 돌아온 경우는 셀 수 없이 많다. 믿음의 리더는 안다. 즉각적인 이익보다 오래 남는 신뢰가 더 큰 자산임을. 눈앞의 이익은 사라져도 신뢰는 세대를 이어 남는다.

세상은 빠른 결정과 유연한 전략을 말한다. 그러나 신앙은 다르게 묻는다. "속도보다 방향이 중요하지 않은가?" "눈앞의 이익보다 흔들리지 않는 중심이 더 소중하지 않은가?" 경영은 속도의 경주가 아니라, 방향의 증명이다.

손해는 때로 불가피하다. 그러나 하나님은 그 손해를 다른 방법으로 채워주신다. 타협하지 않은 결단은 공동체 전체의 기준을 끌어올리고, 정직한 길을 선택한 한 사람의 용기는 조직의 문화까지 바꿔 놓는다. 직원들은 '조금만'이라는 유혹에 덜 흔들리고, 거래처는 '조건'보다 '사람'을 보게 된다. 리더의 한 걸음은 공동체 전체의 보폭이 되고, 원칙의 결단은 곧 문화의 토대가 된다.

예수께서 말씀하셨다. "나는 길이요 진리요 생명이니." 그분이 걸으신 길은 좁고 협소했지만, 결국 모든 생명이 살아나는 길이었다. 크리스천 리더는 이 길을 따라 걷는 사람이다. 손해를 감수하면서도 원칙을 붙드는 사람, 세상의 타협보다 하나님의 뜻을 우선하는 사람이다.

그럴지라도, 나는 원칙을 지킨다. 이 고백은 단순한 고집이 아니라, 하나님께 드리는 신앙의 선언이다. 그 한마디가 오늘 당신의 선택을 바꾸고, 내일 누군가의 기준이 된다.

말보다 향기,
신앙이 배어나는 리더십

"사장님, 혹시 교회 다니세요?"라는 질문은 단순한 호기심이 아니다. 그것은 직원이 리더의 말보다 삶에서 먼저 감지한 향기에 반응하는 물음이며, 조직 안에서 누군가의 믿음이 말없이 전파되었음을 보여주는 신호다. 좋은 리더는 말보다 행동으로 신뢰를 얻고, 원칙보다 삶의 태도로 복음을 전한다. 신앙은 소리치지 않아도 전해지고, 드러내지 않아도 향기로 남는다.

드러내지 않아도 직원들은 알고 있다. 공정한 판단, 정직한 거래, 책임 있는 침묵과 배려 깊은 태도는 아무리 감춰도 그 안에 흐르는 신앙의 색을 숨기지 못한다. 믿음은 화려한 언어가 아니라, 묵묵한 일관성 속에서 더 선명히 드러난다.

리더는 매일의 결정 속에서 자신의 신념을 입증한다. 거래 앞에서 숫자가 아닌 신의를 선택하고, 위기 속에서도 흥분하지 않으며, 실수한 직원 앞에서는 질책보다 회복을 먼저 고민한다. 그런 리더 곁에서 사람들은 묻는다. "어떻게 저렇게 다르게 행동할 수 있을까?"

신앙은 스스로를 과시하지 않는다. 오히려 보이지 않는 방식으로 천천히 스며든다. 조직의 분위기를 만들고, 관계의 긴장을 누그러뜨리며, 무언의 기준으로 행동의 윤곽을 그린다. 회의 중 선택하는 언어, 업무 분배에서 드러나는 공정성, 힘든 시기에도 포기하지 않는 자세는 말보다 강한 설득이 된다. 직원은 복음을 귀로 듣기 전에 삶으로 먼저 본다.

한 CEO는 사내에서 종교 이야기를 거의 꺼내지 않았다. 따로 성경을 펼쳐 보이지도 않았고, 예배 이야기를 강조하지도 않았다. 그러나 그는 항상 정직을 원칙으로 삼았고, 숫자보다 신뢰를 더 중요하게 여겼으며, 급할수록 더 천천히 결정하는 신중함을 지녔다. 직원들은 그의 삶을 지켜보며 결국 확신하게 된다. "저 분은 뭔가 다르다." 그리고 마침내 한 직원이 묻는다. "사장님, 혹시 교회 다니세요?" 이 질문은 그의 언어가 아니라, 삶이 이미 전도하고 있음을 보여주는 증거였다.

신앙은 명사가 아니라 동사다. 존재하는 것이 아니라 움직이는 것이며, 간직하는 것이 아니라 실천하는 것이다. 예배는 주일만 드리는 것이 아니며, 기도는 골방에서만 하는 것이 아니다. 진짜 신앙은 회의실에서 결정을 내릴 때, 손해를 감수하고 원칙을 지킬 때, 바쁜 하루 끝에 직원의 이름을 기억하며 안부를 묻는 그 순간에도 작동한다.

조직의 문화는 말로 세워지지 않는다. 분위기는 위에서부터 흐른다. 리더 한 사람의 중심이 전체 분위기의 방향을 결정한다.

믿는 리더가 조직에 던지는 영향은 눈에 띄지 않지만, 은근하고 오래간다. 사람들은 자주 말하는 리더보다 조용히 일관된 리더를 더 깊이 신뢰한다. 종교를 주장하는 사람보다, 믿음이 태도로 배어 있는 사람을 통해 하나님을 더 선명히 발견한다.

그래서 복음은 말보다 먼저 행동으로 움직이고, 말씀은 설교보다 삶으로 더 널리 퍼진다. 누군가에게 복음을 전하고 싶다면, 말보다 먼저 본이 되어야 한다. 성경을 건네기 전에 성경대로 살아야 하고, 기도를 권하기 전에 자신이 먼저 기도의 사람이어야 한다. 신앙은 언제나 관계를 통해 흐르고, 삶을 통해 드러난다. 복음은 말의 문이 아니라, 삶의 문으로 들어온다.

사람들은 말보다 분위기를 먼저 기억한다. 한 리더가 조용히 옳은 결정을 반복할 때, 그의 삶은 말 없는 설교가 되고, 조직은 교회보다 더 따뜻한 공간이 된다. 신앙은 향기처럼 퍼지고, 빛처럼 스며들며, 때로는 질문처럼 도착한다.

"사장님, 혹시 교회 다니세요?"

이 한마디 질문은 그 어떤 복음 제안보다 진하고 깊다. 그것은 리더가 성공했기 때문이 아니라, 믿음대로 살아낸 사람에게만 주어지는 질문이다.

결국 사람들은 말이 아니라 태도를 믿는다. 당신이 말하지 않아도, 직원들은 당신을 보고 있다. 조용히 감동하고, 천천히 배우며, 그렇게 그들의 마음속에 복음이 스며든다.

하나님은 회의실에도 계신다
일터가 예배가 되는 순간

많은 사람들은 하나님이 교회 안에만 계시다고 생각한다. 예배당 안에서는 경건하지만, 문을 나서는 순간 하나님을 뒤에 남겨두고 일상으로 돌아간다. 그러나 하나님은 교회에만 머무시는 분이 아니라, 우리가 있는 모든 장소에 함께하시는 분이다. 하나님은 주일뿐 아니라 월요일에도 계시며, 예배당뿐 아니라 사무실에서도 함께하시기를 원하신다. 그분의 임재는 특정한 공간에 갇히시 않고, 우리의 삶 전체를 덮고 계신다.

크리스천 리더라면 이 사실을 잊지 말아야 한다. 하나님은 사무실에도 계신다. 이 믿음을 가지고 일하는 사람은 일을 대하는 태도가 달라진다. 숫자나 성과보다 먼저 '하나님 앞에서 떳떳한가'를 생각한다. 사무실이 단순한 업무 공간이 아니라 하나님 앞에 서 있는 장소라는 인식은 일상 속에 '거룩한 긴장감'을 만든다.

그 거룩한 긴장감은 두려움이 아니라 깨어 있음이다. 보고서 하나도 대충 넘기지 않고, 결정 하나에도 신중해지며, 말 한마디에도 책임이 따른다는 사실을 기억하게 한다. 하나님이 사무실에도 함께하신다는 인식은 리더의 말투를 부드럽게 하고, 직원에 대한 태도를 바꾸며, 거래와 계약의 기준을 정직으로 이끈다. 신앙은 겉으로 보이는 의식이 아니라 작은 선택 속에 스며드는 실천이다.

하나님이 계신 곳이라면 부정은 있을 수 없다. 불의와 타협은 일시적인 이익을 줄 수 있어도 하나님이 기뻐하시는 일이 될 수 없다. 그래서 하나님이 보신다는 의식을 가진 리더는 성과보다 신뢰를 택하고, 속도보다 방향을 선택한다. 크리스천 리더는 단지 사업을 경영하는 사람이 아니라, 하나님의 뜻을 일터에 흘려보내는 사람이다. 그의 경영은 곧 신앙의 고백이며, 그의 일터는 곧 하나님의 제단이다.

그럴 때 사무실은 달라진다. 단순히 일이 진행되는 공간이 아니라, 하나님을 드러내는 공간이 된다. 직원들은 리더의 결정과 태도를 통해 하나님을 느끼게 된다. "이 회사는 뭔가 다르다"는 말이 나오고, "정직하게 일해도 손해 보지 않는다"는 신뢰가 생기며, "실수해도 회복할 수 있다"는 믿음이 조직에 스며든다. 사무실이 곧 교훈의 장이 되고, 리더의 선택이 곧 말씀의 메시지가 된다.

하나님을 경외하는 마음으로 일하는 리더는 직원들을 함부로 대하지 않는다. 직원은 성과를 내기 위한 도구가 아니라 하나님께서 맡기신 소중한 사람이다. 사람을 세우는 일과 성과를 내는 일이 분리되지 않는다. 그의 책상은 의사결정의 자리가 되면서 동시에 예배의 제단이 되고, 그의 회의실은 하나님의 뜻을 묻는 기도의 장소가 된다. 일터와 예배는 분리된 것이 아니라 하나로 연결된다.

하나님을 의식하며 일하는 태도는 겉으로는 눈에 잘 띄지 않지만, 조직 전체의 공기를 바꾼다. 말로 강조하지 않아도 직원들은 그 분위기를 감지한다. "우리 사장님은 좀 달라요." "이 회사는 정직해요." "함께 일하면 안심이 돼요." 그렇게 사무실은 자연스럽게 예배의 장소로 변해간다. 신앙은 설명보다 분위기로 전해지고, 설교보다 태도로 증명된다.

사무실에서 일어나는 수많은 선택 즉, 한 장의 결재, 한 통의 이메일, 한 줄의 숫자, 한 사람과의 대화 그 모든 것이 하나님 앞에 드려지는 일종의 예배가 된다. 작은 정직, 작은 배려, 작은 침묵, 작은 절제가 하나님께는 크고 향기로운 제사로 올라간다. 평범한 일상이 곧 하나님께 드려지는 제물이 된다.

예배는 주일 오전에만 드려지는 행위가 아니다. 예배는 매일의 삶 속에서 하나님을 의식하며 살아가는 태도이며, 정직하고 성실하게 책임을 다하는 그 마음 자체가 예배다. 하나님은 예배당 안에서만 기뻐하시는 분이 아니라, 사무실의 회의실에서도, 커피 향이 남아 있는 탕비실에서도, 복사기 앞에서도 함께하신다. 그분은 우리의 모든 순간과 공간을 거룩하게 하신다.

크리스천 리더가 이 사실을 기억할 때, 사무실은 더 이상 세속적인 공간이 아니다. 그곳은 성령의 열매가 맺히는 일터이며, 하나님의 임재가 느껴지는 자리이고, 진실이 살아 숨 쉬는 장소가 된다. 그리고 그런 공간을 만든 사람에게 하나님은 말씀하신다.

"잘하였다, 착하고 충성된 종아."

하나님의 질서가 기업을 빛나게 한다
공정·정직·소명의 경영학

"너희는 세상의 빛이라"(마 5:14). 이 말씀은 단지 개인의 삶에만 해당하지 않는다. 신앙을 가진 리더가 세운 기업 또한 세상의 빛이 되어야 한다. 하나님의 뜻을 기업 문화 속에 심는 것, 그것이 믿음의 리더가 받은 사명이다. 기업은 단순한 이익 창출의 조직이 아니다. 그 안에서 하나님의 형상이 회복된다면, 그것은 이 땅에서 하나님 나라가 임하는 또 하나의 통로가 된다. 기업은 단순히 물질을 만드는 곳이 아니라, 사람과 관계와 신뢰를 세우는 거룩한 장이 될 수 있다.

하나님의 형상대로 창조된 인간은 본래 정직한 존재였다. 그러나 죄가 들어오면서 그 형상은 훼손되었고, 인간은 점점 자기 이익과 편의를 우선하는 존재로 타락했다. 기업 문화도 다르지 않다. 결과가 과정보다 중요해지고, 정직함은 빠른 성과 앞에서 무시되며, 일은 소명이 아니라 생존의 수단으로 전락한다. 그러나 믿음 안에서는 인간의 성품뿐 아니라 기업 문화도 회복될 수 있다. 크리스천 리더가 세운 기업은 이윤을 넘어서 더 높은 기준을 향한다. 그 중심에는 공정, 정직, 소명이라는 세 기둥이 서 있으며, 이 기둥이 흔들리지 않을 때 기업은 오래가는 힘을 갖는다.

공정한 질서는 하나님의 공의가 조직 안에서 구현되는 모습이다. 모두에게 동일한 기회를 주고, 평가와 보상의 기준이 명확하며, 누구도 배제되지 않는 구조. 겉보기엔 당연하지만 현실에서는 가장 구현하기 어려운 이상이다. 그러나 믿음의 리더는 "하나님은 사람을 외모로 보지 않으신다"는 기준으로 조직을 이끈다. 인맥이나 배경이 아니라 실제 역량과 태도를 기준으로 평가할 때, 구성원 간의 신뢰는 깊어지고 조직은 건강해진다. 공정은 단순한 제도가 아니라 하나님 나라의 질서를 이 땅에 심는 행위다.

정직은 단지 거짓말을 하지 않는 것을 넘어서, 모든 일에 진실한 태도로 임하는 자세다. 고객에게는 정직한 설명을, 직원에게는 투명한 소통을, 사회 앞에서는 책임 있는 모습을 보여주는 기업이 신뢰를 얻는다. 정직한 기업은 때로는 느려 보인다. 남들은 편법으로 빨리 가는 것 같고, 당장의 실적이 오르지 않을 수도 있다. 그러나 시간이 흐르면 결과는 분명하다. 정직한 기업은 신뢰를 자산으로 삼아 위기 속에서도 무너지지 않는다. 정직은 이익을 늦출 수는 있어도 신뢰를 깊게 하고, 결국 더 큰 결실을 맺게 한다. 그리고 무엇보다 정직은 하나님 앞에서의 신실함을 증명한다.

소명은 일을 대하는 관점을 바꾼다. 단순히 직업으로서의 일이 아니라, 하나님께서 부르신 자리로 받아들일 때 그 일에는 의

미와 방향이 생긴다. 회계팀 직원은 단순히 숫자를 맞추는 사람이 아니라 기업의 투명성을 지키는 파수꾼이 되고, 영업팀 직원은 단순한 세일즈맨이 아니라 이웃의 필요를 살피는 섬김의 통로가 된다. 크리스천 기업은 직원이 자기 일에서 소명을 발견하도록 돕는 문화를 세워야 한다. 성과보다 의미, 경쟁보다 사명을 우선하는 조직은 단순한 업무 공간을 넘어 신앙의 공동체가 된다.

이러한 문화는 리더의 의지에서 시작된다. 리더의 철학과 언어, 그리고 선택이 조직을 빚는다. 기업은 리더의 거울이다. 크리스천 리더의 신앙은 조직의 분위기로 퍼지고, 그가 보여주는 삶의 방식은 직원들의 선택에 영향을 준다. 일터는 매일의 선택과 관계, 결정과 기도가 오가는 공간이다. 리더 한 사람의 신앙이 조직 전체의 문화를 결정짓고, 그 믿음을 통해 하나님은 오늘도 일하신다.

기업이 공정, 정직, 소명의 문화를 가질 때, 그것은 더 이상 수익만을 추구하는 집단이 아니다. 그 조직은 사명의 공동체다. 구성원은 서로를 경쟁자가 아니라 동역자로 바라보고, 리더는 직원을 수단이 아닌 동반자로 존중한다. 그 안에서 사람은 회복되고, 일은 예배가 되며, 기업은 세상을 변화시키는 선한 영향력이 된다. 기업은 더 이상 세속적 기계가 아니라 하나님 나라를 드러내는 살아 있는 공동체가 된다.

이윤을 포기하자는 말이 아니다. 오히려 성경적 원리에 충실한 기업이 장기적으로 더 건강하게 성장할 수 있다. 공정은 신뢰를 낳고, 정직은 관계를 지키며, 소명은 조직의 방향을 잃지 않게 한다. 겉보기에 느릴 수 있으나, 깊게 뿌리내린 나무처럼 위기에도 흔들리지 않는 강한 기업으로 자란다. 결국 하나님의 방식이 가장 안전하고, 가장 오래가는 길이다.

하나님의 형상이 회복된 기업은 세상 속에서 빛을 발한다. 보이지 않는 진실함, 조용한 성실함, 작은 결정 속의 신실함이 쌓여 조직을 바꾼다. 그리고 그 기업은 언젠가 세상 사람들에게 질문을 받게 될 것이다. "무엇이 저 회사를 다르게 만들었는가?" 그때 우리는 이렇게 대답할 수 있다.

"그곳에는 하나님의 형상이 살아 있었기 때문입니다."

기도는 전략이 아니라 생존
믿음의 기업가들, 기도는 생존의 언어였다

한 믿음의 기업가는 지속되는 적자로 인하여 감축해야 할 직원 명단을 작성하다 책상에 머리를 묻었다. 직원들에게 줄 급여는 바닥났고, 두 곳의 거래처에서는 결제 연기 연락이 왔다. 그리고 계약이 무산된 날이었다. 그는 사무실 불을 끄고 홀로 남아, 손에 쥔 명단을 내려놓으며 조용히 중얼거렸다. "하나님, 이게 끝이 아니라면 알려주세요." 그날 밤 시작된 기도는 전략이 아니라 절박함이었다. 아니, 살아남기 위한 마지막 몸부림, 생존 그 자체였다.

믿음의 창업자들의 간증을 들어보면, 가장 위태로운 순간에 회사를 붙든 것은 사업 모델도, 마케팅 전략도 아닌 기도였다. 현실은 흔들렸지만, 마음이 무너지지 않도록 붙든 힘. 그것은 바로 신앙이었다.

사업은 늘 위기의 연속이다. 시장은 냉혹하고, 자금은 빠르게 말라간다. 내부의 균열과 외부의 압박, 실패에 대한 두려움이 동시에 밀려온다. 그 앞에서 신앙은 더 이상 선택이 아니다. 살아남기 위해 붙드는 줄이며, 무너지는 마음을 지탱해주는 숨구멍이 된다.

성경 속에도 비슷한 장면이 있다. 바울과 실라는 복음을 전하다 빌립보 감옥에 갇혔다. 손과 발은 차꼬에 묶였고, 어둠과 고통 속에 던져졌지만, 그들은 밤중에 기도하고 찬송했다. 그러자 감옥이 흔들리고 옥문이 열리며 결박이 풀렸다. 어떤 이는 말한다. "그건 사도들이라 가능했던 초자연적 사건 아니냐"고. 그러나 믿음의 리더들은 안다. 하나님의 기적은 과거의 전설이 아니라 지금도 기업의 위기 한가운데서 실제로 일어나고 있음을.

히브리서 11장 1절은 말한다. "믿음은 바라는 것들의 실상이요 보이지 않는 것들의 증거니." 믿음은 보이지 않지만, 실제보다 더 분명한 기반이다. 위기 앞에서 사람이 흔들릴 때, 그 흔들림을 붙드는 영적 구조물이다. 믿음은 리더가 끝까지 포기하지 않도록 잡아주는 중심축이다.

신앙은 기업가의 언어를 바꾸고, 결정의 기준을 바꾸며, 조직의 분위기를 바꾼다. 어떤 대표는 매주 월요일 아침, 전 직원과 함께 3분 동안 감사한 일을 떠올리며 눈을 감는다. 그 짧은 '영적 루틴'은 직원들의 마음을 정돈하고, 긴장을 낮추며, 조직 안에 설명하기 어려운 온기를 만든다. 수치화할 수는 없지만 분명한 차이를 낳는다. 기도는 경영전략 회의보다 짧지만, 더 깊은 에너지를 일으킨다.

또 다른 기업가는 이렇게 말했다. "자금이 끊기고 몇 달 동안 마이너스 통장을 돌려막을 때, 매일 새벽기도를 나갔어요. 처음에는 살려달라는 마음뿐이었지만, 시간이 쌓일수록 하나님은 상황보다 제 마음을 먼저 바꾸셨습니다. 절망 속에서도 감사할 줄 알게 되었고, 고객의 진짜 필요를 읽게 되었고, 진정으로 해야 할 일이 보이기 시작했어요." 그는 기존 제품 라인을 정리하고, 고객의 불편을 정확히 해결하는 단일 서비스에 집중했다. 1년 뒤, 그 회사는 언론에 '기적의 브랜드 회복 사례'로 소개됐다. 그의 고백은 담담했다. "기적은 하루아침에 터진 사건이 아니라, 매일의 기도에서 쌓아 올린 응답이었습니다."

기도는 비효율적으로 보인다. 문제를 직접 해결하는 방법도 아니고, 언제 응답이 올지도 알 수 없다. 그러나 기도는 방향을 틀어주고, 마음을 정돈하며, 감정의 소용돌이에서 빠져나올 길을 연다. 믿음의 리더는 안다. 기도는 시간을 낭비하는 일이 아니라, 무너지는 자신을 붙드는 시간이라는 것을. 문제를 즉시 해결하지는 않을지라도, 리더를 다시 세운다. 그것이 위기에서 기도의 역할이다.

기업은 언제나 숫자로 판단된다. 그러나 하나님은 보이지 않는 믿음을 통해 기업을 세우신다. 시장이 닫힐 때, 사람의 계산이 멈출 때, 하나님은 새 길을 여신다. 닫힌 문의 기적은 지금도 일어난다. 그리고 그 기적은 '기도하는 사람'에게 일어난다. 기도는 전략이 아니라, 생존의 본능에서 터져 나온다.

오늘도 누군가는 거래처 장부 앞에서 머리를 싸매고 있고, 누군가는 해고 통보서를 쥔 채 기도하며, 또 누군가는 밀린 임대료 독촉장을 붙잡고 눈물 흘리고 있다. 그들이 공통으로 붙드는 한 가지가 있다면, 바로 "하나님이 아직 나를 버리지 않으셨다"는 믿음이다.

그 믿음이 살아 있는 한, 그 회사는 끝나지 않는다.

기도는 전략이 아니다.

기도는 생존이다.

하나님이 보시는 단 하나, 청지기의 자세
리더의 무게는 직함이 아니라
태도에서 결정된다

　창업자든, 대기업 CEO든, 재래시장에서 하루를 살아내는 상인이든, 하나님 앞에서 우리 모두의 정체성은 같다. 사람들은 흔히 규모와 성과로 리더의 크기를 평가하지만, 하나님의 기준은 전혀 다르다. 직책의 높이나 관리하는 자산의 크기는 하나님의 관심사가 아니다. 하나님이 유일하게 바라보시는 것은, 맡겨진 일을 어떤 자세로 감당하고 있는가이다.

　"신앙은 규모로 가치를 판단할 수 없다." 이 문장은 스타트업 창업자부터 수조 원대 대기업을 이끄는 리더에 이르기까지 같은 질문을 던진다. "지금 당신은, 하나님의 관점에서 신실한 청지기인가?"

　성경 속 달란트 비유는 이 질문에 대한 선명한 해석을 제공한다. 다섯 달란트를 받은 종과 두 달란트를 받은 종은 각각 받은 만큼 충성했고, 동일한 칭찬을 받았다. 하지만 한 달란트를 받은 종은 그것을 땅에 묻어두었고, 주인에게서 책망을 들었다. 여기서 중요한 것은 액수의 크기가 아니다. 하나님은 결과보다 태도와 성실성을 먼저 보신다.

이 비유는 리더십의 본질을 다시 묻게 한다. 작은 팀을 이끄는 사람이든, 수천 명의 직원을 둔 경영자든, 하나님 앞에서는 모두가 '맡은 것을 감당하는 자'다. 그리고 그 감당의 방식, 곧 태도가 리더의 영적 무게를 결정짓는다.

기도는 리더의 출발점이지만, 기도로 끝나서는 안 된다. 기도했다면, 땀 흘릴 각오가 있어야 한다. 급변하는 시대의 흐름을 읽고, 제품 개발에 몰두하고, 투자에 신중하게 임하며, 함께 일하는 이들에게 존중받는 공간을 제공하는 것. 그것이 바로 기도하는 리더의 실천이다. 말로만 신앙을 말하지 않고, 삶의 현장에서 그것을 증명하는 것, 이것이 진짜 청지기의 자세다.

스타트업 창업자는 생존의 최전선에서 하루하루를 버틴다. 빠르게 변하는 시장, 불확실한 투자 환경, 반복되는 실패 속에서도 중심을 잃지 않고 기도하는 사람. 제품 하나에 진심을 담고, 고객의 불만을 정면으로 마주하며, 작은 결정에도 하나님의 뜻을 묻는 사람. 그는 숫자로는 작아 보여도, 하나님 앞에서는 큰 리더다.

반면 대기업의 리더는 또 다른 유혹과 압력을 감당해야 한다. 큰 규모의 조직일수록 효율과 수익이 신념보다 앞서기 쉽고, 사람의 기대가 하나님의 음성보다 크게 들릴 수 있다. 그래서 규모가 클수록 더 깊은 기도와 더 단단한 내면이 필요하다. 하나님은 늘 같은 질문을 던지신다. "네가 처음 받았던 그 마음, 지금도 지키고 있느냐?"

신앙은 생각이 아니라 태도다. 기도한 자는 행동해야 한다. 결정을 하나님께 맡겼다면, 그 결정 앞에서 책임 있게 행동해야 한다. 실천하지 않는 기도는 자기 위안일 뿐이다. 하나님은 기도 이후의 자세를 보신다. 고통을 회피하지 않고 직면하는 용기, 사람보다 하나님을 두려워하는 마음, 꾸준히 성실하게 실천하는 일상의 반복. 이런 삶이 바로 '청지기의 삶'이다.

많은 리더가 처음에는 기도하며 사업을 시작한다. 그러나 시간이 흐르고 규모가 커지면, 신앙은 액자 속 가치로만 남기도 한다. 조직은 성장했지만 기도의 깊이는 얕아지고, 하나님의 뜻보다 이사회의 판단이 더 중요해지는 순간들이 있다. 그러나 하나님은 단 한 가지를 물으신다. "내가 너에게 맡긴 그것, 너는 어떻게 감당하고 있느냐?"

'성공'은 세상의 언어이고, '충성'은 하나님의 언어다. 하나님은 크기를 보지 않으신다. 적게 맡았더라도 충성한 자, 시간이 걸려도 정직하게 행한 자, 외형보다 본질을 붙잡은 자를 귀하게 여기신다.

하나님은 우리에게 '얼마를 맡았느냐'가 아니라, '그것을 어떻게 감당했느냐'를 물으실 것이다. 그 질문 앞에서 우리는 크기나 직함이 아니라, 태도로 답해야 한다. 진짜 리더는 크지 않아도, 하나님 앞에서는 결코 작지 않다.

번성하되 하나님 뜻대로
크리스천 리더십의 뿌리를 다시 묻다

"생육하고 번성하라."

창세기 1장 28절, 하나님께서 인간에게 처음 주신 명령이다. 이 말씀은 단순히 육체적 출산을 장려한 것이 아니다. 인간이 하나님의 형상대로 지음받은 존재로서, 삶의 모든 영역에서 생명을 불러일으키고, 하나님의 질서를 회복하며, 공동체를 아름답게 세워가라는 뜻이다. 이 명령은 단순한 번성의 요구가 아니라, 하나님 뜻 안에서 살아가라는 존재 선언이다.

이 명령은 오늘날 리더들에게도 여전히 유효하다. 크리스천 리더는 단순히 매출을 늘리고 외형을 키우는 데 집중해서는 안 된다. 양적 성장은 필요하지만, 그보다 앞서 "무엇을 위해 자라는가"라는 질문을 던져야 한다. 하나님께서 세우신 질서 안에서 공정하고 정직하며, 함께 나누는 방식으로 번성해야 한다. 번성의 뿌리는 인간의 능력이 아니라 하나님의 주권에서 시작된다.

회사를 운영하면서 가장 먼저 점검해야 할 것은 비전이 아니라 방향이다. '나는 이 사업을 누구를 위해 하고 있는가?', '무엇이 내 의사결정을 움직이고 있는가?', '내 번성은 누구에게 유익한가?' 이 질문 앞에 진지하게 서는 사람이 하나님이 찾으시는 청지기다. 리더십은 크기나 속도가 아니라, 방향과 동기에서 갈린다.

작은 식당의 주인이든, 공장의 사장이든 신앙은 규모로 사람을 평가하지 않는다. 재래시장의 아줌마도, 기술 스타트업의 창업자도, 수백 명의 직원을 둔 대표도 하나님 앞에서는 모두 동일한 청지기다. 하나님은 크고 작은 일을 구분하지 않으신다. 그분이 보시는 것은 오직 '얼마나 충성되게 감당했는가'이다.

다섯 달란트, 두 달란트를 받은 종이 주인에게 칭찬을 들은 이유는 실적이 뛰어나서가 아니라 충성되게 일했기 때문이다. 반면 한 달란트를 받은 종이 책망받은 이유는, 도둑질이나 방탕이 아니라 '아무것도 하지 않음'으로 인해 성실하지 못했다는 평가를 받았기 때문이다. 하나님은 결과보다 성실한 태도, 곧 청지기의 자세를 먼저 보신다.

결국 리더십의 핵심은 권한이 아니라 책임이다. 성경은 말한다. "맡은 자들에게 구할 것은 **충성**이니라"(고전 4:2). 하나님께서 사업을 맡기셨다면, 그것은 내 것이 아니라 하나님으로부터 위임받은 사명이다. 소유가 아니라 위탁의 개념이니, 리더는 청지기의 자세로 일터를 대해야 한다.

세상 리더들은 스스로를 CEO라 부르지만, 하나님 나라의 관점에서 진짜 직함은 '청지기'다. 내가 서 있는 자리, 내게 맡겨진 조직, 매일 쏟는 에너지, 그 모든 것이 하나님께로부터 위탁된 것이라면, 우리는 하나님이 기뻐하시는 방식으로 경영해야 한다. 리더십은 직함이 아니라 태도에서 드러난다.

그 방식은 하나님의 성품을 닮은 문화에서 시작된다. 정직이 이윤보다 앞서야 하고, 공정함이 거래보다 먼저며, '함께'가 '혼자'보다 강하다는 믿음이 조직의 뿌리에 있어야 한다. 이런 기업은 위기 속에서도 흔들리지 않는다. 돈이 아니라 사명이 중심을 잡고 있기 때문이다.

신앙은 일터를 거룩하게 만든다. 기도하는 경영자는 숫자에 휘둘리지 않는다. 그에게 성장은 곧 기회이며, 이익은 나눔의 기반이다. 신앙은 일상의 작은 결정 속에서 드러난다. 고객과의 약속, 직원과의 대화, 계약서 한 줄, 사소해 보이는 선택들 속에서도 하나님의 형상은 회복된다. 일터의 평범한 순간이 예배가 되고, 작은 선택이 하나님의 나라를 드러낸다.

사업 현장에서 하나님의 형상이 회복될 때, 회사는 단순한 수익집단이 아니라 사명의 공동체가 된다. 이윤은 목적이 아닌 수단이 되고, 경쟁보다 순종이 더 중요해지며, 조직문화는 세상과는 다른 빛을 발한다. 회사의 존재 이유가 달라질 때, 그 빛은 세상을 밝히는 힘이 된다.

하나님은 사람을 통해, 조직을 통해, 그리고 리더의 신앙을 통해 하나님 나라를 확장하신다. 그 나라는 숫자로 증명되지 않고, 복음의 흔적으로 드러난다. 매출 그래프보다 중요한 것은 신뢰의 그래프이며, 외형적 성장보다 깊은 뿌리의 성장이다.

크리스천 리더는 더 높은 탑을 쌓기보다 더 깊은 뿌리를 내리는 사람이다. 그 뿌리는 하나님을 신뢰하는 믿음이며, 그 뿌리가 깊을수록 조직은 계절을 이기고 열매를 맺는다. 높이는 사람의 손으로 세울 수 있지만, 깊이는 오직 하나님을 의지하는 자만이 가질 수 있다.

"곧 평강의 씨앗을 얻을 것이라 포도나무가 열매를 맺으며 땅이 산물을 내며 하늘은 이슬을 내리리니 내가 이 남은 백성으로 이 모든 것을 누리게 하리라"(슥 8:12).

섬김의 리더십
조직의 저력을 키운다

　대학 2학년 겨울이었다. 교련 과목에서 4박 5일간 전방 입소 훈련을 받아야 했다. 건강이 좋지 않아 망설였지만, 그 시기를 놓치면 학사 일정이 꼬일 것 같아 하나님께 기도드렸다. "주님, 몸이 아프지만 잘 감당하게 하시고, 종의 자세로 섬기고 오게 해주세요"라고 기도하며 훈련에 참여하기로 했다.
　호남선 열차를 타고 도착한 곳은 28사단이었다. 현역 장교가 우리 과 인원이 너무 많다며 소대장을 추가로 선출하라고 했다. 친구들이 나를 지목하였고 나는 얼떨결에 학생 소대장이 되었다. 잠시 망설였지만, 하나님이 주신 자리라 믿고 감사히 받아들였다. 섬김의 훈련은 그렇게 시작되었다.
　그 기수는 2000여명 정도 되었는데, 우리는 지방에서 올라왔고, 다른 한쪽은 수도권에 있는 대학에서 온 학생들이었다. 처음부터 분위기에는 보이지 않는 경계가 있었다. 식사 줄에서조차 묘한 긴장감이 감돌았고, 일부는 노골적인 우월감을 드러냈다. 지방에서 온 우리 친구들은 위축되었다. 그때 나는 소대장으로서 마음을 다잡았다. "비교하지 말고 우리가 해야 할 일에 집중하자. 훈련은 경쟁이 아니라 협력이다."

며칠간의 훈련이 끝나던 날, 사단장이 상장을 수여했다. 금메달 수상자 명단에 내 이름이 있었다. 그 상은 나 개인의 성취가 아니라 함께한 소대원들의 결실이었다. 그 순간 깨달았다. 진정한 리더십은 힘으로 이끄는 것이 아니라, 신뢰로 함께 가는 것이라는 것을.

그때의 경험은 내 리더십의 방향을 완전히 바꾸어 놓았다. 리더십의 출발점은 능력이 아니라 겸손과 태도이며, 성과보다 관계를 먼저 세우는 일이라는 사실을 배웠다. 그 후 사역의 현장에서 나는 가끔 그 때 경험했던 훈련소의 상황을 떠올렸다.

겸손(Humility)은 조직의 근육을 부드럽게 만든다. 리더가 모든 답을 갖고 있는 듯 행동하면 조직은 경직된다. 반면 "이 부분은 함께 고민하자"고 말할 수 있는 리더는 팀을 살아 있는 유기체로 만든다. 겸손은 자신을 낮추는 행위가 아니라, 타인의 역량을 세워주는 지혜다.

공감(Empathy)은 감정의 동조가 아니라 책임의 간격이다. 지원의 삶을 이해하고, 그 어려움을 회사의 문제로 받아들이는 순간 조직은 온기를 얻는다. 공감이 있는 리더십은 구성원의 마음을 움직이고, 구성원의 마음이 움직이면 생산성과 충성도는 자연히 따라온다. 섬김의 리더십(Servant Leadership)이다.

그리고 이 모든 리더십의 중심에는 기도가 있다. 매일 새벽, 회사를 하나님께 맡기고 한 사람 한 사람의 이름을 불러 기도하는 시간. 그 기도는 리더의 마음을 낮추고, 조직을 지탱할 내면의 질서를 세운다. 직원에게 권한을 위임하면 자발성이 자라고, 신뢰를 주면 책임이 자란다. 리더가 자리를 비워도 조직이 흔들리지 않는 이유는 구성원 안에 섬김의 문화가 뿌리내렸기 때문이다. 섬김은 전략이 아니라 생태계다. 그 안에서 사람은 강요 없이 성장한다.

세상의 눈으로는 약한 리더처럼 보일지 모르지만, 그런 리더가 결국 조직을 가장 멀리 이끈다. 예수께서 말씀하셨다. "너희 중에 누구든지 크고자 하는 자는 너희를 섬기는 자가 되고 너희 중에 누구든지 으뜸이 되고자 하는 자는 너희의 종이 되어야 하리라"(마 20:26-27).

일터가 예배가 될 때, 리더십은 달라진다

"무슨 일을 하든지 마음을 다하여 주께 하듯 하라." 골로새서 3장 23절의 이 말씀은 크리스천 리더의 일터를 완전히 새롭게 만든다. 단 한 줄의 말씀은 우리가 일하는 이유와 방식, 그리고 그 열매의 의미까지 바꾸어 놓는다. 하나님 앞에서 일한다는 인식은 단지 종교적 마인드가 아니라, 곧 삶의 태도이자 조직 문화를 바꾸는 강력한 힘이다.

크리스천 리더는 다르다. 그는 성과보다 과정을 중시한다. 빠르게 목표를 달성하는 것보다, 그 과정이 정직하고 바르게 이루어졌는지를 더 중요하게 여긴다. 이윤보다 더 가치 있는 것은 마음이다. 이때 일터는 단순한 업무 현장이 아니라, 사람과 신뢰를 세우는 거룩한 자리가 된다. 직원 한 명, 고객 한 사람에게까지 진심을 다하려 한다. 그가 바라보는 시선은 단순한 '사람'이 아니라, 사람을 통해 일하시는 하나님의 마음이기 때문이다.

크리스천 리더는 속도를 경쟁하지 않는다. 현대 사회는 무엇이든 빨리 처리하는 능력을 중시한다. 그러나 하나님을 경외하는 사람은 다르게 묻는다. "이 속도 안에 하나님의 뜻이 있는가?" 정직을 선택하면 때때로 느릴 수 있다. 그러나 그 속도의 깊이는 다르다. 속도는 외형을 만들지만, 정직은 신뢰를 만든다. 신뢰가 쌓인 조직은 위기 속에서도 쉽게 무너지지 않는다. 정직한 일처리는 단기적 이익은 놓칠 수 있어도, 장기적으로는 브랜드의 신뢰와 조직의 생명력을 지켜준다.

크리스천 리더는 경쟁 대신 협력을 선택한다. 경쟁은 자연스러운 현상처럼 보이지만, 동료를 '이겨야 할 상대'로 바라보는 순간 공동체는 금이 간다. 하나님을 아는 사람은 동료를 경쟁자가 아닌 동역자로 본다. 그는 함께 걷는다. 앞서거나 뒤서며 서로의 걸음을 맞춘다. 협력은 사람을 세우고, 관계를 남긴다. 그가 떠난 자리에는 성과보다 더 귀한 믿음의 씨앗이 남는다.

일하는 태도가 바뀌면 팀워크가 바뀌고, 팀워크가 바뀌면 문화가 달라지고, 문화가 달라지면 성과도 새로워진다. 모든 변화는 눈에 보이지 않는 신앙의 중심에서 시작된다. 하나님이 내 일의 주인이시라는 확신은 사람의 평가보다 하나님의 뜻을 따르는 일꾼으로 만든다. 그는 더 이상 눈치를 보지 않는다. 그의 기준은 단 하나, '하나님 앞에 부끄럽지 않은가?'이다.

이런 리더는 조직의 공기를 바꾼다. 회의 때마다 목소리가 컸던 사람도, 조용히 일만 하던 직원도, 어느 순간 그 리더의 태도에서 새로운 질서를 감지한다. "정직하게 일해도 인정받을 수 있다"

는 신뢰, "함께 이뤄낸 성과가 더 귀하다"는 공감이 조직에 스며든다. 가치의 전환이 사람을 바꾸고, 사람이 조직을 바꾼다.

그리고 마침내, 그 일터는 예배의 공간이 된다. 예배는 더 이상 주일 예배당 안에만 있지 않다. 월요일 아침부터 금요일 저녁까지의 모든 업무가 하나님께 드려지는 예배가 된다. 회의 시간에도, 거래처를 대할 때에도, 직원을 평가할 때에도 예배는 이어지고 있다. 크리스천 리더는 바쁜 일상 한가운데서도 기도한다.

크리스천 리더는 하나님을 향한 사랑을 '일'을 통해 드러낸다. 단지 말씀을 많이 안다고 해서 신실한 것이 아니고, 교회에서 봉사를 열심히 한다고 해서 경건한 것도 아니다. 진짜 신앙은 그가 돈을 어떻게 벌고, 사람을 어떻게 대하며, 결정을 어떻게 내리는가에서 드러난다.

그의 삶 전체가 하나의 예배가 된다. 그리고 그런 삶은 결코 쉽게 무너지지 않는다. 왜냐하면, 그의 뿌리가 하나님께 닿아 있기 때문이다.

수익이 아닌 순종,
믿음의 기업을 세우는 힘

　세상에서 기업의 존재 이유는 단순하다. 더 많은 성과를 올리고, 더 많은 수익을 창출하는 것이다. 회계 장부는 숫자 중심으로 돌아가고, 그 숫자는 '가치'라는 이름을 가진다. 그러나 크리스천 기업은 여기서 한 걸음 더 나아가 묻는다. "이 수익은 누구를 위한 것인가? 이 성과는 무엇을 이루고 있는가?"

　수익은 결코 악한 것이 아니다. 기업의 지속 가능성과 조직의 안정성을 위해 이익은 반드시 필요하다. 그러나 크리스천 기업은 수익을 목적이 아닌 수단으로 여긴다. 기업의 진정한 주인이 하나님이시라는 믿음 아래, 수익 너머의 목적을 추구한다.

　크리스천 경영자에게 수익은 최종 목표가 아니라 자연스러운 결과물이다. 그의 진짜 목표는 하나님의 뜻을 실현하고, 그 뜻에 순종하는 데 있다. 돈을 버는 일이 거룩하지 않다고 생각하지 않는다.

다만 그 수단과 방향이 하나님의 질서 안에 있을 때에만 정당한 의미를 가진다고 믿는다. 그래서 그는 사업의 기획부터 실행, 그리고 마무리까지, 하나님의 뜻에 부합하는지를 끊임없이 점검한다.

"여호와께서 집을 세우지 아니하시면 세우는 자의 수고가 헛되며"(시 127:1). 이 말씀은 단지 신앙적 위로가 아니다. 크리스천 경영자에게 실제 경영의 출발점이 된다. 수익을 목표로 삼는 것이 아니라, 순종을 목표로 삼을 때 기업은 반석 위에 세워진다. 반석 위의 기업은 성장 속도가 빠르지 않을 수 있다. 그러나 무너지지 않는다. 바람과 비가 몰아쳐도 흔들리지 않는 이유는, 기초가 하나님의 말씀에 있기 때문이다.

현실의 기업 경영은 수많은 갈림길과 유혹 앞에 놓인다. 더 많은 이익을 위해 윤리를 양보할 것인가? 단기 실적을 위해 사람을 소모할 것인가? 이때 크리스천 리더는 자신에게 묻는다. "이 선택이 하나님 앞에 떳떳한가? 하나님의 방식은 이 길에 있는가?"

때로 그 답은 손해처럼 보인다. 거래처를 잃고, 고객을 줄이고, 투자자를 실망시킬 수도 있다. 그러나 그는 안다. 하나님 앞에서 정직하게 세운 기업은 그 자체로 축복의 통로가 된다는 것을.

이런 기업은 본질이 다르다. 사람이 중심이 아니라, 진리가 중심이다. 조직의 윤리강령은 종이 위의 문구가 아니라, 실제 문화로 살아 움직인다. 직원 한 명 한 명은 하나님의 형상대로 지음받은 존재로 존중받고, 경쟁보다 협력이 우선되며, 이익보다 정의가 앞선다. 마케팅보다 진심을, 속임보다 투명함을 선택하는 것이 이들의 방식이다.

하나님의 뜻은 추상적 개념이 아니다. 그것은 '고객을 속이지 않는 가격', '직원을 존중하는 제도', '사회적 책임을 다하는 의사결정', '나눔의 순환구조'처럼 구체적이다. 이러한 구체적 실천 속에서 하나님은 드러나고, 기업은 세상의 빛과 소금이 된다. 이것이야말로 크리스천 기업이 존재하는 이유다.

순종은 때때로 비효율처럼 보이고, 손해처럼 느껴진다. 그러나 성경은 분명히 말한다. "하나님을 사랑하는 자 곧 그의 뜻대로 부르심을 입은 자들에게는 모든 것이 합력하여 선을 이루느니라"(롬 8:28). 이 '합력'은 인간의 계산이나 숫자의 합이 아니라, 하나님의 시간과 방식 안에서 완성되는 신비로운 질서다. 그러므로 크리스천 기업가는 자신이 쌓는 것이 매출인지, 아니면 순종인지 분별할 줄 알아야 한다.

진정한 기업가 정신은 하나님의 뜻에서 시작된다. 화려한 비전이나 마케팅 전략이 아닌, 신실한 태도와 정직한 마음에서 출발한다. 반석 위에 집을 짓는 사람은 땅을 깊이 파는 데 더 많은 시간을 쓴다. 겉보기에는 늦는 것 같고, 남들보다 뒤처지는 것처럼 보일 수도 있다. 그러나 결국 무너지지 않는 집은 그 집이다.

오늘도 수많은 기업이 세워지고 무너진다. 그 가운데 하나님께 쓰임받는 기업은 많지 않지만, 분명히 존재한다. 수익 너머의 목적을 좇는 기업, 순종을 이익보다 앞세우는 기업, 하나님의 뜻을 중심에 두는 기업. 이런 기업은 세상을 변화시키는 진정한 동력이 되며, 하나님의 반석 위에 세워진 집으로 오래 견고히 서 있을 것이다.

제8장 종교는 정말 부자로 만드는가

믿음은 부가 아닌 태도, 신앙과 재정의 올바른 만남

"믿으면 부자 된다"는 말을 들어본 적이 있는가. 누군가는 아멘으로 받아들이고, 누군가는 고개를 갸웃한다. 또 어떤 이는 속으로 반문한다. "나는 믿는데, 왜 여전히 가난하지?" 이 말은 일부는 맞고, 일부는 틀리다. 단순히 옳다·그르다로 단정할 수 없는 이 질문 하나를 우리 앞에 던진다. 신앙(信仰)과 부(富), 이 둘은 과연 어떤 관계일까?

먼저 분명히 해야 할 것이 있다. 신앙은 재정의 축복을 보장하지 않는다. 성경은 물질적 풍요를 믿음의 자동적 보상으로 말하지 않는다. 오히려 하나님은 그의 백성에게 때로는 가난을, 때로는 풍요를 허락하신다. 믿음은 하나님과의 관계를 회복하는 연결점이지, "잘 믿었으니 복 주세요"라는 거래가 아니다. 신앙은 영원한 생명을 소유한 자가 이 땅에서 살아가는 태도이며, 세속적 성공과

일대일 대응하지 않는다.

물론 믿음이 재정과 무관하다는 뜻은 아니다. 신앙은 사람을 바꾸고, 변화된 사람은 돈을 다루는 방식도 달라진다. 성경이 강조하는 감사, 절제, 근면, 정직, 인내, 검소함은 모두 재정의 질서를 세우는 기초가 된다. 믿음 안에서 자란 사람은 돈에 대해 조급하지 않고, 탐욕에 흔들리지 않는다. 소비에 앞서 기도하고, 결정 전에 하나님의 뜻을 묻는다. 그는 돈을 따라가지 않고, 돈이 그를 따라오게 한다.

신앙은 돈을 벌게 해주는 공식이 아니라, 돈을 다루는 내면의 태도를 빚어내는 훈련이다. 믿는다고 해서 통장이 갑자기 두꺼워지는 것은 아니지만, 그 통장을 어떻게 써야 하는지에 대한 기준은 분명해진다. 그 기준은 결국 '하나님의 마음'이다. 믿음은 돈을 향한 인간의 본능적 욕망을 넘어, '얼마나 벌었는가'보다 '어떻게 흘려보냈는가'를 더 중요하게 여긴다.

욥을 보자. 요셉을 보자. 하나님은 그들을 먼저 고통 가운데 두셨다. 욥은 하루아침에 전 재산과 자녀를 잃고, 건강마저 무너졌다. 요셉은 형들에게 팔려 이방 땅에서 노예가 되었고, 억울한 누명을 쓰고 감옥에 갇혔다. 그러나 그들은 고난 속에서도 하나님을 원망하지 않았고, 절망 대신 신뢰를 선택했다. 그 시간은 실패가 아니라, 믿음의 근육이 자라나는 시간이었다. 세상은 그 시기를 불행이라 부르겠지만, 하나님은 그 시기를 기초 공사라 부르신다.

그리고 어느 날, 부가 주어졌다. 욥은 이전보다 갑절의 재산을 회복했고, 요셉은 이집트의 총리가 되어 한 나라의 경제를 이끌었다. 그들의 부는 갑작스러운 보상이 아니라, 믿음을 견뎌낸 자에게 주어진 선물이었다. 하나님은 부를 쉽게 주지 않으신다. 대신, 감당할 수 있는 자에게 기꺼이 넘치도록 맡기신다. 믿음은 부를 요청하는 기술이 아니라, 그것을 감당할 그릇을 준비하는 과정이다.

그러므로 우리는 물어야 한다. 나는 부를 감당할 준비가 되어 있는가? 믿음은 축복을 끌어당기는 자석이 아니다. 믿음은 축복을 흘려보낼 수 있는 사람을 빚어간다. 하나님은 우리가 준비되었을 때 채우신다. 그 채움은 단지 재산이 아니라, 평안과 영향력, 신뢰와 사명, 공동체를 위한 자원으로까지 확장된다.

다시 처음의 질문으로 돌아가 보자. "믿으면 부자 될 수 있는가?" 어떤 이는 믿음을 통해 부를 누리고, 어떤 이는 가난 속에서도 풍요로운 마음으로 살아간다. 중요한 것은 그 사람이 얼마나 가졌느냐가 아니라, 하나님 앞에서 어떻게 살아가느냐다. 신앙은 현재의 재정 상태가 하나님의 평가가 아님을 가르쳐준다. 가난은 저주가 아니고, 부는 상이 아니다. 믿음은 그 모두를 초월하게 하며, 주어진 자리에서 감사와 절제로 살아가게 한다.

돈은 축복이 될 수도 있고, 시험이 될 수도 있다. 신앙은 그 둘을 구분할 줄 아는 지혜다. 믿음은 부의 길을 열 수도 있지만, 더 중요한 것은 부를 다룰 수 있는 내면을 만드는 일이다. 결국 진짜 부자는 돈이 많은 사람이 아니라, 돈에 지배받지 않는 사람이다. 그리고 그런 사람은 믿음 안에서 진정한 부를 이룬다.

세상의 문은 견고하지만 믿음으로 그 문을 연다

성경의 한 장면이 인상 깊게 남아 있다. 모세가 보낸 열두 정탐꾼이 약속의 땅 가나안을 다녀와 거대한 포도송이를 들고 돌아온 장면이다. 그 포도는 두 사람이 막대기에 꿰어 메야 할 만큼 컸다. 그 땅은 풍요로웠다. 열두 명 중 열 명의 정탐꾼은 이렇게 말했다. "그 땅 거주민은 강하고 성읍은 견고하고 심히 클 뿐 아니라… 우리는 스스로 보기에도 메뚜기 같으니 그들이 보기에도 그와 같았을 것이니라"(민 13:28-33).

그들은 현실을 정확히 보았지만, 믿음의 초점을 잃었다. 두려움은 사실을 과장했고, 자신은 작아졌다. 눈앞의 성은 크지 않았지만, 마음의 성벽은 이미 닫혀 있었다.

반면 여호수아와 갈렙은 같은 현실을 보고도 달리 말했다. "여호와는 우리와 함께 하시느니라 그들을 두려워하지 말라."(민 14:9).

믿음은 현실을 무시하는 감정이 아니라, 현실을 재구성하는 시선이다. 열 명은 장벽을 보았지만, 두 사람은 하나님이 여실 문을 보았다. 결국 약속의 땅을 밟은 사람은, 계산이 아니라 믿음으로 본 사람이었다.

오늘 우리가 사는 세상도 그때와 다르지 않다. 세상은 여전히 견고하고, 문은 무겁다. 경쟁은 치열하고 기회는 좁다. 그러나 문제는 세상의 단단함이 아니라 우리의 시선이 어디에 고정되어 있느냐이다. 두려움으로 세상을 보면 현실은 거인처럼 보이고, 우리는 작아진다. 믿음으로 보면 거인은 넘어야 할 산이 되고, 닫힌 문은 열릴 문이 된다.

트루엣 캐시(Truett Cathy)는 2차 세계대전 직후, 작은 식당 하나를 열며 이 원리를 실천했다. 그는 주일이면 가게 문을 닫았다. 세상은 그를 '비현실적'이라 조롱했지만, 그는 말했다. "하루의 매출을 잃을지라도 하나님의 은혜를 얻는 것이 더 큰 이익이다."

그의 선택은 사업 전략이 아니라 신앙의 원칙이었다. 그는 문을 돈으로 열지 않고, 믿음으로 열었다. 세월이 흘러 그 식당은 '칙필레(Chick-fil-A)'로 성장했다. 하나님은 그의 순종을 통해 세상의 문보다 더 큰 문, 곧 '사람의 마음과 세대의 가치관'을 여셨다.

믿음은 결과를 바꾸기보다 태도를 바꾸는 힘이다. 믿음은 세상을 피하는 길이 아니라, 세상 한가운데서 다른 계산법으로 사는 용기다. 세상 앞에서 작아지면 세상은 커지지만, 하나님 앞에서 무릎 꿇으면 세상은 그분의 손 안에 들어온다.

믿음은 현실을 부정하지 않는다. 오히려 현실을 직시하되, 그 위에 하나님의 가능성을 본다.

열 명의 정탐꾼은 눈으로 본 것을 말했다. 그러나 여호수아와 갈렙은 하나님이 보여주신 것을 말했다. 트루엣 캐시는 돈으로 계산하지 않고, 말씀으로 계산했다. 그들이 본 것은 달랐지만, 더 정확했다.

오늘도 세상은 견고하다. 그러나 하나님은 말씀하신다. "너희 말이 내 귀에 들린 대로 내가 너희에게 행하리니"(민 14:28).

믿음의 말, 믿음의 시선, 믿음의 행동은 결국 세상의 문을 연다. 세상은 닫혀 있을지라도, 하나님은 여전히 믿음의 사람을 통해 문을 여시며, 그 문은 오늘도 믿음으로 기다리는 자를 향해 있다.

신앙은 자산이다
종교가 만든 부의 문화지형

 종교는 부를 보장할까. 직접적으로는 그렇지 않다. 그러나 시간이 지날수록 믿음 있는 자의 경제는 없는 자보다 나아짐을 발견할 것이다. 사회 전체 차원에서 본다면, 신앙이 만들어낸 문화와 윤리는 부를 일구는 기초 토양이 될 수 있다. 종교 활동이 활발한 사회일수록 자선과 기부가 자연스럽고, 경제 윤리와 공동체 의식이 살아 있다. 돈을 버는 방식, 쓰는 방식, 나누는 방식은 결국 문화의 문제이며, 문화는 가치관에서 비롯되고 그 뿌리에는 종교가 있다.
 미국은 세계에서 가장 종교성이 강한 자본주의 국가다. 그 출발에는 청교도가 있었다. 신앙과 삶을 분리하지 않았던 그들은 노동·저축·절제·나눔을 하나님께 드리는 예배로 여겼다. "일도 예배다"라는 정신은 곧 미국 자본주의의 윤리적 근간이 되었다. 청지기 정신은 돈을 목표가 아닌 위임받은 자산으로 바라보게 했고, 부를 소유할수록 더 큰 책임이 따른다는 감각을 일상에 심어주었다.

미국은 기업가 정신 못지않게 자선 문화도 깊이 뿌리내려 있다. 기부는 도덕이자 공동체를 위한 책임이다. 빌 게이츠와 워런 버핏이 재산의 절반 이상을 기부하겠다고 공개 서약한 것은 단순한 이미지 전략이 아니다. 더 받은 자가 더 많이 흘려보내야 한다는 신앙적·윤리적 믿음이 작동한 결과다. 미국의 자본주의는 치열하지만, 동시에 자기조절을 가능케 하는 윤리 구조를 지녔고, 그 바탕엔 종교적 가치가 있었다.

한국 역시 종교와 경제 발전이 나란히 걸어온 역사를 지닌 나라다. 기독교는 단지 복음을 전하는 데 그치지 않고, 학교·병원·복지시설을 세우며 근대화의 인프라를 만들었다. 문맹 퇴치와 간호 교육, 고아원과 여성 교육 등, 기독교는 일제강점기와 전쟁 이후의 혼란 속에서 '잘 사는 법'을 가르쳤고, 실제로 많은 이들이 교회를 통해 '질서 있는 삶'을 배워갔다.

한국전쟁 이후 폐허 위에 세워진 교회는 단순한 예배 공간이 아니라 공동체의 중심이었다. 주일성수·십일조·새벽기도 같은 종교적 루틴은 삶의 패턴이 되었고, 절제와 근면·정직과 감사는 가정의 경제 질서를 형성하는 기반이 되었다. "하나님 앞에 정직하게 살자"는 메시지는 단지 신앙적 권면이 아니라 생활경제를 지탱하는 윤리였다. 한국의 산업화는 기술과 자본만으로 이뤄진 것이 아니다. 그 바탕에는 신앙에서 비롯된 습관과 문화가 있었다.

반면 유럽은 같은 기독교 문화권임에도 지금은 다른 길을 걷고 있다. 산업혁명과 두 차례의 전쟁을 거치며 세속화가 급속히 진행됐고, 교회는 삶의 중심에서 밀려났다. 종교는 사적 취향이 되었고, 공공의 질서나 경제 윤리에서 영향력을 잃어갔다. 복지는 국가가 제도적으로 담당하게 되었지만, 자발적 기부나 공동체적 헌신은 약화되었다. 개인의 권리와 소비 중심 가치가 신앙을 대체하면서, 부는 남았지만 영적 질서는 사라졌다. 유럽은 지금 더 잘 살지만, 덜 나누고 있다. 부유하지만 공동체의 온도는 낮다. 제도는 정교해졌지만, 인간적인 연대는 느슨해졌다.

세 가지 사회, 미국과 한국, 유럽을 비교해보면 분명해진다. 종교가 부를 직접 보장하지는 않는다. 그러나 신앙에서 자라난 문화와 태도, 나눔의 습관, 절제와 근면의 윤리는 부를 지속 가능하게 만든다. 신앙이 단지 교회 안에 머무는 것이 아니라, 노동의 태도·소비의 기준·부의 흐름을 정의하는 문화로 자리 잡을 때 그 사회는 건강하게 번영할 수 있다.

기도한다고 부자가 되지는 않는다. 그러나 기도하는 사람이 만들어내는 성실함과 겸손, 책임감과 나눔은 하늘에서 내리는 비를 담을 그릇을 준비하는 것이다.

믿음이 통장을 지켜준다
숫자가 증명한 신앙과 재정의 연결

신앙은 삶의 태도를 바꾼다. 그 말은 많이 들었지만, 정말로 재정 습관, 곧 '통장'까지 바꿀 수 있을까? 하버드대학교 공중보건대학원의 연구는 흥미로운 답을 내놓는다. 정기적으로 예배에 참석하고 종교 공동체에 속한 사람들은 그렇지 않은 이들보다 소득 대비 소비 통제력이 높고, 저축률은 높으며, 스트레스 지수는 낮다는 것이다. 신앙이 단순히 심리적 안정감을 주는 것이 아니라, 실제 재정 습관과 행동에도 영향을 준다는 점을 숫자가 증명한 셈이다.

이 연구에 따르면 종교 활동이 활발한 사람일수록 계획적인 소비와 장기 재정 전략을 세울 가능성이 높다. 충동 구매가 적고, 스트레스로 인한 보복 소비에 덜 휘둘린다. 왜냐하면 신앙인은 그 감정을 기도와 공동체 안에서 해소하며, 지출에 앞서 먼저 묻기 때문이다. "이 소비는 정당한가?" 결국 믿는 사람은 돈을 더 많이 벌어서가 아니라, 돈을 더 다르게 다루기 때문에 재정적으로 안정되기 쉽다.

십일조나 헌금은 특히 중요한 신앙 훈련이다. 단순한 헌금이 아니라, '하나님의 것을 하나님께 드린다'는 결단이고, 이 결단은 매달의 재정 구조를 바꾸는 출발점이 된다. 하나님께 드린 10%는 나머지 90%도 더 의식적으로 사용하도록 만든다. 소비가 기분이 아니라 기준에 따라 결정되고, 감정이 아니라 질서에 따라 움직이게 된다. 십일조는 하나님께 드리는 행위이자, 나 자신을 훈련하는 과정이다. 이는 곧 지출 점검, 저축 계획, 나눔과 미래 준비까지 아우르는 재정 루틴으로 이어진다.

믿음은 즉각적인 재정 성과를 보장하지 않는다. 그러나 믿음은 '지연 만족 능력'을 키운다. 지금의 충족보다 미래의 안정에 더 무게를 두고, 단기적 소비보다 장기적 계획을 선호하게 한다. 기다릴 줄 아는 힘, 바로 자산 형성의 기초가 된다. 신앙은 돈을 다루는 속도를 늦추고, 방향을 가다듬으며, 최종 목적지를 바꾼다.

기도하고 말씀을 묵상하며 공동체와 삶을 나누는 사람은 돈에 대해 느긋하면서도 책임감 있는 태도를 보인다. 그는 소비 이전에 먼저 묻는다. "이 지출은 나를 위한 것인가, 아니면 사명을 위한 것인가?" 이런 질문이 반복될수록 재정은 단순한 계산이 아니라, 신앙의 표현이 된다. 믿음은 돈을 쥐는 손보다, 돈을 흘려보내는 통로를 더 귀히 여긴다.

하나님은 예배를 열심히 드린다고 복권을 당첨시키지 않으신다. 그러나 하나님을 중심에 둔 삶의 구조 속에서는 재정이 질서를 누리게 된다. 수입의 많고 적음을 떠나, 필요를 분별하며 나눌 줄 아는 힘이 길러진다. 믿음은 물질을 피하거나 욕망하지 않게 하는 것이 아니라, 그것을 어떻게 감당할지를 끊임없이 묻는다.

돈은 수단이다. 그러나 그 수단에 마음을 빼앗기느냐, 도구로 사용하느냐는 태도의 문제이고, 그 태도는 신앙의 깊이와 직결된다. 하나님께 재정을 맡긴 사람은 무리한 소비나 정직하지 못한 일에 대하여 브레이크를 걸고, 예기치 않은 수입 앞에서도 교만하지 않는다. 돈에 휘둘리지 않으려면 돈보다 큰 기준이 있어야 하며, 믿음은 그 기준을 제공한다.

결국 믿음은 재정을 늘려주는 공식이 아니라, 재정을 감당할 구조를 만든다. 통장이 두꺼워지는 것이 아니라, 흐름이 단단해지는 것이다. 신앙은 부를 목적으로 하지 않지만, 부를 감당할 수 있는 사람을 만든다. 믿음은 그릇이다. 하늘에서 비가 내릴 때 그릇이 준비된 자가 받는다.

돈의 방향이 당신을 말해준다
신앙은 숫자가 아니라 의미를 본다

사람들은 종종 묻는다. "얼마나 버셨어요?" "얼마나 모았나요?" 그러나 신앙인은 조금 다르게 묻는다. "그 돈, 지금 어디로 흘러가고 있습니까?" 돈의 액수보다 그 돈이 향하는 방향에 더 민감한 것이다. 신앙은 통장 잔고보다 지출의 의미를 먼저 바라본다. '얼마나 갖고 있느냐'보다 '그 돈이 누구를 살리고 있느냐'를 더 중요하게 여긴다.

신앙은 돈 앞에서 늘 '왜'를 묻는다. 왜 이 돈을 버는가, 왜 지금 소비하는가, 왜 이만큼을 남겨두려 하는가. 믿음은 '얼마나'보다 '무엇을 위해'를 중요하게 여긴다. 이 관점이 돈의 흐름을 바꾸고, 삶의 기준을 새롭게 세운다. 돈의 숫자보다, 그 안에 담긴 마음의 무게와 쓰임의 질을 먼저 살피는 것이다.

세상은 돈을 목적으로 삼는다. 더 벌어야 안심이 되고, 더 쌓아야 살아남을 수 있다고 말한다. 그러나 신앙은 돈을 수단으로 본다. 하나님 나라를 위하고, 사랑을 전하고, 공동체를 살리는 한시적 자원으로 여긴다. 그래서 관점이 달라지면 삶의 구조도 달라진다. 이제 '얼마나 벌까'가 중심이 아니라, '어디에 쓸까'가 중심이 된다.

돈은 많지만 불안한 사람이 있고, 적어도 평안한 사람이 있다. 많이 벌어도 허무하게 쓰는 이가 있고, 적게 벌어도 의미 있게 흘려보내는 이가 있다. 모두가 부자를 꿈꾸지만, '어떤 부자가 될 것인가'까지 고민하는 이는 드물다. 돈이 많다고 부자인가? 아니다. 돈을 하나님 앞에서 어떻게 감당하느냐가 진짜 부의 기준이다.

신앙은 돈을 '소유'가 아니라 '청지기의 위임'으로 본다. 내 것이 아니라 하나님이 맡기신 자원이라 여기면, 태도도 달라진다. 돈은 자기를 위한 무기가 아니라, 하나님이 사용하시는 도구가 된다. 그 도구가 이웃을 살리고, 공동체를 일으키며, 사명을 움직이는 순간 돈은 방향을 가진다.

하나님은 부 자체를 부정하지 않으신다. 성경은 부를 축복이라 말한다. 그러나 동시에 하나님은 항상 묻는다. "그 부를 어떻게 감당할 것이냐?" 신앙은 이 질문 앞에 정직하게 선다. 돈이 우리를 통제하지 않도록, 소유가 삶의 중심을 삼키지 않도록 깨어 있게 한다. 하나님은 우리가 가진 돈이 아니라, 그 돈이 만들어내는 삶을 보신다.

예수께서는 부자 청년에게 "소유를 팔아 가난한 자에게 나눠 주라"고 말씀하셨다. 그는 많은 것을 가졌지만, 결국 아무것도 내려놓지 못했다. 돈은 있었지만, 하나님 나라의 의미를 품을 그릇은 아니었다. 반면 두 렙돈을 드린 과부는 적은 것을 내었지만, 예수님은 그 마음을 누구보다 귀히 여기셨다. 신앙은 액수를 보지 않고, 흐름과 마음을 본다.

진정한 부자는 얼마나 벌었는가가 아니라, 어떻게 살아가고 있는가로 결정된다. 돈은 많지만 평안을 잃은 사람보다, 작아도 깊은 나눔 속에 사는 사람이 복되다. 소유의 양이 아니라 삶의 방향이 진짜 부를 결정한다. 돈이 당신을 어디로 끌고 가는지가 아니라, 당신이 돈을 어디로 이끄는지가 더 중요하다.

하나님이 솔로몬에게 부귀 영화를 약속하신 이유는(왕상 3:13-14), 그를 통하여 성전 건축을 이루시기 위함이었다. 바벨론에서 돌아온 백성이 머뭇거리고 있을 때 풍요를 약속하신 이유는(슥 1:17) 성전을 재건하라는 뜻이었다. 때로는 우리가 원하지 않아도 하나님이 원하시면 하나님께서 우리를 들어서 사용하신다. 부의 원천은 하나님이시다. 신앙인은 돈을 따르는 것이 아니라 하나님을 따라야 한다. 하나님의 목적 안으로 들어가면 된다.

믿음은 현실을 외면하지 않는다
구조적 빈곤과 행동하는 신앙에 대하여

믿음이 있다고 모두가 부유해지는 것은 아니다. 이 말은 너무도 당연해 보이지만, 실제로 많은 신앙인들은 이 진실 앞에서 당황하곤 한다. 신앙생활을 열심히 하는데도 가난한 사람이 있다는 사실은 어떤 이들에겐 믿음의 무력함처럼 보이기도 한다. 그러나 성경은 단호하게 말한다. 가난은 죄가 아니며, 빈곤은 신앙 없음의 결과가 아니다.

예수님 당시에도 아프거나 가난한 자들은 많았다. 그들은 게으르지도 않았고, 불신자도 아니었으며, 오히려 믿음이 깊은 이들도 많았다. 예수님은 그들을 외면하지 않으셨고 오히려 먼저 다가가셨다. "가난한 자에게 복음을 전하게 하시려고 내게 기름을 부으시고 나를 보내사"(눅 4:18) 는 선언은 오늘날에도 여전히 유효하다. 하나님은 가난한 자를 부끄러워하지 않으시며, 그들 곁에 가장 먼저 찾아가신다.

구조적 빈곤은 개인의 신앙과는 별개의 문제다. 사회적 불평등, 교육 격차, 세습되는 빈곤, 지역적 차별 등 다양한 구조적 요인이 존재한다. 어떤 이들은 태어날 때부터 출발선이 다르고, 아무리 성실해도 벗어나기 어려운 환경 안에 있다. 이런 현실을 '믿음이 부족해서 그런 것'이라 말하는 것은, 신앙의 이름으로 타인을 정죄하는 행위다.

성경은 가난한 이들을 향해 '왜 그렇게 되었는가'를 묻지 않는다. 대신 '그들을 어떻게 도울 것인가'를 묻는다. 추수의 자리에서 이삭을 남겨두라 하신 율법, 십일조 중 일부를 고아와 과부를 위해 구분하라 하신 명령, 안식년과 희년 제도를 통해 빚을 면제하라 하신 가르침은 모두가 공동체 안의 약자를 위한 하나님의 배려였다. 하나님은 연민만이 아니라 책임을 요구하셨고, 행동하는 신앙 윤리를 명령하셨다.

그리고 그 정신은 신약에서도 이어진다. 히브리서 기자는 믿음을 사랑과 행동으로 확장시킨다. 형제 사랑하기를 계속하고, 손님 대접하기를 잊지 말며, 갇힌 자와 학대받는 자를 기억하라는 그의 권면은 믿음이 단지 '갖고 있는 것'이 아니라 '행동하는 동사형'임을 보여준다.

믿음은 불공정한 구조를 하루아침에 바꾸지 않는다. 그러나 그 구조 속에서도 움직일 수 있는 최소한의 책임을 요구한다. 현실을 부정하지 않으면서도, 그 현실 속에서 최선을 다하는 태도, 그것이 성경이 말하는 신앙이다. 하나님은 우리에게 큰 결과를 요구하시지 않는다. 다만, 맡긴 것을 묻어두지 않기를 바라신다.

그러므로 신앙은 무력한 현실 앞에서 침묵하지 않는다. 기도하면서도 손을 내밀고, 말씀을 붙잡으면서도 발을 내딛는다. 믿음은 기다림이 아니라 움직임이며, 현실을 외면하는 것이 아니라 직면하는 힘이다. 아무것도 바뀌지 않는 자리에서도, "나는 이 자리에서 어떻게 하나님 앞에 반응할 것인가?"를 묻는 것이 살아 있는 믿음이다.

가난은 인격의 결핍이 아니다. 가난 속에 있는 자는 죄인도, 실패자도 아니다. 하나님은 외모를 보지 않으시며, 중심과 자세를 보신다. 구조가 가혹하더라도, 그 안에서 묻혀버릴 것인가, 아니면 믿음으로 작게나마 움직일 것인가. 하나님은 바로 그 '움직임'을 보신다. 그것이 오늘 우리에게 주신 달란트다.

진짜 신앙은 말로만 믿는 것이 아니다. 환경이 어렵다고 땅에 묻는 것이 아니라, 그 안에서도 믿음을 끄집어내는 것이다. 그리고 사랑을 실천하는 것이다. 하나님은 결과보다 태도를, 숫자보다 책임을 보신다. 구조는 나의 잘못이 아니지만, 믿음으로 반응하는 것은 나의 몫이다. 그리고 하나님은 그에 대한 반응을 결코 잊지 않으신다.

돈은 흔들려도, 나는 무너지지 않는다
믿음은 수입의 크기를 대신하지 않는다

"우리는 모두 인생이라는 무대 위에 서 있는 배우이다." 연극 연출가는 연기를 잘했는지 못했는지를 통하여 배우를 평가한다. 그러나 배우의 사생활은 묻지 않는다. 하나님의 평가는 다르다. 무대 위에서 각자의 역할은 다르지만, 얼마나 선하게 순종하며 살았는지를 보시고 평가하신다. 나에게 주신 재능이나 물질이나 지위를 어떻게 사용했는지를 물으신다.

믿음은 '왜 살아야 하는가'를 가르치지만, '얼마를 벌어야 하는가'를 정해주진 않는다. 현실은 녹록하지 않다. 성실하게 살아도 수입이 줄어들 수 있고, 기도하며 버텨도 예상치 못한 일이 벌어질 수 있다. 준비해도 탈락할 수 있고, 열심히 일해도 적자가 날 수 있다. 이때 믿음은 "하나님이 나를 버리신 게 아닐까?"라는 의심 대신, "하나님은 여전히 함께하신다"는 사실을 상기시킨다.

믿음은 실패 앞에서 주저앉지 않게 하고, 성공 앞에서 교만하지 않게 한다. 소득이 줄어들어도 존재 가치가 줄어든 것이 아님을, 수입이 늘어나도 인격까지 커지는 것은 아님을 깨닫게 한다. 사람들은 흔히 통장 잔고와 자존감을 동일시하지만, 신앙인은 자신의 가치를 하나님의 시선에서 본다. 삶의 무게중심이 바깥이 아니라 안에 있다.

믿음은 행동의 기준이 무너질 때 버팀목이 되고, 길이 막혔을 때 기도의 문을 열어준다. 스스로의 힘만으로는 앞으로 나아갈 수 없다고 느낄 때, 믿음은 '다시 시작할 수 있는 자리'로 이끈다. 소득이 줄어도 절망하지 않게 하고, 풍요 속에서도 나눔을 잃지 않게 한다. 수입의 변화가 내면을 흔들지 못하도록, 하나님 중심의 기준을 세워준다.

신앙은 현실을 외면하지 않는다. 오히려 정면으로 바라보게 한다. 수입이 기대만큼 오르지 않아도, 경제 상황이 풀리지 않아도, 먼저 마음이 무너지지 않도록 붙들어준다. 그 차분한 중심이 흔들리지 않으면 방향은 다시 잡힌다. 믿음은 속도보다 방향을, 결과보다 기준을 지키는 힘이다.

경제는 늘 진폭이 크다. 한 달은 넘치도록 벌다가도, 다음 달은 마이너스로 돌아설 수 있다. 세상은 성과로 사람을 판단하지만, 하나님은 자세를 보신다. 얼마나 벌었는지가 아니라, 어떤 마음으로 일했는지를 물으신다. 믿음은 돈의 많고 적음을 성공의 기준으로 삼지 않는다. 오히려 돈에 휘둘리지 않는 태도 자체를 성숙이라 부른다.

돈은 능력이고 가능성이며 도구다. 그러나 그것이 삶의 기준이 될 수는 없다. 믿음은 돈을 흘려보낼 줄 아는 사람에게 자유를 주고, 집착하는 사람에게 경고를 보낸다. "더 벌고 싶다"는 열망은 죄가 아니지만, "돈 없이는 못 산다"는 태도는 문제다. 하나님이 중심에 있지 않으면, 수입이 늘어도 불안은 줄지 않는다.

믿음은 궁핍 속에서도 감사하게 하고, 풍요 속에서도 절제하게 한다. 기도는 소비를 통제하고, 말씀이 지출을 점검하며, 예배는 돈보다 크신 분 앞에 나를 다시 세운다. "비록 무화과나무가 무성하지 못하며 포도나무에 열매가 없으며 감람나무에 소출이 없으며 밭에 먹을 것이 없으며 우리에 양이 없으며 외양간에 소가 없을지라도 나는 여호와로 말미암아 즐거워하며 나의 구원의 하나님으로 말미암아 기뻐하리로다"(합 3:17-18).

돈보다 깊은 기준
신앙은 어떻게 내면의 자산이 되는가

신앙의 진정한 힘은 '돈 안'이 아니라 '돈 바깥'에 있다. 돈이 많아야 평안할 수 있다고 믿는 이들에게 신앙은 정반대의 질문을 던진다. 정말 돈이 없으면 불안한가? 혹은 돈이 있어도 불안한 이유는 무엇인가?

우리는 매일 숫자에 따라 흔들리는 세상에서 산다. 금리는 오르고, 물가는 불어나고, 자산은 요동친다. 그런데도 어떤 사람은 그런 변수 앞에서조차 평온하다. 이유는 간단하다. 그가 더 많이 가졌기 때문이 아니라, 더 깊은 기준을 갖고 있기 때문이다.

신앙은 그 기준을 바깥에서 찾지 않고, 내면에서 세운다. 그 힘은 '마음의 여유'라는 형태로 드러나고, '행동의 원칙'이라는 일관된 삶의 리듬으로 뿌리내린다. 어떤 이는 돈이 없어도 평안하고, 어떤 이는 억대 자산가여도 불안에 잠을 설친다. 결국 돈의 유무가 마음의 평형을 결정하지 못한다.

"내게 능력 주시는 자 안에서 내가 모든 것을 할 수 있느니라"(빌 4:13). 이 구절은 단순한 구호가 아니라, 환경을 초월한 내면의 기반을 드러내는 고백이다. 바울은 풍족할 때에도 자족했고, 결핍 중에도 무너지지 않았다. 그가 붙잡은 기준은 외부 조건이 아니라, 하나님 안에서 흔들리지 않는 신앙이었다.

세상은 말한다. 자산을 분산하라. 금, 주식, 달러, 부동산, 보험을 나열한다. 그러나 신앙은 이렇게 말한다. 내면의 포트폴리오를 점검하라. 기도, 말씀, 절제, 감사, 정직, 나눔 이것이 영혼의 자산 배분이다. 외부가 흔들릴수록 안쪽의 균형이 더 중요해진다.

신앙은 수입을 자동으로 올려주진 않는다. 그러나 수입이 줄어도 삶이 무너지지 않도록 중심을 지켜준다. 믿음이 있는 사람은 부자가 아니어도 무너지지 않는다. 필요 이상을 가졌을 때에도 교만하지 않는다. 돈은 그의 주인이 될 수 없고, 그는 돈의 방향을 결정할 줄 안다.

세상의 경제는 외적 조건에 좌우된다. 세계 정세, 시장 심리, 통화 정책이 모든 것을 흔든다. 그러나 신앙은 다르다. 신앙은 내면의 확신에 뿌리내린다. 그 뿌리는 외풍에 흔들리지 않고, 사람을 상황보다 크신 하나님께 연결한다. 이 내면의 질서가 바로 '하늘의 경제 원리'다.

하늘의 경제는 계산보다 순종을, 결과보다 태도를 본다. 하나님은 '얼마나 벌었는가'가 아니라, '어디에 썼는가'를 물으신다. 세상은 '더 많이'를 지혜라 말하지만, 하늘은 '더 바르게'를 복이라 말한다. 많이 가져도 중심이 흐트러지면 무너지고, 적게 가져도 기준이 분명하면 흔들리지 않는다.

하나님을 신뢰하는 사람은 위기의 상황에서도 피할 길을 열어 주시고 부족함 중에도 채워짐을 경험한다. 그 채움은 단지 물질이 아니라, 안정감과 방향, 평안과 기쁨이다. 그런 사람은 주식보다, 금리보다, 부동산보다 더 안정된 플랫폼 위에 서 있다. 그 플랫폼은 말씀이고, 기도이고, 하나님과 맺은 신뢰의 관계다.

믿음은 감정적 위안이 아니라, 삶 전체를 지탱하는 구조다. 돈은 삶을 편리하게 만들 수는 있어도, 삶의 중심을 대신할 수는 없다. 자산은 늘릴 수 있지만, 그 자산이 곧 평안을 보장하지는 않는다. 돈보다 깊은 기준이 있어야 돈을 자유롭게 다룰 수 있다. 그 기준이 없다면, 돈은 불안과 탐욕의 도구로 변한다.

"시냇가에 심은 나무가 철을 따라 열매를 맺으며 그 잎사귀가 마르지 아니함 같으니 그가 하는 모든 일이 다 형통하리로다"(시 1:3).

신앙은 부를 키우는 느린 엔진이다
관계, 습관, 생태계로 이루어지는 믿음의 자산법

신명기 28장을 보라. "하나님 말씀을 듣고 지켜 행하면 하나님이 너를 세계 모든 민족 위에 뛰어나게 하실 것이라"고 하신다.

'믿으면 부자 된다'는 말은 하나님이 성도에게 베푸시는 복 중에서 일부에 속하는 내용이다. 성경은 부 자체를 보장하지 않는다. 그러나 그럼에도 불구하고, 신앙이 부에 영향을 미친다는 것은 부정할 수 없는 사실이다. 그 영향은 눈앞의 수익이나 단기적 성과가 아니라, 삶의 구조와 태도, 그리고 관계를 세우는 방식에서 나타난다.

신앙은 부를 향한 지름길이 아니지만, 부를 이룰 수 있는 태도와 질서를 가르치는 느린 엔진이다. 하나님의 말씀 앞에서 펼쳐지는 정직, 자족, 성실, 나눔 이 네 가지는 신앙인의 삶을 더욱 윤택하게 만든다. 당장은 눈앞의 이익을 늘려주지 않지만, 결국 더 멀리 가는 길을 열어준다. 신앙은 먼저 사람의 안쪽을 바꾸고, 그 바뀐 방향이 조금씩 부를 향해 나아가게 한다.

'정직'은 속임수보다 느리다. 요령 앞에서 비효율적으로 보일 수도 있다. 그러나 시간이 흐를수록 '믿을 수 있는 사람'이라는 평판은 기회와 연결되고, 관계의 기반이 된다. 신뢰는 눈에 보이지 않는 통장이며, 시간이 지날수록 복리로 불어나는 자산이다. 정직은 손해처럼 보이지만, 가장 안전한 투자다.

'자족'은 소비를 다스리는 힘이다. 더 많이 가지려는 욕망을 조절할 수 있을 때, 수입의 많고 적음과 상관없이 삶은 안정된다. 자족은 무리한 지출을 막고, 위험한 확장을 줄이며, 불필요한 비교에서 벗어나게 한다. 돈을 벌 줄 아는 것만큼, 돈을 지킬 줄 아는 것도 능력이다. 자족은 욕망을 다스리는 영적 금고다. 신앙은 자족을 통해 욕망을 통제하고, 감사로 일상을 누리게 한다.

'성실'은 가장 과소평가되는 자산이다. 세상은 빠른 결과를 좋아하지만, 꾸준한 태도가 만드는 신뢰는 시간이 갈수록 가치가 높아진다. 성실한 사람은 기회가 왔을 때 놓치지 않는다. 그의 평판은 조용히 쌓이고, 그 명성은 위기 속에서도 그를 지켜준다. 성실은 수익률은 낮을지라도 리스크가 거의 없는, 가장 안정적인 자본이다.

'나눔'은 부를 흘러가게 하는 원리다. 움켜쥔 부는 고립되지만, 흘러가는 부는 생명을 살린다. 십일조와 구제, 헌금과 기부는 단지 출혈이 아니다. 그것은 마음이 어디에 닿아 있는지를 보여주는 방향성이다. 신앙인은 나눔을 통해 "나는 돈의 종이 아니다"라는 선언을 삶으로 증명한다. 그 나눔은 공동체 안에 신뢰를 세우고, 다시 나에게 돌아오는 관계의 자산이 된다.

이 네 가지 태도는 모두 단기적으로는 '느린 방식'처럼 보인다. 그러나 그 느림 속에 깊이가 있고, 그 깊이 안에 지속가능성이 있다. 빠르게 쌓은 부는 바람 앞 촛불처럼 쉽게 꺼지지만, 관계와 신뢰 속에서 형성된 부는 거센 폭풍에도 꺼지지 않는다. 진짜 부는 혼자 이룰 수 없다. 신뢰와 관계, 공동체 속에서만 자란다. 신앙은 바로 그 '관계 기반의 경제'를 가능하게 한다.

한 사람이 정직하게 벌고, 감사하며 쓰고, 기꺼이 나누며, 성실하게 살 때 그 주위에는 사람들이 모이고, 기회가 생기고, 신뢰가 자란다. 한 사람의 태도가 기준이 되고, 그 기준이 문화가 되며, 문화는 다시 생태계를 이룬다. 기업도 마찬가지다. 크리스천 리더 한 사람의 신앙이 조직의 분위기를 바꾸고, 그 조직은 사회 속에서 다른 빛을 내게 된다. 신앙은 복을 기다리는 것이 아니라, 복이 흘러갈 수 있는 길을 열고 자신을 그 통로로 준비하는 과정이다.

신앙은 '지속 가능한 부의 생태계'를 만든다. 정직이 기준이 되고, 자족이 절제가 되며, 성실이 관계를 지키고, 나눔이 공동체를 회복시킨다. 이 네 가지는 단순한 수입의 증가만으로는 얻을 수 없는 삶의 구조다. 신앙은 하나님께 응답을 받기 위한 조건이 아니라, 내가 하나님의 응답이 되는 태도로 나아가게 한다.

그래서 믿음은 느리다. 그러나 그 느림은 방향이 분명하다. 신앙 있는 사람은 더디더라도 무너지지 않고, 늦더라도 돌아가지 않는다. 겉으로는 늦어 보이지만, 그 걸음은 결국 더 멀리, 더 깊이 나아간다. 세상은 속도를 자랑하지만, 믿음은 흔들리지 않는 뿌리를 길러내어 결국 부를 지키고 키워낸다. 그 삶이야말로 하나님이 기뻐하시는 청지기의 길이다.

가진 것보다 중요한 건, 쓰는 방식이다
돈의 사용이 곧 삶의 방향이다

사람은 무엇으로 평가받아야 하는가. 많이 가진 것으로? 아니면 어떻게 살아가는지로? 세상은 여전히 소유의 크기로 인간의 가치를 가늠하려 한다. 그러나 성경은 다르게 말한다. 하나님은 사람을 외모로 보지 않으시고, 그의 중심을 보신다(삼상 16:7). 그리고 그 중심은 결국 '무엇을 가지고 있는가'보다 '그것을 어떻게 사용하는가'에서 드러난다.

삭개오와 부자 청년은 모두 부자였다. 그러나 전혀 다른 선택을 했다. 삭개오는 예수님을 만난 이후 자신의 재산 절반을 가난한 자에게 나눠주겠다고 고백했고, 속인 것이 있다면 네 배로 갚겠다고 선언했다(눅 19:8). 그의 회심은 말이 아니라 행동으로 나타났고, 돈의 흐름을 바꾸는 구체적 결단으로 드러났다.

반면 부자 청년은 달랐다. 그는 계명을 지키며 모범적으로 살아왔다고 자부했다. 그러나 예수님께서 "네 소유를 팔아 가난한 자에게 나눠주고 나를 따르라" 하셨을 때, 그는 근심하며 돌아섰다. 질문은 있었지만, 소유를 내려놓을 용기는 없었다. 예수님을 만났지만, 그의 마음은 여전히 재산을 붙들고 있었다.

둘 다 부자였지만, 한 사람은 돈을 하나님의 나라로 돌렸고, 다른 한 사람은 소유 앞에서 멈췄다. 결국 문제는 '얼마나 가졌느냐'가 아니라 '무엇을 위해 사느냐'였다. 하나님은 액수가 아니라, 그 돈이 향하는 방향을 보신다.

신앙은 교회 안에서만 드러나지 않는다. 기도와 찬양, 봉사도 중요하지만, 믿음의 진짜 모습은 지갑과 계좌, 소비와 분배에서도 드러난다. 하나님은 우리가 얼마를 벌고 얼마를 썼는지를 따지지 않으신다. 그보다 중요한 것은 그 돈이 어떤 마음으로, 어떤 목적을 향해 흘러갔는가다.

예수님은 돈 자체를 비난하지 않으셨다. 문제는 언제나 그 돈이 사람을 지배하느냐, 아니면 사람이 믿음으로 돈을 다스리느냐에 있었다. 부자 청년은 삶을 바꾸고 싶어 했지만, 소유를 내려놓지 못했다. 그는 제자가 될 기회를 '재산의 안전'과 맞바꾼 셈이었다. 반면 두 렙돈을 드린 과부는 가진 것이 거의 없었지만, 자신의 모든 것을 하나님께 드렸다. 예수님은 그 마음을 누구보다 귀히 여기셨다. 신앙은 금액의 크기를 보지 않고, 마음의 방향을 본다.

이 두 이야기는 오늘날 기업과 개인의 재정 태도를 비추는 거울이다. 억대 매출을 올리면서도 끝없는 불안을 안고 사는 리더가 있는가 하면, 소박한 가게를 운영하면서도 평안과 나눔으로 충만한 사람이 있다. 돈의 많고 적음이 아니라 돈을 다루는 태도가 삶의 향기를 결정한다.

신앙은 전인격적 순종을 요구한다. 믿음은 예배당 안에서만 머무르지 않는다. 직장과 가정, 말과 생각, 감정과 소비, 그리고 재정까지 모두 믿음의 흐름 속에 있어야 한다. 하나님은 우리가 무엇을 믿는지뿐 아니라, 그 믿음을 어떻게 살아내는지도 보신다.

하나님은 오늘도 묻고 계신다. "너의 재정은 누구를 향하고 있는가?" 그 대답은 장부의 숫자로 기록되지 않는다. 그것은 당신의 삶의 태도로 드러나고 있다.

신앙은 단지 '무엇을 믿는가'의 문제가 아니라, '어떻게 사는가'의 문제다. 주일의 예배가 평일의 소비로 연결되고, 설교의 감동이 구체적인 나눔으로 이어질 때, 신앙은 현실이 된다. 믿음은 추상적 고백이 아니라, 구체적 지출과 분배 속에서 살아 움직이는 것이다.

우리는 지금 인생의 전반전을 뛰어가는 경기자다. 공격수가 있고 수비수도 있다. 부자도 있고 가난한 자도 있다. 누구나 각자의 역할이 있다. 전반전을 성실하게 마친 선수는 후반전에 뛸 자격이 주어진다.

많이 가진 돈이 사람을 해칠 수도 있고, 적은 돈이 생명을 살릴 수도 있다. 신앙은 크기가 아니라 방향을 본다. 하나님은 부의 액수가 아니라, 그 부가 향한 목적과 태도를 보신다.

예수님은 제자들에게 많은 것을 요구하시지 않았다. 그러나 그분을 따르려는 자에게 단 하나를 물으셨다. "너의 중심은 어디에 있는가?" 그 질문 앞에서 우리는 다시 깨닫는다. 가진 것이 아니라, 사는 방식이 믿음을 증명한다.

신앙은 성공의 전략이 아니라 삶의 중심 사명으로 삶을 세운다

믿음은 성공을 위한 수단이 아니다. 기도한다고 모두가 부자가 되는 것도 아니고, 말씀을 붙든다고 해서 모든 길이 쉽게 열리는 것도 아니다. 믿음은 성공이라는 바람 앞에서도 흔들리지 않도록 지탱해주는 뿌리다. 신앙은 무언가를 더 빨리 얻는 기술이 아니라, 얻었을 때도 무너지지 않도록 중심을 붙들어주는 힘이다.

오늘날 우리는 결과와 효율에 몰두한다. 자기계발, 재테크, 네트워킹, 브랜드 관리 모두가 성공의 전략으로 여겨진다. 그러나 그 위에 뿌리가 없다면, 성공은 오래가지 않는다. 높이 올라갔지만 중심이 없고, 규모는 컸지만 방향이 없으면 작은 실패에도 큰 균열이 생긴다. 가진 것은 많아도 내면의 깊이가 없으면 어느 순간부터 삶은 길을 잃는다.

믿음이 중심에 있는 사람은 성공을 감당할 수 있다. 돈이 생겨도 절제할 줄 알고, 명예가 주어져도 교만하지 않으며, 자리가 높아져도 사람을 내려다보지 않는다. 믿음은 성공을 막는 장애물이 아니다. 오히려 이렇게 묻는 내면의 기준이 된다. "이 성공은 누구를 위한 것인가? 어떻게 사용될 것인가?" 신앙은 성공의 방향을 바로잡고, 그것이 오래 지속되도록 돕는다.

반대로, 신앙 없이 얻은 성공은 언제든 무너질 수 있다. 속도는 있었지만 기준이 없고, 크기는 컸지만 중심이 없으면 작은 바람에도 휘청인다. 우리는 이미 수많은 사례를 보아 왔다. 높이 올라갔지만 무게를 감당하지 못해 무너진 사람들, 모든 것을 이루었지만 의미를 잃고 공허 속에 갇힌 사람들을. 성공이 목적이 되면 삶은 쉽게 소진된다.

비전은 내가 보고 싶은 미래만 보지만 사명은 하나님이 나에게 부여하신 목적을 이루는 것이다. 성경이 말하는 진짜 성공은 나의 비전을 이루는 것이 아니다. 하나님이 주신 목적을 향하여 달려가는 사명의 완성이다. 내면의 성숙, 자기 절제, 관계의 충실, 공동체를 향한 책임이 함께 할 때 복이 된다.

믿음의 사람은 늘 자신을 돌아본다. 지금 내가 추구하는 성공은 누구를 위한 것인가? 이 성과는 하나님 앞에서 어떤 의미를 가지는가? 나는 이 자리를 감당할 내면이 준비되어 있는가? 그는 오늘의 결과보다 오늘의 태도를 더 중요하게 여기며, 삶의 깊이를 만드는 것은 화려한 수치가 아니라 하나님 앞에서 던지는 진지한 질문임을 안다.

그래서 믿음은 성공의 도구가 아니라, 성공이 와도 무너지지 않게 지탱하는 구조다. 명예 앞에서도 자신을 잃지 않게 하고, 실패 앞에서도 다시 일어설 수 있게 한다. 성취를 특권이 아니라 책임으로, 실패를 수치가 아니라 성찰로 바꾸어낸다. 믿음은 언제든 다시 시작할 수 있는 용기의 뿌리다.

하나님은 우리가 얼마나 이루었는가보다, 그 성공을 어떻게 감당하고 있는지를 보신다. 부를 통해 나눌 수 있는가? 권력을 가지고 섬길 수 있는가? 자리를 통해 공동체를 세울 수 있는가? 믿음이 중심에 있는 사람은, 성공도 순종이 된다. 믿음 없이 이룬 성과는 그 순간이 끝이지만, 믿음으로 세운 성취는 새로운 시작이 된다.

성공은 끝이 아니라 통과점이다. 그 통과점에서 신앙은 다시 묻는다. 이 길은 누구를 위한가? 이 성취는 어떤 사람을 세우고 있는가? 나는 이 자리를 감당할 준비가 되어 있는가?

믿음은 속도보다 뿌리를, 결과보다 중심을 본다. 뿌리가 깊은 사람은 흔들릴 수는 있어도 무너지지 않는다. 성공이 목적이 아니라, 하나님의 사람이 되는 것. 그것이야말로 믿음이 지켜내는 진짜 성공이다.

십자가 앞에서 멈칫할 때, 손해 속에 숨은 영광을 보라

　믿음은 언제나 신호를 기다리는 차량처럼 선택의 길목에 선다. 십자가를 따를 것인가, 아니면 이익을 따를 것인가. 삶은 매 순간의 결정으로 이루어지고, 그 선택 하나하나가 우리의 신앙을 드러낸다. 더 쉽고 더 많은 것을 얻을 수 있는 길이 분명히 보일 때, 마음은 흔들린다. 옳음을 알면서도 손해를 감수해야 한다는 생각에 발걸음이 멈칫한다.

　신앙은 종종 손해처럼 보이는 선택을 요구한다. 더 정직하기 위해 기회를 포기하고, 원칙을 지키려다 불이익을 감수해야 할 때도 있다. 그러나 믿음은 그 손해가 세상의 눈에는 손실 같아도, 하나님 앞에서는 결코 손해가 아님을 알려준다. 그것은 영원한 가치를 향한 출입문이며, 내가 누구의 사람인지를 드러내는 증언의 순간이다. 십자가는 고난이지만, 동시에 방향이다.

예수님은 세상의 영광이 아니라 십자가를 택하셨다. 예루살렘 입성 때 환호를 받으셨지만, 결국 그 길은 고난으로 이어졌다. 그러나 그 순종의 결과는 인류의 구원이었고, 결말은 부활이었다. 사람의 눈에는 패배와 손해처럼 보였던 그 길이, 하나님의 눈에는 인류를 살리는 가장 위대한 승리였다.

신앙인은 오늘도 그 두 길 앞에 선다. 정의와 정략 사이, 순종과 타협 사이, 손해와 효율 사이에서 방향을 정해야 한다. 정직을 지킬 것인가, 눈감고 이익을 취할 것인가. 회피할 것인가, 묵묵히 감당할 것인가. 십자가는 멀리 있지 않다. 업무 현장의 한 줄 결재에도, 직원과의 짧은 대화에도, 때로는 무심코 내뱉는 말 한마디에도 숨어 우리를 부른다.

십자가를 진다는 것은 단지 도덕을 지키는 일이 아니다. 하나님을 주인으로 인정하고, 그분의 기준에 삶을 맡기겠다는 결단이다. 이 길이 더 빨라 보여도 가지 않겠다는 절제, 이익이 눈앞에 보여도 멈추겠다는 용기, 모두가 말려도 "하나님의 뜻이라면 가겠다"는 담대함, 이것이 십자가의 삶이다. 손해 같지만 무너지지 않는 선택, 외로워 보여도 끝내 부활이 기다리는 길이다.

예수께서 말씀하셨다. "누구든지 나를 따라오려거든 자기를 부인하고 자기 십자가를 지고 나를 따를 것이니라"(마 16:24). 이는 단순히 고난을 감수하라는 요구가 아니다. 자기 중심의 삶을 내려놓고, 삶의 통제권을 하나님께 내어드리라는 초대다. 진짜 믿음은 주일의 고백보다 월요일의 선택에서 드러난다. 말보다 행동에서, 의도보다 실행에서, 신앙은 더 분명하게 빛난다.

눈앞의 이익은 빠르게 지나간다. 그러나 하나님 앞에서의 올바른 선택은 오래 남는다. 오늘의 작은 손해가 내일의 큰 신뢰로 돌아오고, 오늘의 눈물 어린 결단이 내일의 열매로 이어진다. 세상은 그것을 손해라 말하지만, 하나님은 그 선택을 기억하시고 영광으로 바꾸신다. 신앙은 계산을 넘어 영원을 붙드는 삶이다.

오늘 당신 앞에도 갈림길이 있다. 십자가의 길을 걸을 것인가, 이익의 길을 따를 것인가. 믿음은 쉬운 길을 약속하지 않는다. 그러나 그 길 끝에서 기다리는 것은 후회가 아니라 평안이고, 실패가 아니라 생명이며, 외로움이 아니라 하나님의 위로다. 십자가는 무겁다. 그러나 그 길을 걷는 사람은 안다. 끝에는 반드시 부활의 영광이 기다리고 있음을.

『교회에 다니면 부자가 되는 100가지 이유』는 다양한 신앙·심리·뇌과학 연구 자료와 국내외 저서를 참고하여 작성하였습니다. 또한 20번~33번까지의 글은 뇌와 관련된 의과학 분야의 서적과 논문을 기반으로 서술하였습니다. 단, 책의 모든 내용은 저자의 독자적인 해석과 창의적 구성에 따른 순수 창작물이며, 타인의 글을 그대로 인용하거나 복제한 부분은 전혀 없습니다.

또한, 원고의 일부 문단에서는 문장 구성과 서술 구조의 정제, 표현의 매끄러움 향상을 위해 OpenAI의 생성형 인공지능(ChatGPT)의 도움을 받았습니다. 이는 초고를 보다 가독성 있게 다듬고 문체의 일관성을 높이기 위한 보조 도구로 사용된 것이며, 최종 집필과 내용 구성의 책임은 전적으로 저자에게 있습니다.

새로운 기술을 도구로 삼되, 저자의 고유한 언어와 사유를 중심에 둔 이번 시도는, 창작과 기술의 균형을 고민한 한 방식이었습니다. 독자 여러분께 보다 정제된 문장으로 내용을 전하기 위한 작은 노력으로 이해해주시길 바랍니다.

참고도서

김경일, 『지혜의 심리학』, 진성북스, 2020
김대수, 『뇌, 인간을 읽다』, 김영사, 2012
김대식, 『김대식의 인간 vs 인간』, 동아시아, 2016
김주환, 『내면 소통』, 인플루엔셜, 2023
박문호, 『뇌 과학과 인간의 이해』, 휴머니스트, 2018
박문호, 『뇌 과학의 모든 것』, 휴머니스트, 2021
전겸구 외, 『감정 뇌과학』, 학지사, 2017
전홍진, 『마음이 무너진 사람들을 위한 뇌과학』, 은행나무, 2021
정재승, 『뇌과학자는 영화에서 인간을 본다』, 어크로스, 2015
조요셉, 『뇌는 기도할 때 어떻게 반응하는가』, 두란노, 2022
카리스종합주석편찬위원회, 『카리스종합주석』, 카리스출판사, 2016
홍익희, 『유대인 이야기』, 행성비, 2013
한국찬송가공회, 『개역개정성경』, 아가페출판사, 2007
앤드루 뉴버그, 마크 로버츠, 『기도하는 뇌』, 김영사, 2005
바버라 프레드릭슨, 『내 안의 긍정을 춤추게 하라』, 물푸레, 2015
대니얼 J. 시걸, 『마음, 뇌, 그리고 우리』, 에코리브르, 2012
데이비드 마이어스, 『심리학과 신앙』, 두란노, 2012
제프리 슈워츠, 『뇌는 어떻게 당신을 속이는가』, 갈매나무, 2012
리처드 J. 데이비슨, 『행복의 뇌과학』, 와이즈베리, 2013
스티븐 포지스, 『다미주신경 이론』, 사이언스북스, 2023

교회 다니면 부자가 되는
100가지 이유

초판 1쇄 발행 | 2025년 12월 1일

지은이 | 윤석
디자인 | 윤지희

펴낸곳 | 씨앗출판사
출판등록 | 2015년 12월 11일 제2025-000014호
주소 | 충북 충주시 중앙탑면 원앙 4길 21, 501호
전자우편 | cccys2382@hanmail.net
전화 043-848-1237 | 팩스 043-848-1238

copyright ⓒ 윤석, 2025, Printed in Korea
ISBN 979-11-995560-0-3 03230

잘못 만들어진 책은 구입한 곳에서 교환해드립니다.